SPORT
VERLAG
BERLIN

Volker Kluge

Athen '97

DAS LEICHTATHLETIK-WM-BUCH

Redaktion: Raymund Stolze

SPORTVERLAG BERLIN

Inhalt

INTERNATIONAL AMATEUR ATHLETIC FEDERATION

Fédération Internationale d'Athlétisme Amateur

Geleitwort des IAAF-Präsidenten

Selbst wenn Deutschland niemals Champions hervorgebracht hätte - tatsächlich hatte es viele in Vergangenheit und Gegenwart –, wäre die Bedeutung dieses Landes auf dem Gebiet des Sports fundamental. In der Tat, die ersten Forscher, die die Geschichte verfolgt und die sich über die Steine Olympias, den Sitz der antiken Spiele, geneigt haben, waren Deutsche. Die ersten Schulen für Körpererziehung waren deutsche, und sie waren es auch, die die sportliche Kultur, die den deutschen Geist für Jahrhunderte prägte, hervorgebracht haben.

Im Gegensatz zu dem, was beispielsweise in der lateinischen Welt passiert ist, hat es in diesem Land niemals eine Trennung von muskulärer und geistiger Leistungsfähigkeit gegeben; beides wurde stets so verstanden, daß sie sich ergänzen. Das führte zur Entwicklung einer einzigartigen Sicht auf Kultur, in der der Sport eine natürliche Komponente ist. Das erklärt auch die Massen von historischen, literarischen und wissenschaftlichen Dokumenten, die die Entwicklung des Sports in Deutschland begleitet haben, die ihr folgten und - bei bestimmten Fällen – sogar vorausgegangen sind.

Der Sportverlag Berlin, der sein 50jähriges Bestehen begeht, ist ein erstklassiges Beispiel für diese harmonische Entwicklung der Kultur. Die Tatsache, daß das Jubiläum durch eine spezielle, den Weltmeisterschaften in der Leichtathletik gewidmete Publikation markiert ist, unterstreicht sowohl das Fingerspitzengefühl des Herausgebers als auch die zentrale Rolle der Leichtathletik unter allen Sportarten.

Die Zuneigung der Deutschen für die Leichtathletik ist tiefverwurzelt und direkt verbunden mit ihrer Liebe für die Kultur. Solange es noch Menschen im Herzen von Europa gibt, die sich mit Sport ernsthaft beschäftigen und die in der Lage sind, die Ästhetik, Schönheit und Harmonie dieser menschlichen Aktivität zu schätzen, solange wird die Zukunft der Leichtathletik gesichert sein.

Dieses Buch ist ein weiterer Beweis für diese Tatsache, aber auch eine Stimulation für unser Verantwortungsbewußtsein und unseren Stolz; eine Verpflichtung für jene von uns, die die Ehre haben, das Ruder der Leichtathletik zu führen, und die stolz auf einen Sport sind, der der Welt so legendäre Figuren wie Paavo Nurmi und Carl Lewis und Champions von heute und morgen wie Lars Riedel und Frank Busemann gegeben hat.

Dr. Primo Nebiolo

via Bocca di Leone, 78 • 00187 Rome, Italy
☎ (39 6) 6798600 • Fax (39 6) 6798630 • Tlx (043)624070 IAAF-RM

Dr. Primo Nebiolo

WM-AUGENBLICKE

„Ich plane von Jahr zu Jahr. Man muß warten, wie lange das Wunder anhält", so Merlene Ottey, die in Athen ihre sechsten WM bestritt.

WM-AUGENBLICKE

Ein Moment für die Ewigkeit: Der Marokkaner Hicham El Guerrouj ist im 1500m-Lauf endlich am Ziel seiner Wünsche und genießt seine Sternstunde unverwechselbar.

WM-AUGENBLICKE

Ein eindrucksvoller Versuch: Hürden-Sprinter Florian Schwarthoffs „Ziel"-Schwalbe, auch wenn sie ihm keine Medaille brachte.

WM-AUGENBLICKE

Eben noch erbitterte Rivalen im Kampf um jede Hundertstel, beseelt die Finalisten vor allem ein großes Gemeinschaftsgefühl.

TDK
1153
3

WM-AUGENBLICKE

Gemeinsamer Jubel am Ende eines großen Siebenkampfes, in dem sich Denise Lewis (links) und Sabine Braun nichts schenkten.

mita
265
ATHENS '97
5
mita

Der große Einlauf im 100-m-Finale. Noch vor der Ziellinie findet Weltmeister Maurice Greene Zeit für einen überlegenen Blick auf seine Konkurrenten.

Athen '97

Lauf

MÄNNER

Gold für ein Green(e)horn

Alles schien klar, als Ato Boldon im Zwischenlauf 9,87 s rannte und den Weltrekord verschenkte, der 1996 in Atlanta durch den Kanadier Donovan Bailey mit 9,84 s markiert worden war. Noch vor dem Ziel ließ er sich austrudeln. Im Finale hatte der Trinidad-Sprinter, der 1990 mit seiner Mutter in die USA wechselte und der nun in Los Angeles bei John Smith trainiert, zwar den besten Start, doch dann lief er derart kraftvoll, so daß er Schwieigkeiten hatte, die Ideallinie zu halten. In 10,02 s wurde er am Ende Fünfter.

Was Boldon mit Macht wollte, fiel einem Trainingskameraden in den Schoß: Maurice Greene, den man bis zu seinem Sieg im Juni in Indianapolis bei den US-Trials durchaus noch zu den Greenhorns zählen konnte. Der 23jährige gehörte zu den vielen Klassesprintern, die jährlich in den USA nach oben geschwemmt werden, von denen aber nur wenige eine Chance haben, auch einmal in einem Auswahlteam eingesetzt zu werden.

Greene war erst im September vorigen Jahres aus Kansas nach Kalifornien gewechselt, weil er fand, daß er alt genug war, seine Heimatstadt zu verlassen und etwas Ordentliches zu lernen. John Smith, selbst ein früheres Sprint-As, krempelte seinen Lauf vom ersten bis zum letzten Meter um, „und ich lernte jeden Tag mehr", so Maurice Greene. der von Trainingspartnern wie Ato Boldon oder Jon Drummond täglich vorangetrieben wurde.

Und es begann der spektakuläre Aufstieg des Mr. Greene, der im vorigen Jahr noch eine Bestzeit von 10,08 s hatte. Außerdem war er erfüllt von der Mission, den Titel des schnellsten Mannes der Welt, den die US-Amerikaner 1995 in Göteborg und 1996 in Atlanta an Donovan Bailey verloren hatten, zurück in die Vereinigten Staaten zu holen. Das gelang ihm, auch wenn er den Weltrekord um zwei Hunderstelsekunden verpaßte. „Der Rekord kommt, wenn es soweit ist."

Während Greene, der sich bei seinen Läufen auch des himmlischen Beistandes sicher weiß („Ich hatte heute seine Gnade"), in der Siegerpressekonferenz pathetisch in Plänen schwelgte, saß der Weltrekordler schmunzelnd daneben. Bis 60 m hatte der Kanadier noch gut mithalten können, „doch dann lief ein anderer Bailey". Er suchte nicht nach Ausreden, obwohl viele seiner Landsleute über die Niederlage enttäuscht waren, doch schon während der gesamten Saison hatte Donovan Bailey muskuläre Schwierigkeiten mit seinem linken Oberschenkel.

Immerhin war er einem Vollblutsprinter unterlegen, denn Maurice Greene hatte schon im Juli in Lausanne alle geschlagen, die Medaillenansprüche über 100 m anmelden konnten. Auf der harten und damit schnellen Bahn von Athen gelang es ihm, die Weltmeisterschafts-Bestleistung einzustellen, die von keinem geringeren als Carl Lewis gehalten wird. Diese 9,86 s, die er 1991 in Tokio lief, waren auch einmal Weltrekord, und sie stellen noch immer die drittbeste Zeit dar, die jemals über 100 m gelaufen wurde. Nur US-Rekord sind sie nicht: Leroy Burrell war 1994 in Lausanne noch eine Hundertstelsekunde schneller. ■

Der schnellste Mann der WM bittet die Fotografen nach seinem Sieg-Lauf zur Session.

Die schnellsten Männer aller Zeiten

9,84 Donovan Bailey (CAN)	Atlanta	2.7.1996
9,85 Leroy Burrell (USA)	Lausanne	6.7.1994
9,86 Carl Lewis (USA)	Tokio	25.8.1991
9,86 Frank Fredericks (NAM)	Lausanne	3.7.1996
9,86 Maurice Greene (USA)	Athen	3.8.1997
9,87 Linford Christie (GBR)	Stuttgart	15.8.1993
9,87 Ato Boldon (TRI)	Athen	2.8.1997
9,91 Dennis Mitchell (USA)	Tokio	25.8.1991
9,92 Andre Cason (USA)	Stuttgart	15.8.1993
9,92 Jon Drummond (USA)	Indianapolis	13.6.1997
9,92 Tim Montgomery (USA)	Indianapolis	13.6.1997
9,93 Calvin Smith (USA)	Colorado Springs	3.7.1983
9,93 Michael Marsh (USA)	Walnut	18.4.1992

Ein Weltmeister gratuliert dem anderen: Maurice Greene (rechts) beglückwünscht seinen Freund Ato Bolden.

Boldon doch noch erfolgreich

■ John Smith ist in seinem Leben einen Weltrekord gelaufen, und den nicht einmal auf einer metrischen Strecke. 1971 rannte er die 440 y in 44,5 s. Eine Olympiamedaille konnte er nie gewinnen. 1972 in München verletzte er sich vor dem Finale, woran auch der Start der 4x400-m-Staffel der USA scheiterte. Was dem Athleten versagt blieb, erreichte der heute 47jährige jedoch als Coach. Vor allem die Liste der 400-m-Klasseläufer, die er trainierte, ist lang. Sie reicht von Steve Lewis (1988), über Quincy Watts und Kevin Young (beide 1992) bis zu der Französin Marie-José Perec - alle gewannen Olympia-Gold. In Athen wurden zwei seiner Schützlinge Weltmeister: Nach Maurice Greene über 100 m, gewann Ato Boldon die 200 m.

Der Sieg wurde in der Medaillenwertung zwar Trinidad und Tobago zugerechnet, doch Boldon verließ schon als 14jähriger mit seiner Mutter, einer Jamaikanerin, die Karibikinsel. Er lebte zuerst im New Yorker Stadtteil Queens, bevor er 1990 zu einem Onkel nach San José übersiedelte, wo er das dortige City College besuchte. Von dort war es nur noch ein kleiner Sprung zur UCLA, der Universität von Kalifornien in Los Angeles. Smith trainierte ihn anfangs als normalen Studenten, später als einen der Eliteläufer, die täglich in der Mittagszeit für zweieinhalb Stunde die Anlagen benutzen können.

Ato Boldon, der 1997 sein Ingenieurstudium beendet hat, gehört zu den gar nicht so häufigen Sprintern, die die 100 m und die 200 m erfolgreich laufen. Das war schon 1992 so, als er auf beiden Strecken Junioren-Weltmeister wurde. Die Olympischen Spiele von Barcelona machte er als 18jähriger mit, doch weder über 100 m noch über 200 m kam er über die Vorläufe hinaus. Das sollte sich bald ändern: Bei den Göteborger WM wurde er Dritter über 100 m, aber im 200-m-Zwischenlauf bekam er einen Krampf und wurde Letzter. Doch am 3. Juli 1996 war der Durchbruch auf beiden Strecken endgültig erreicht: In Lausanne lief er das schnellste Doppel, das es jemals gab: Über 100 m wurde er in 9,94 s Dritter, die 200 m gewann er in 19,85 s - jeweils bei Gegenwind. Gleichmäßig verteilt waren die Erfolge auch in Atlanta. Er gewann zweimal Bronze. Carl Lewis allerdings ist ein solcher Athlet unheimlich. Ato Boldon gehört zu der Sorte, zu der er überhaupt nichts mehr sagen will, was auch eine Menge sagt.

Wie auch immer. Ein erfolgreiches Doppel hatte man von Boldon auch in Athen erwartet, denn auf beiden Strecken führte er die Jahresweltbestenliste an. Und nachdem er im 100-m-Zwischenlauf vermutlich auch noch einen neuen Weltrekord verschenkt hatte, als er vor dem Zielstrich abstoppte und dennoch 9,87 s sprintete, erstaunte es dann doch, wie er im Finale auf Rang fünf durchgereicht wurde. „Mein Körper ließ mich einfach im Stich", meinte er später. „Es war mein Plan, zwei Goldene zu gewinnen, aber du mußt auch akzeptieren, was der Körper dir gibt. Du machst verschiedene Pläne und bist auch voll von Adrenalin, aber das Leben weist dir eine Kurve an, von der du nicht mehr so schnell herunter kommst." Und offenbar wirkte der 100-m-Lauf nach. Boldon gewann zwar die 200 m, doch er hatte nicht mehr genügend Energie, um unter 20 s zu bleiben.

In 20,03 s, mit einem Vorsprung von 19 Hundertstel, siegte Boldon allerdings überlegen vor Frank Fredericks. Der inzwischen fast 30jährige Namibier nahm an vier WM teil und gewann jedes Mal eine Medaille: 1991, 1995 und 1997 Silber. 1993 wurde er auf dieser Strecke der erste Weltmeister seines Landes. ■

Das Doppel 100 m/200 m

	100 m	200 m	Gesamt
Michael Johnson (USA)	10,09	19,32	29,41
Frank Fredericks (NAM)	9,86	19,68	29,54
Carl Lewis (USA)	9,86	19,75	29,61
Ato Boldon (TRI)	9,87	19,77	29,64
Mike Marsh (USA)	9,93	19,73	29,66
Maurice Greene (USA)	9,86	19,86	29,72
Pietro Mennea (ITA)	10,01	19,72	29,73
Calvin Smith (USA)	9,93	19,99	29,92
Linford Christie (GBR)	9,87	20,09	29,96
Leroy Burrell (USA)	9,85	20,12	29,97
Donovan Bailey (CAN)	9,84	20,76*	30,60

* Mit Rückenwind 1997 20,14 s

Johnson nutzte die »wild card«

Von einer „Lex Johnson"´war die Rede, als der 27köpfige IAAF-Council Mitte Juli mehrheitlich die Einführung von „wild cards" beschloß und damit allen Titelverteidigern von Göteborg das automatische Startrecht für Athen verschaffte. Doch außer Michael Johnson, der sich bei dem fragwürdigen Kommerz-Spektakel von Toronto, als er gegen Kanadas Donovan Bailey über 150 m antrat, den Oberschenkel gezerrt hatte, weshalb er auf die US-Trials verzichten mußte, dachten weder eine Gail Devers (sie lief nur die Staffel), Gwen Torrence oder ein Dan O'Brien daran, das Geschenk anzunehmen.

Da die Titelverteidiger über die Quote von drei Athleten hinaus nach Athen eingeladen wurden, ergab sich für die USA erstmals in der WM-Geschichte die Möglichkeit, mit vier Läufern in das Finale einzuziehen.

Dort trafen diese auf die drei Briten Iwan Thomas, James Baulch und Mark Richardson, die vor einem Jahr in Atlanta mit Roger Black Olympia-Silber in der 4x400-m-Staffel holten, sowie auf Davis Kamoga aus Uganda, der 1996 als Dritter seit dem unvergessenen John Akii-Bua (1972 Olympiasieger über 400 m Hürden) die erste Medaille für sein Land gewonnen hatte. Daß Michael Johnson in diesem Rennen seinen siebten WM-Titel holen würde, war mehr als zweifelhaft, denn er war im zweiten Zwischenlauf in 45,39 s nur Vierter geworden, womit er sich nicht direkt für das Semifinale qualifizieren konnte. Erst als weiterer Zeitschnellster zog er in die nächste Runde ein. Auch im Endlauf sah der 29jährige Texaner, der 1996 mit seinem Doppelsieg über 200 m/400 m Olympiageschichte geschrieben hatte, anfangs keineswegs wie der sichere Sieger aus. Erst auf der Zielgeraden konnte sich Johnson an Kamoga, der schwach gestartet war, vorbeischieben; und das, obwohl sich ein Krampf im linken Oberschenkel ankündigte. „Die Leute haben sich daran gewöhnt, daß ich meine Rennen immer von vorn gewinne", meinte Michael Johnson später. „Heute haben sie einmal erlebt, daß ich auch von hinten gewinnen kann."

Dieser 400-m-Sieg in 44,12 s war bei Weltmeisterschaften der dritte in Reihenfolge seit 1993 und der siebte seit Tokio '91 insgesamt. Wäre Michael Johnson in der 4x400-m-Staffel angetreten, hätte er mit dem bis dato erfolgreichsten WM-Atlethen, Carl Lewis, gleichziehen können. Aber auch ohne die achte Goldmedaille konnte Johnson zufrieden nach Los Angeles zurückkehren.

Ruhe vor dem Sieg - Michael Johnson.

Michael Johnsons WM-Plazierungen

	200 m	400 m	4x400 m
Tokio '91	1. (20,01)		
Stuttgart '93		1. (43,65)	1. (2:54,29)
Göteborg '95	1. (19,79)	1. (43,39)	1. (2:57,32)
Athen '97		1. (44,12)	

Einsam zieht dieser Mann seine Bahn: Wilsom Boit Kipketer.

Kipketer holte sich Benzingeld

Sebastian Coe und Wilson Kipketer im Vergleich

	Coe 10.6.1981 Florenz	Kipketer 1.9.1996 Rieti	Kipketer 7.7.1997 Stockholm	Kipketer 8.8.1997 Athen
200 m	24,4	24,10	24,00	23,5
400 m	49,7	49,46	50,22	49,68
600 m	1:15,0	1:16,40	1:16,3	1:16,99
800 m	1:41,73	1:41,83	1:41,73	1:43,38
letzte 200 m	26,7	24,43	26,18	26,39

■ Wilson Kipketer ist ein freundlicher Mensch, die Presse aber mag er nicht. Sie ist ihm zu neugierig. Ständig wird der Kenianer im dänischen Trikot nach seinen Absichten gefragt, dabei will er gar nicht über seine Pläne reden - niemals tut er das. Er wechselt sie ja auch ständig. In jedem der vier Rennen, das er in Athen bestritt, wählte er eine andere Taktik, die er sich meist beim Aufwärmen ausdachte; und manchmal änderte er sie sogar noch während des Rennens. „This is a game", meinte er. Kipketer ist es, der mit seinen Konkurrenten spielt. Diese Fähigkeit verschafft ihm einen psychologischen Vorsprung.

Jeder Lauf ist anders. Mal läuft er von der Spitze, mal wartet er ab und zieht erst im Finish an seinen Gegnern vorbei. Im 800-m-Finale von Athen entschied er sich kurzerhand für einen Alleingang, um nach 100 m, wenn die Athleten ihre Startbahnen verlassen können, sofort die Innenbahn zu gewinnen. „Ich wollte einer Rempelei aus dem Weg gehen." Über seine Mitläufer sagte er: „Sie wollten mich antreiben, aber sie vergaßen, daß ich mich selbst antreibe." Kipketer, der erst am 7. Juli 1997 in Stockholm Sebastian Coes Weltrekord (1:41,73) eingestellt hatte, gewann in 1:43,38 min, womit er seinen WM-Titel von Göteborg verteidigte. Erst auf der Zielgeraden wurde er müde, so daß die Konkurrenz noch aufkam. Silber ging an den Kubaner Norberto Tellez, der in Atlanta Vierter war; ein Rang, auf dem in Athen Norwegens Olympiasieger Vebjørn Rodal landete.

Da Wilson Kipketer im Frühjahr im zweiten Anlauf die Führerscheinprüfung geschafft hat, kann er nun seinen silbernen Mercedes fahren, den er 1995 in Stuttgart als Preis erhalten hat. In Athen bekam er ausreichend Benzingeld. Sich zu der Siegerprämie von 60 000 Dollar auch noch den 100 000-Dollar-Scheck für einen neuen Weltrekord zu holen, daran verschwendete er keinen einzigen Gedanken. Und wahrscheinlich lief Kipketer dafür die ersten 400 m in 49,68 s auch zu schnell; für ihn sind 50 Sekunden die Richtzeit für eine ideale Stadionrunde.

Obwohl bereits zweifacher Weltmeister genießt Kipketer in Dänemark weiterhin keine Privilegien. Erst am 1. Dezember 1997 ist seine siebenjährige Wartezeit vorüber, die nötig ist, um die Staatsangehörigkeit zu erhalten. Wenn er dann auch noch ausreichende dänische Sprachkenntnisse nachweisen, genügend Fragen über die Geschichte des Landes beantworten kann sowie seinen Willen überzeugend zum Ausdruck bringt, für immer in Dänemark leben zu wollen, darf er hoffen, ein Untertan von Königin Margrethe II. zu werden. Doch die Bundestags-Kommission tagt nur zweimal im Jahr, so daß es März '98 werden könnte, ehe Kipketer seinen Paß hat. Früh genug allerdings für die Olympischen Spiele in Sydney. An der Staatsangehörigkeit wird seine Teilnahme diesmal bestimmt nicht scheitern.

Und wann holt sich Kipketer den neuen Weltrekord? Vielleicht am Mittwoch nach den WM in Zürich? Immer diese Fragen. Ihrer überdrüssig verließ Kipketer vorzeitig den WM-Ort in Richtung Schweiz. ■

Niederlage nach sieben fetten Jahren

Die Einsamkeit des Mittelstrecklers - Nouredinne Morceli, der vergeblich auszog, um zum vierten Mal Weltmeister zu werden.

Was in den 80er Jahren das Duell zwischen den Briten Sebastian Coe und Steve Ovett war, ist in den 90ern der Kampf der beiden Nordafrikaner Nouredinne Morceli aus Algerien und Hicham El Guerrouj aus Marokko. Beide begannen ihre Karriere bei den Junioren-Weltmeisterschaften: Morceli 1988 als Zweiter über 1500 m, El Guerrouj 1992 als Dritter über 5000 m. Doch während El Guerrouj lange Zeit als eine Art Klon von Said Aouita, Marokkos Olympiasieger von 1984 über 5000 m, angesehen wurde, dessen 1500-m-Hallenweltrekord er 1995 gebrochen hatte, verlebte Morceli von 1990 bis 1996 sieben fette Jahre. Dreimal nacheinander wurde er Weltmeister über 1500 m. 1995 in Göteborg siegte der Algerier vor El Guerrouj, und in Atlanta holte er vor dem Spanier Fermín Cacho das Olympia-Gold, das er 1992 mit einem taktisch schwachen Lauf verpaßt hatte. In Barcelona wurde er nur Siebter.

Morceli hat auch sonst eine große Karriere hinter sich: Er hält die Weltrekorde über 1500 m, die Meile und 2000 m, und bevor 1994 Daniel Komen kam, besaß er auch noch den über 3000 m. Seine große Serie - in vier Jahren 45 Finalsiege über 1500 m und die Meile - konnte erst beim Grand-Prix-Finale von 1996 durch El Guerrouj gestoppt werden. Ein kleiner Trost für den Marokkaner, der im Olympiafinale von Atlanta über das Bein von Morceli gestürzt war.

In Athen fand nun ein Führungswechsel statt, der sich bereits angedeutet hatte, als El Guerrouj Morcelis Hallen-Weltrekord um drei Sekunden auf 3:31,18 min verbesserte. Das Finale wurde ein klassisches Beispiel eines „sit and kick race", wie es El Guerrouj später nannte: „Abwarten und dann zuschlagen." Denn in diesem Rennen war alles möglich. Die Favoriten belauerten sich bis in die letzte Kurve, in der Morceli noch an zweiter Stelle lag. Zuerst wurde er von von Cacho überspurtet und auf der Zielgeraden dann auch noch von dem Spanier Reyes Estevez, für den an diesem Tag ein großer Traum in Erfüllung ging: „Einmal Morceli schlagen!" Der Algerier, der zum vierten Mal Weltmeister werden wollte, endete als Vierter.

In diesem Klassefeld wurde Rüdiger Stenzel Zehnter. Angesichts seiner Zeit von 3:38,82 min fragt man sich unwillkürlich, ob der Wattenscheider, der 1997 schon 3:33,81 min erreicht hat, nicht ein bißchen schneller hätte laufen können. „Die Spitze ist so dicht zusammen, zwischen 3:32 und 3:33 min, daß man schon im Vor- und Zwischenlauf hundertprozentig laufen muß - ich jedenfalls", meinte er. „Die Kraft, die man dafür braucht, hat mir dann im Finale gefehlt. Mit der Form des Vorlaufes wäre ich weiter vorn gelandet."

Die Zwischenzeiten im Finale

400 m	1:01,08	Stenzel
800 m	2:02,04	Andersen
1200 m	2:55,63	El Guerrouj

Morceli und El Guerrouj im Vergleich

		Morceli geb. 28.2.1970	El Guerrouj geb. 14.9.1974
1990	GP	1.	
1991	WM	1.	
	GP	1.	
1992	OS	7.	
1993	WM	1.	
	GP	1.	
1994	WC	1.	
	GP	1.	
1995	WM	1.	2.
	HWM		1.
1996	OS	1.	12.
	GP	2.	1.
1997	WM	4.	1.
	HWM		1.

Bestzeiten:

	Morceli	El Guerrouj
800 m	1:44,79 (1991)	1:47,18 (1995)
1000 m	2:13,73 (1993)	2:16,85 (1995)
1500 m	3:27,37 (1995)	3:29,05 (1996)
Meile	3:44,39 (1993)	3:48,69 (1995)
2000 m	4:47,88 (1995)	
3000 m	7:25,11 (1994)	7:49,84 (1994)
5000 m	13:03,85 (1994)	13:46,79 (1992)

Im Halbfinale fühlte sich Dieter Baumann (436) noch pudelwohl, doch Kenias „Wunderknabe" Daniel Komen (rechts dahinter) sah´s gelassen....

Komen schockte mit 60er Runden

■ Dieter Baumann hatte es spannend gemacht. Erst bereitete er sich auf die WM vor, um dann, was man schon vorher gemunkelt hatte, beim Stuttgarter Meeting im Juli seinen Startverzicht bekannt zu geben. Er wollte sich für die Grand-Prix-Meetings schonen. Am WM-Eröffnungstag aber ließ der Olympiasieger von Barcelona dann mitteilen, daß er nun doch laufen werde. Im nachhinein hatte der Schwabe keine Lust mehr, überhaupt auf das Thema zurückzukommen.

Kaum war das Rennen gestartet, ging Baumann an die Spitze, als wünschte er mit einem couragierten Lauf die von ihm verursachte Konfusion vergessen zumachen. Er wollte die Kenianer testen, wie sie zu einem schnellen Lauf stehen, meinte er später, doch er stieß bei ihnen damit nicht auf Gegenliebe: Sie ließen sich nicht aus der Reserve locken. Dem Tempolauf folgten jetzt „Stehversuche", und Baumann wurde als Erster mit 2:43,86 min für die erste Runde gemessen. Dann setzte er wieder seine Nadelstiche an, weil er meinte, das Rennen müsse doch irgendwann mal losgehen. Aber es blieb langsam.

Wie 1992 noch einmal die Kenianer zu schlagen, daran wagte Dieter Baumann nicht zu denken, doch als er von dem Marokkaner Khalid Boulami, der 1995 hinter Ismael Kiriu Vizeweltmeister geworden war, auf einmal nur noch die Hacken sah, wußte er, daß dieser auch mit der Bronzemedaille davonlief, die sich der 32jährige eigentlich zum Ziel gesetzt hatte.

Boulami, der am Ende wieder Zweiter wurde, hatte sich darauf eingestellt, daß Daniel Komen, der mit 12:48,98 min die Jahresbestenliste anführte, seinen Angriff etwa einen Kilometer vor dem Ziel starten würde, doch so lange wartete der 21jährige Junioren-Weltmeister von 1994 diesmal nicht. Komen lief zwei Runden unter 60 s, womit die Entscheidung gefallen war. Die vierten 1000 m wurden von Komen in 2:28,34 min zurückgelegt, der letzte Kilometer in 2:33,89. Für die letzten 3000 m brauchte die Spitze 7:34,35 min - Baumanns Deutscher Rekord über 3000 m steht bei 7:31,81!

Dieter Baumann erreichte zwar sein Ziel nicht ganz, doch mit dem fünften Platz, den er hinter zwei Kenianern und zwei Marokkanern belegte, war er auch nicht unzufrieden. Zum Schluß kam er noch einmal gut ins Rennen. Die Läufer vor ihm hatte alle Bestleistungen unter 13 min, eine „Traumgrenze", die er erst noch brechen will. Drei Tage nach dem Finale sollte in Zürich der eigentliche Rekordlauf über 5000 m folgen; alle Augen waren dort auf den Äthiopier Haile Gebrselassie gerichtet, der hier 1995 mit 12:44,39 min den Weltrekord aufstellte und der seine Teilnahme in Athen wohl aus taktischen Gründen auf einen Start über 10 000 m beschränkte. ■

5000-m-Läufe unter 13 min vor Zürich '97

12:44,39	Haile Gebrselassie (ETH)	Zürich	16.8.1995
12:45,09	Daniel Komen (KEN)	Zürich	14.8.1996
12:50,80	Salah Hissou (MAR)	Rom	5.6.1996
12:53,72	Philip Mosima (KEN)	Rom	5.6.1996
12:54,72	Paul Tergat (KEN)	Zürich	14.8.1996
12:54,85	Moses Kiptanui (KEN)	Rom	5.6.1996
12:55,76	Khalid Boulami (MAR)	Zürich	14.8.1996
12:55,94	Thomas Nyariki (KEN)	Stockholm	7.7.1997
12:57,23	Worku Bikila (ETH)	Rom	8.6.1995
12:58,21	Bob Kennedy (USA)	Zürich	14.8.1996
12:58,39	Saïd Aouita (MAR)	Rom	22.7.1987
12:58,99	Ismail Sghyr (MAR)	Zürich	14.8.1996

Kilometerzeiten im Finale

1000 m	2:43,86	Baumann
2000 m	5:33,03 (2:49,17)	Baumann
3000 m	8:05,15 (2:42,12)	Nyariki
4000 m	10:33,49 (2:28,34)	Komen
5000 m	13:07,38 (2:33,89)	Komen

Haile Gebrselassies dritter Sieg

Kleiner Mann ganz groß: Haile Gebrselassie - mit zwei Landesfahnen in der Hand - wird nach seinem Sieg von zwei Betreuern gefeiert.

■ Haile Gebrselassie, der erst am 4. Juli in Oslo dem Marokkaner Salah Hissou mit 26:31,32 min den Weltrekord abgejagt hatte, brauchte ziemlich lange, ehe er sich zu einem Start in Athen entschloß. Eigentlich tat der Äthiopier es nur seinem Verband zuliebe, weil er nicht den Eindruck erwekken wollte, er sei hinter dem Geld her. Außerdem bedeutet ihm sein Land viel. Völlig überzeugt aber war er von dem Schritt nicht, weil er die harte Kunststoffbahn fürchtete, die vor allem für die Sprinter gebaut worden war. Am Ende, nachdem er zum dritten Mal hintereinander Weltmeister über 10 000 m geworden waren, hatten sich seine Befürchtungen indes nicht bestätigt: „Die Bahn war ein kleines bißchen besser als in Atlanta."

Dagegen war Manager Jos Hermens auch anschließend noch skeptisch, ob es richtig gewesen war, nach Athen zu gehen: „Solche Bahnen, die nur für die Sprinter hergerichtet wurden, sind nicht dazu geeignet, daß Läufer wie Haile gesund bleiben. Wenn wir aber wollen, daß die Leichtathletik spannend bleibt, dann brauchen wir solche Athleten wie ihn noch für zehn Jahre." Wenn es nach dem Holländer gegangen wäre, dann hätte sich Haile die Kraft besser sparen sollen. Beim Grand Prix in Zürich drei Tage nach den WM sollte er im Duell mit Daniel Komen über 5000 seinen eigenen Weltrekord verbessern, den er dort 1995 mit 12:44,39 min aufgestellt hatte.

Das WM-Rennen begann relativ gemächlich, vor allem die zweite Runde war langsam. Erst nach nach 6000 m verschärften die Kenianer das Tempo, womit das Feld sofort gesprengt wurde. Paul Tergat, Paul Koech, Haile und Hissou wechselten sich in der Führung ab; nur der Äthiopier Assefa Mezegebu, ein junger Mann von erst 19 Jahren, der 1996 über 5000 und 10 000 m Junioren-Weltmeister geworden war, sowie der Portugiese Domingos Castro konnten noch mithalten.

1993 sprintete Haile an Titelverteidiger Moses Tanui vorbei und schlug ihn knapp. Zwei Jahre später besiegte er den Olympiasieger von 1992, den Marokkaner Khalid Skah. In Atlanta war er vor dem dreifachen Cross-Weltmeister Paul Tergat und dem Marokkaner Salah Hissou, der wieder einmal die Sprinter ziehen lassen mußte, im Ziel. Doch auf ein Finish wollte es Haile nicht ankommen lassen. 500 m vor Schluß kam sein Antritt. Vergessen die harte Bahn: Die letzte Runde legte er in 55,87 s zurück. Den Meisterschaftsrekord von Göteborg verfehlte er mit 27:24,58 min um fast zwölf Sekunden.

Nach dem Rennen wurde ihm von den Griechen die fast obligatorische Frage gestellt, wohin seiner Ansicht nach das IOC die Olympischen Spiele von 2004 vergeben sollte, und zu ihrer Enttäuschung nannte er nicht Athen, sondern Kapstadt, „denn das ist Afrika". Dann aber fiel Haile ein, daß er sie erst kürzlich Stockholm versprochen hatte, worauf er „Stockholm" rief, „weil ich dort den Marathonlauf gewinnen will." Ob man nicht beide wählen könnte, meinte er schließlich hilfslos: „Die Sache ist ein bißchen kompliziert für mich."

Wie auch immer: Auf Hailes ersten Marathonlauf muß man sicher nicht bis 2004 warten. „Eigentlich möchte ich ihn schon morgen laufen, aber vielleicht ist besser, wenn ich noch ein bißchen warte. Denn wenn ich die 10 000 m verlasse, dürfte diese Disziplin ärmer werden." Und keiner widersprach. ■

Haile hat keinen Familiennamen

Haile Gebrselassie wurde am 18. April 1974 in Arssi geboren. Er ist nur 1,64 m groß und 53 kg schwer; im Sommer wohnt er meistens bei seinem Manager Jos Hermens in den Niederlanden. Die Äthiopier kennen keinen Vor- oder Familiennamen. Ihre Namen setzten sich aus einem persönlichen (in diesem Falle Haile), dem Namen des Vaters (Gebr) und des Großvaters (Selassie) zusammen. Dadurch heißt jedes Familienmitglied anders. Wer also der Weltmeister Gebrselassie nennt, meint eigentlich dessen Vater und Großvater.
Der persönliche Name von Hailes Bruder ist Tekeye. Er wurde 1991 beim London-Marathon in 2:12:05 h 13. und steigerte sich 1994 auf seine Bestzeit von 2:11:45 h. Tekeye schenkte ihm auch seine ersten Spikes, doch Haile empfand sie als so ungewohnt und unbequem, daß er sie wieder weglegte und barfuß lief. Heute bekommt er eine Million Dollar, um eine bestimmte Marke zu tragen. Sein Laufstil ist eigenartig. So schleudert er bei jedem Schritt den linken Arm heraus. Haile: „Das kommt vom Laufen in die Schule, denn ich mußte mit diesem Arm immer meine Schulbücher tragen."

Zwischenzeiten im Finale

1000 m	2:55,76	Berioui
2000 m	5:39,99	Berioui
3000 m	8:26,82	Kirui
4000 m	11:11,85	Hissou
5000 m	13:58,79	Jifar
6000 m	16:49,31	Hissou
7000 m	19:27,92	Koech
8000 m	22:10,78	Koech
9000 m	24:53,49	Koech
10 000 m	27:24,58	Haile

Ein spanisches Marathon-Doppel stürmt ins Panathenäische Stadion: Abel Anton (vorn) und der geschlagene Titelverteidiger Martin Fiz.

Abel entriß „Kain" den Ölbaumkranz

Das Konzert der Zikaden, das die ganze Nacht angehalten hatte, wurde für einen Moment übertönt. Der Bürgermeister hielt eine Rede, dann intonierte eine Kapelle die Olympische Hymne des Samara von 1896. Junge Griechinnen in Trachten hielten Ölzweige in der Hand. Die Anwesenheit des Popen verlieh der Zeremonie Würde. Sonntag, der 10. August: Marathon-Tag.

Es war 8.15 Uhr, als 108 Läufer aus 45 Ländern die Strecke in Angriff nahmen, die das Urmaß darstellt: 42,195 km. Das Thermometer zeigte 28 Grad, die Luftfeuchtigkeit betrug 51 Prozent. Selbst Fußgänger hatten Schwierigkeiten zu atmen. Auf dem Asphaltband, auf dem eine blaue Linie die Richtung vorgab und auf dem man vielsprachig das Wort „Frieden", griechisch „Irini", lesen konnte, war es noch um vieles heißer.

Nach einer Viertelstunde war das Feld, dem zwei Afrikaner voranliefen, am Tymbos, dem Grabhügel, der die Gebeine der in der Schlacht von Marathon gefallenen Athener Soldaten bedeckt, angelangt. Ohne Historie geht es nicht.

Zwei Stunden später im Panathenäischen Stadion, dessen weißer Marmor die Augen schmerzhaft blendete: Eine Militärkapelle - roter Rock, schwarze Hose, goldener Helm - schmetterte das schmalzige „Ein Schiff wird kommen..." Angekommen war aber nur IOC-Chef Juan Antonio Samaranch nebst Gefolge, und das aus gutem Grund: Zwei Läufer in Rot-gelb steuerten bereits auf die Hufeisen-Arena zu, in der vor 101 Jahren ein vieltausendfaches „Hellas" den Leichtfuß Spyros Louis, den Inbegriff des Olympioniken, empfangen hatte.

Sein jüngster Nachfolger hieß Abel Anton, und er kommt wie sein verhinderter „Kain" Martín Fiz, dem er völlig unbiblisch auf den letzten Metern den Ölbaumkranz entriß, aus Spanien. Fiz, der Titelverteidiger, litt hernach an Dehydrierung. Seltsam: Auch bei den Frauen ist die Siegerin am frischesten angekommen.

Weil die Spanier 1994 in Helsinki einen dreifachen EM-Triumph mit Fiz an der Spitze gefeiert hatten, war das für Abel Anton, der damals den Titel über 10 000 m gewann, ein Grund, mit dem Wechsel auf die Marathonstrecke noch zu warten. Diesen Schritt tat er erst nach Atlanta, wo er auf den zehn Kilometern Dreizehnter geworden war. Das Debüt beim Berlin-Marathon fiel mit 2:09:15 h glänzend und siegreich aus. Sein dritter Lauf war der erste auf der klassischen Route.

Wie Anton dachte auch der Dritte schon drei Jahre weiter. Der Australier Steve Moneghetti nahm das fünfte Mal teil, er lief das vierte Mal Marathon und gewann seine erste Medaille. Der 34jährige fühlte sich wie zu Hause. In Nordaustralien, wo er sich vorbereitete, sind die Temperaturen mindestens genauso. Mit Sydney 2000 verbindet er viele Hoffnungen: „So heiß wie in Athen wird's nie wieder."

Die Schnellsten auf der klassischen Route

2:11:07,2	*Bill Adcocks (GBR)*	*6.4.1969*
2:11:49	*Rodolfo Gomez (MEX)*	*7.3.1982*
2:12:01	*Douglas Wakihuri (KEN)*	*9.4.1995*
2:13:16	*Takahiro Sunada (JPN)*	*9.4.1995*
2:13:16	*Abel Anton (ESP)*	*10.8.1997*
2:13:21	*Martin Fiz (ESP)*	*10.8.1997*
2:13:25,8	*Kenji Kimihara (JPN)*	*6.4.1969*
2:13:34	*Wladimir Kotow (URS)*	*7.3.1982*
2:13:50,2	*Ian Thompson (GBR)*	*6.4.1974*
2:14:07	*Greg Meyer (USA)*	*7.3.1982*

Spyros Louis bestritt nur zwei Rennen

Der erste Marathonlauf wurde am 22. März 1896 bei den Panhellenischen Wettkämpfen gestartet. Sieger war der Grieche Charilaos Vasilakos in 3:18:00 h.
Einen Tag vor Beginn der Olympischen Spiele im April desselben Jahres veranstaltete das Organisationskomitee einen Ausscheidungslauf, der für den 23jährigen Spyros Louis, der 3:18:27 h benötigte, der erste Wettkampf seines Lebens wurde. Mit dem zweiten, am 10. April 1896, wurde er Olympiasieger in 2:58:50 h - damit war seine Laufbahn schon wieder beendet. Er bestritt nie wieder ein Rennen. Louis stammte aus Amaroussion, von wo aus er Athener Bürger mit Trinkwasser belieferte. Auf dem Gebiet seines Heimatortes befindet sich das heutige Olympiastadion. Der danebenliegende Trainingsplatz trägt seinen Namen.

Johnson war besser als in Atlanta

Einer wird gewinnen: Allen Johnson (rechts), der hier bereits klar vor dem Franzosen Dan Philbert und dem Briten Colin Jackson (von links) führt.

■ Der überlegene Olympiasieg von Atlanta war für den US-Amerikaner Allen Johnson die Krönung einer jahrelangen Herrschaft, zu der von 1994 bis 1995 eine Serie von 44 Siegen gehörte. Zweimal egalisierte er mit 12,92 s auch Roger Kingdoms US-Rekord, und nur die Winzigkeit von einer Hundertstel fehlte ihm, um zu Colin Jackson aufzuschließen. Der Brite, der seit den WM von 1993 mit 12,91 s den Weltrekord über 110 m Hürden hält, war in Atlanta als Vierter ohne Medaille geblieben.

Das Jahr 1997 ging für Johnson nicht berauschend los. Bei den US-Hallenmeisterschaften war er verletzt, weshalb er auch in Paris fehlte. Lange Zeit sah es aus, als würde er sogar auf Athen verzichten müssen. Doch rechtzeitig zu den US-Trials Anfang Juni in Indianapolis kam er in Form. Er gewann mit 13,25 s, doch es dauerte bis Juli, ehe er richtig auf Touren kam. In Oslo lief er 13,14 s, in Stuttgart gewann er mit der Jahresbestzeit von 12,97 s.

Da Johnson in Athen auch als Titelverteidiger anreiste, hätten die Amerikaner durch seine „wild card" eigentlich die Chance gehabt, noch einen vierten Läufer zu schicken. Sie werden gewußt haben, warum sie darauf verzichteten. Schon die beiden anderen, Terry Reese und der Olympiazweite Mark Crear, der bei den Trials nur Vierter geworder war, hatten nichts zu bestellen. Im WM-Finale belegte sie die beiden letzten Plätze. Eine Bahn war durch den Startverzicht des Polen Artur Kohutek freigeblieben.

Allen Johnson hatte nicht den besten Start von allen, doch auf den ersten zwei Hürden ließ er das schnell vergessen. „Was Allen auf den ersten 20, 30 Metern macht, ist sensationell", meinte Florian Schwarthoff später, der es als Pech bezeichnete, eine Bahn neben ihm ausgelost zu haben. „Immer wenn ich versuche mitzuhalten, kommt nichts 'raus. Wenn ich mich an andere hänge, ist das tödlich." Es war kein schlechtes Rennen, das der 29jährige Dortmunder lieferte; nur half dem Olympiadritten sein bekannt langer Hals diesmal nicht. Der Slowake Igor Kovac war zwei Hundertstel eher an der Lichtschranke, was mit der Bronzemedaille belohnt wurde. Schwarthoff nach dem Rennen: „Das hat ein bißchen weh getan. So ein vierter Platz ist wirklich undankbar, denn man kann sich dafür nichts kaufen." Das ist bei Johnson anders. Zur WM-Prämie wäre fast noch der 100 000-Dollar-Zuschlag für einen Weltrekord gekommen, den er mit 12,93 s um zwei Hundertstelsekunden verpaßte. „Ich dachte heute abend nicht an den Rekord. Ich wollte laufen und siegen. Ich will den Rekord, ich möchte aber auch noch einmal bei den Olympischen Spielen gewinnen. Das bedeutet mir sehr viel." Und Curtis Frye, der den 26jährigen auf der Universität von South Carolina trainert, meinte: „Es war besser als in Atlanta. Er kann auch 200 m rennen - unter 20,00 s. In den nächsten Wochen konzentriert er sich auf den Weltrekord." Allerdings vergaß der Trainer zu sagen auf welchen. 110 m Hürden oder 200 m? Oder gar beide? ■

110-m-Hürden-Läufe unter 13 s

12,91	COLIN JACKSON (GBR)	Stuttgart	20.8.1993
12,92	ROGER KINGDOM (USA)	Zürich	16.8.1989
12,92	ALLEN JOHNSON (USA)	Atlanta	23.6.1996
12,92	Johnson	Brüssel	23.8.1996
12,93	R. NEHEMIAH (USA)	Zürich	19.8.1981
12,93	Johnson	Athen	7.8.1997
12,94	JACK PIERCE (USA)	Atlanta	22.6.1996
12,95	Johnson	Atlanta	29.7.1996
12,97	Kingdom	Sestriere	11.8.1988
12,97	Jackson	Sestriere	28.7.1993
12,97	Johnson	Stuttgart	13.7.1997
12,98	Kingdom	Seoul	26.9.1988
12,98	Jackson	Tokio	15.9.1994
12,98	Johnson	Köln	18.8.1995
12,99	Jackson	Brüssel	3.9.1993
12,99	Jackson	Madrid	6.9.1994

Herbert – der neue Edwin Moses?

Hürden-Ästhetik pur:
Weltmeister Stéphane Diagana bei einem seiner „Demonstrations"-Läufe.

Der US-Meister von 1996 und 1997, Bryan Bronson, war der Favorit des Rennens, zumal er schon zweimal, in Lille und Lausanne, mit 47,77 s Jahresweltbestzeit gelaufen war. Aufhorchen bei seinen Europastarts ließ aber auch der Südafrikaner Llewellyn Herbert, der beim Meeting in Stuttgart mit 47,97 s gewonnen hatte und der dann in Nizza in 48,17 s Samuel Matete besiegte. Doch der Olympiazweite aus Sambia, der damals seine Medaille auf Bahn eins laufend gewonnen hatte, war 1997 lange nicht so stark wie in den Vorjahren. Eine Überraschung war auch US-Olympiasieger Derrick Adkins zuzutrauen, der von Bronson geschlagen wurde, der sich aber ohne viele Meetings in Ruhe auf die WM vorbereitete. Hingegen spielte der farbige Franzose Stéphane Diagana, der im Mai 1996 eine Streßfraktur im rechten Fuß erlitten hatte, weshalb er in Atlanta fehlte, in den Vorhersagen keine Rolle, obwohl er jeweils als Dritter sowohl in Stuttgart (48,44) als auch in Lausanne (48,47) gezeigt hatte, daß er wiederhergestellt ist.

Es kam wieder einmal alles ganz anders. Adkins scheiterte als Fünfter in seinem Zwischenlauf, und im Finale konnte Bronson von der ersten Hürde an seinen Rhythmus nicht finden. Er wußte hinterher auch nicht warum. Der triumphale Sieger hieß Diagana, der in 47,70 s seinen ersten internationalen Einzeltitel gewann. Der Sohn eines Senegalesen, der 1995 Harald Schmid als Europarekordler abgelöst hatte, war seinen Vorlauf (49,34) verhalten gelaufen, „denn ich wußte über die offene Situation". Damit sparte er Kraft. Und was in diesem Rennen alles möglich war, zeigte sich auf den letzten Metern, als Llewellyn Herbert, der die ungünstige Bahn eins gezogen hatte, von hinten heranflog und noch die Silbermedaille gewann.

Neben Diagana, dem nicht einmal die französische Presse eine Medaille zutraute, war der blonde Südafrikaner die zweite große Überraschung. Er ist noch ein Milchgesicht, 1,83 m groß und 75 kg schwer. Wenige Tage vor den WM, am 21. Juli, war er erst 20 Jahre alt geworden. 1996 wurde er in Sydney Vizeweltmeister der Junioren, doch bei den Olympischen Spielen in Atlanta schied er schon im Vorlauf aus. Seine Entwicklungsraten sind sensationell: 1995/51,25 s, 1996/48,76 s, 1997/47,86 s - Landesrekord. Er gewann die erste WM-Medaille für die Kap-Republik, die vor der Suspendierung aus der IAAF mit Gerhardus Potgieter zwischen 1957 und 1960 schon einmal einen Weltrekordler auf dieser Strecke hatte; allerdings über 440 y. Und Llewellyn Herberts Pläne? „Ich möchte der Edwin Moses von Afrika werden." Das ist gut möglich, 20jährig läuft er jedenfalls schon wesentlich schneller als der Exweltrekordler in diesem Alter.

Die Weltbesten aller Zeiten über 400 m Hürden

46,78	Kevin Young (USA)	Barcelona	6.8.1992
47,02	Edwin Moses (USA)	Koblenz	31.8.1983
47,10	Samuel Matete (ZAM)	Zürich	7.8.1991
47,19	Andre Phillips (USA)	Seoul	25.9.1988
47,23	Amadou Dia Ba (SEN)	Seoul	25.9.1988
47,37	Stéphane Diagana (FRA)	Lausanne	5.7.1995
47,38	Danny Harris (USA)	Lausanne	10.7.1991
47,48	Harald Schmid (FRG)	Athen	8.9.1982
47,54	Derrick Adkins (USA)	Lausanne	5.7.1995
47,60	Winthrop Graham (JAM)	Zürich	4.8.1993
47,75	David Patrick (USA)	Indianapolis	17.8.1988
47,77	Bryan Bronson (USA)	Lausanne	2.7.1997
47,82	John Akii-Bua (UGA)	München	2.9.1972
47,82	Kriss Akabusi (GBR)	Barcelona	6.8.1992
47,86	Llewellyn Herbert (RSA)	Athen	4.8.1997

Das Kenia-Team ist unschlagbar

Kenias Medaillen-Dreier beim „Synchron"-Springen am Balken: Bernard Barmasai (681), Wilson B. Kipketer (685), Moses Kiptanui (686).

■ Über 3000 m Hindernis sind die Kenianer einfach unbesiegbar. Diese Serie hält seit dem Olympiasieg von Amos Biwott 1968 in Mexiko-Stadt an. Dabei war dieser damals noch so unerfahren, daß über die Hürde vor dem Wassergraben sprang, statt auf sie zu treten und sich abzustoßen. Doch er gewann auch mit nassen Schuhen wie seine Nachfolger Kipchoge Keino (1972), Julius Korir (1984), Julius Kariuki (1988), Matthew Birir (1992) und Joseph Keter (1996). Bei Weltmeisterschaften spielten die Kenianer erst seit 1991 eine Rolle. Moses Kiptanui gewann drei Titel hintereinander. Er ist auch der einzige, der bisher unter acht Minuten lief.

Eigentlich ist es egal, wen die Afrikaner schicken. Wer sich qualifiziert, ist immer auch für eine Medaille gut. Die 30 schnellsten Zeiten stammen von 14 Kenianern. Es muß also schon viel passieren, wenn für den Rest der Welt noch etwas übrig bleiben soll. Der Italiener Alessandro Lambruschini schaffte 1993 in Stuttgart und 1996 in Atlanta Bronze, 1995 war es Sa'ad Shaddad Al-Asmari, der Dritter wurde. Der Mann aus Saudi-Arabien landete diesmal auf Rang vier - wie alle anderen Finalisten eine Klasse schlechter als die Kenianer.

Der Wattenscheider Mark Ostendarp, der im Semifinale (8:20,40 min) seine persönliche Bestzeit um fast drei Sekunden verbessert und sich damit ins Finale gekämpft hatte, gab nach dem Rennen zu, daß er sich eigentlich schon nach 200 m schlecht fühlte. Doch ein Blick auf die Anzeigetafel zeigte ihm, warum das so war: Die Spitze hatte den ersten Kilometer in 2:45,86 min zurückgelegt, „und das war relativ schnell."

Die Kenianer setzten ihr Mannschaftsrennen unbeirrt fort, und bald war nur noch offen, wie die Medaillen verteilt werden würden. Noch fünfzig Meter vor dem Ziel sah es aus, als würde Moses Kiptanui, der mit 8:01,80 min auch die Weltbestenliste anführt, sich das vierte Mal den Titel holen. Doch an der letzten Hürde bekam er auf einmal Schwierigkeiten, und beinahe hilflos schaute er Wilson Boit Kipketer von der Seite an, als dieser ihn überholte. Bronze ging an den zeitgleichen Bernard Barmasai, der genau wie der neue Boit Kipketer das erste Mal an den WM teilnahm. Der Bezwinger des Weltrekordlers später: „Heute abend haben wir uns selbst überrascht. Das Kenia-Team ist unschlagbar." ■

Die besten Leistungen aller Zeiten

7:59,18	MOSES KIPTANUI (KEN)	Zürich	16.8.1995
7:59,52	Kiptanui	Brüssel	25.8.1995
8:01,80	Kiptanui	Stockholm	7.7.1997
8.02,08	Kiptanui	Zürich	19.8.1992
8:02,45	Kiptanui	Monaco	9.9.1995
8:02,77	WILSON BOIT KIPKETER (KEN)	Stockholm	7.7.1997
8:03,36	Kiptanui	Oslo	21.7.1995
8:03,51	BERNARD BARMASAI (KEN)	Stockholm	7.7.1997
8:04,16	Kiptanui	Göteborg	11.8.1995
8:05,01	ELIUD BARNGETUNY (KEN)	Monaco	25.7.1995
8:05,25	Kiptanui	Rieti	6.9.1992
8:05,35	PETER KOECH (KEN)	Stockholm	3.7.1989
8:05,37	PHILIP BARKUTWO (KEN)	Rieti	6.9.1992
8:05,4	HENRY RONO (KEN)	Seattle	13.5.1978
8:05,51	JULIUS KARIUKI (KEN)	Seoul	30.9.1988
8:05,68	JOHN KOSGEI (KEN)	Mailand	7.9.1996
8:05,84	Boit Kipketer	Athen	6.8.1997
8:05,99	JOSEPH KETER (KEN)	Monaco	10.8.1996
8:06,03	PATRICK SANG (KEN)	Stockholm	3.7.1989
8:06,04	Kiptanui	Athen	6.8.1997
8:06,04	Barmasai	Athen	6.8.1997
8:06,36	Kiptanui	Stuttgart	1.8.1993
8:06,46	Kiptanui	Brüssel	13.9.1991
8:06,77	GIDEON CHIRCHIR (KEN)	Zürich	16.8.1995
8:06,79	Koech	Seoul	30.9.1988
8:06,80	Sang	Monaco	25.7.1995
8:06,85	Chirchir	Monaco	10.8.1996
8:06,86	CHRISTOPHER KOSKEI (KEN)	Stockholm	10.7.1995
8:06,88	RICHARD KOSGEI (KEN)	Monaco	9.7.1995
8:06,95	C. Koskei	Zürich	16.8.1995
8:06,97	Kiptanui	Stockholm	10.7.1995

Namen sind eigentlich Schall und Rauch, die Momentaufnahme sagt alles: Staffel-Pech der US-Boys, Lewis und Montgomery heißen übrigens die Unglücksraben.

Das amerikanische Trauma

■ Mit ihrer 4x100-m-Staffel haben die US-Amerikaner aber auch wirklich Pech, denn der Athener Vorlauf brachte eine Wiederholung von 1995. In Göteborg scheiterten sie beim zweiten Wechsel, als der wenig erfahrene Ersatzmann Theodore McCall nicht wußte, wie er den Stab von Jon Drummond übernehmen sollte. Er griff mal rechts, mal links, und schon war das Ende des Wechselraumes erreicht.

Drummond, der erst 24 Stunden vorher das 200-m-Finale bestritten hatte, wurde diesmal gar nicht erst eingesetzt, aber auch auf den vielseitig verfügbaren Vincent Henderson verzichtete Chef-Coach Dean Hayes. Er wollte sich Henderson, der bei den US-Trials Siebter geworden war, für das Finale für den Fall aufheben, daß sich ein anderer verletzt.

Dazu indes kam es nicht. Brian Lewis lief an, doch Tim Montgomery, der Dritte vom 100-m-Finale, rannte zu schnell weg. Lewis, ein 22jähriger Junior vom Norfolk State College, bei den Trials Fünfter, ärgerte sich hinterher. Er hatte Montgomery „stick" („Stab") zugerufen statt „slow down". Ehe ihm das aufging, war die 20-m-Zone, in der der Stab übergeben werden muß, schon überlaufen.

Dennis Mitchell kam ebenso wie Schlußmann Maurice Greene, der als Startläufer auch am Staffel-Debakel in Göteborg beteiligt war, gar nicht erst zum Einsatz. „Wir hatten 1995 ein junges Team, ebenso 1996, und wir haben es 1997 wieder", nahm er es nicht so tragisch. Irgendwann würden sie es schon packen. Innerlich aber fluchte er. Zumindest auf ihn traf die Bezeichnung „jung" nicht mehr zu. Mitchell ist 31Jahre alt und bestritt seine vierte WM. Im Stabwegwerfen hat er genügend Übung, denn er war auch schon 1988 bei den Olympischen Spielen in Seoul einer der Beteiligten, als der amerikanische Traum ebenfalls im Vorlauf platzte.

Wie 1996, als die US-Staffel läuferisch unterlegen war, gewann Kanada. Die Besetzung war identisch. Robert Esmie, Glenroy Gilbert, Bruny Surin und Donovan Bailey sprinteten in 37,86 s nur 17 Hundertstel langsamer als in Atlanta. Und was ein eingespieltes Quartett wert ist, zeigt auch dies: Die ersten drei holten sich schon 1993 in Stuttgart die WM-Bronzemedaille. ■

Die schnellsten Staffeln aller Zeiten

37,40	USA	(Marsh, Burrell, Mitchell, Lewis)	Barcelona	8.8.1992
37,40	USA	(Drummond, Cason, Mitchell, Burrell)	Stuttgart	21.8.1993
37,48	USA	(Drummond, Cason, Mitchell, Burrell)	Stuttgart	22.8.1993
37,50	USA	(Cason, Burrell, Mitchell, Lewis)	Tokio	1.9.1991
37,67	USA	(Marsh, Burrell, Mitchell, Lewis)	Zürich	7.8.1991
37,69	CAN	(Esmie, Gilbert, Surin, Bailey)	Atlanta	3.8.1996
37,75	USA	(Cason, Burrell, Mitchell, Marsh)	Tokio	31.8.1991
37,77	GBR	(Jackson, Jarrett, Regis, Christie)	Stuttgart	22.8.1993
37,79	FRA	(Morinière, Sangouma, Trouabal, Marie-Rose)	Split	1.9.1990
37,79	Santa Monica TC	(Marsh, Burrell, Heard, Lewis)	Monte Carlo	3.8.1991
37,79	Santa Monica TC	(Marsh, Burrell, Heard, Lewis)	Walnut	17.4.1994
37,82	World All Stars	(Drummond, Jarrett, Regis, Mitchell)	Walnut	17.4.1994
37,83	USA	(Graddy, Brown, Smith, Lewis)	Los Angeles	11.8.1984
37,83	CAN	(Esmie, Gilbert, Surin, Mahorn)	Stuttgart	22.8.1993
37,86	USA	(King, Gault, Smith, Lewis)	Helsinki	10.8.1983
37,86	CAN	(Esmie, Gilbert, Surin, Bailey)	Athen	10.8.1997

0,28 Sekunden von Gold bis Bronze

Michael Johnson verzichtete in der 4x400-m-Staffel auf die Möglichkeit, mit einem achten WM-Sieg in der Liste der Erfolgreichsten zu Carl Lewis aufzuschließen. Nach seinem Erfolg über 400 m, der dem fast 30jährigen nicht leichtgefallen war, machte sich seine Oberschenkelverletzung wieder bemerkbar, die er sich beim „Kirmes"-Rennen von Toronto zugezogen hatte.

Aber auch ein anderer Großer im Stadionrundenlauf kam nicht zum Zuge. Einen Tag vor dem Semifinale flog extra Harry „Butch" Reynolds in Athen ein, der schon dreimal - 1987, 1993 und 1995 - mit dem US-Quartett Weltmeister geworden war. Doch statt ihm stand in der Startliste der Qualifikation überraschend der Name Johnson. Indes handelte es sich bei dem Schlußläufer nicht um Michael, sondern um Allen, den 110-m-Hürden-Weltmeister, dessen offizielle 400-m-Bestzeit nur 48,27 s beträgt. Mit ihm kam das US-Team auf 2:59,78, und Allen Johnson meinte: „Es hat Spaß gemacht."

Im Finale aber ging Coach Dean Hayes lieber auf Nummer sicher. Er setzte die ersten Vier der Trials ein: Jerome Young, Antonio Pettigrew, Chris Jones und Tyree Washington. Die größte Erfahrung von ihnen besitzt Pettigrew, der schon 1991 in Tokio gelaufen war, als die US-Boys gegen die Briten verloren. Pettigrew bestritt in Athen im Semifinale mit 43,7 s das beste Rennen.

Wie vor einem Jahr waren die Briten, die mit der gleichen Staffel wie 1996 antraten, die härtesten Gegner. Während es in Atlanta ein Zweikampf war, kam diesmal Olympia-Bronzemedaillengewinner Jamaika hinzu. Die Führung wechselte ständig, doch im Finish hatte Schlußläufer Tyree Washington in 2:56,47 min knapp die Nase vorn. Die Spanne zwischen Gold und Bronze betrug 0,28 s.

Als Zweiter der Briten lief Roger Black. Der 31jährige ist ein Phänomen. Er begann 1985 in Cottbus als Junioren-Europameister und errang seitdem zehnmal Gold bei bedeutenden Meisterschaften, darunter zweimal die EM (1986 und 1990). Im 400-m-Einzelrennen von Tokio '91 holte er sich Silber hinter Pettigrew, ein Husarenstück, das er im vorigen Jahr in Atlanta im Schlepptau von Michael Johnson wiederholte. Das war die erste Olympiamedaille für Großbritannien auf dieser Strecke seit 60 Jahren.

Die schnellsten 4x400-m-Staffeln aller Zeiten

2:54,29	USA	(Valmon, Watts, Reynolds, Johnson)	Stuttgart	22.8.1993
2:55,74	USA	(Valmon, Wattts, Johnson, Lewis)	Barcelona	8.8.1992
2:55,99	USA	(Smith, Harrison, Mills, Maybank)	Atlanta	3.8.1996
2:56,16	USA	(Matthews, Freeman, James, Evans)	Mexiko-Stadt	20.10.1968
2:56,16	USA	(Everett, Lewis, Robinzine, Reynolds)	Seoul	1.10.1988
2:56,47	USA	(Young, Pettigrew, Jones, Washington)	Athen	10.8.1997
2:56,60	GBR	(Thomas, Baulch, Richardson, Black)	Atlanta	3.8.1996
2:56,65	GBR	(Thomas, Black, Baulch, Richardson)	Athen	10.8.1997
2:56,75	JAM	(McDonald, Haughton, McFarlane, Clarke)	Athen	10.8.1997
2:57,29	USA	(Everett, Haley, McKay, Reynolds)	Rom	6.9.1987

It's Washington's Day, denn Tyrees läuft sein Quartett zum umkämpften Sieg gegen die Briten und läßt anschließend eine umwerfende Showeinlage folgen.

Anzahl der Weltrekorde

	Gesamt	Männer	Frauen
1983	2	1	1
1987	1*	1	0
1991	3	3	0
1993	5	3	2
1995	4	2	2
1997	0	0	0

* Später anulliert (Ben Johnson/CAN, 100 m in 9,83 s)

Die WM-Vorläufer

Jahr	Ort	Disziplin	Sieger	
1976	Malmö	50 km Gehen	Wenjamin Soldatenko (URS)	3:54:40
1980	Sittard	3000 m Frauen	Birgit Friedmann (FRG)	8:48,05
		400 m Hürden Frauen	Bärbel Broschat (GDR)	54,55

Kubas „Himmelsstürmer" Javier Sotomayor meldet sich eindrucksvoll zurück!

Athen '97

Gehen

Sprung

Wurf/Stoß

Mehrkampf

MÄNNER

Das gefürchtete dritte Kreuz

Für die Mexikaner ist Gehen „Volkssport". Da kommt Freude auf, wenn mit Daniel García einer der ihren auf der „Sprint-Strecke" triumphierte.

Daniel García benötigte drei Versuche, um erstmals Weltmeister zu werden. 1993 kam er als Dritter an, und erst nach dem Zielstrich erfuhr der Mexikaner von seiner Disqualifikation. Zwei Jahre später bekam er die „rote Karte" auf der Strecke. Nach diesen schlechten Erfahrungen und einem neunten (50 km) und 19. Platz (20 km) von Atlanta '96 investierte der 25jährige viel Zeit in die Technik; immerhin ist er Geher-Trainer.

Wie sein Plan vorsah, begann García verhalten. Mit einer Größe von 1,68 m zählte er vornherein zu jenem Kreis von Athleten, die auf dem 2-km-Kurs in Nea Ionia bevorteilt waren. Größere Athleten mußten hingegen in den engen Kurven Geschwindigkeitsverluste hinnehmen. Die eigentliche Überraschung war aber nicht er, sondern Jefferson Pérez. Ekuadors erster Olympiasieger spielte keine Hauptrolle, obwohl er noch im April in Podebrady den Weltcup gewonnen und García um drei Sekunden auf Platz zwei verwiesen hatte. Anders als García, der zweimal verwarnt werden mußte, kam Pérez zwar sauber über die Runden, aber im Ziel lag er als 14. über drei Minuten hinter dem Sieger.

Lange Zeit hatte der russische Olympiazweite Ilja Markow dem Wettkampf seinen Stempel aufgedrückt, bis ihm ein Kampfrichter die gefürchtete Kelle mit dem dritten Kreuz zeigte. Von den prominenten Gehern war er damit der einzige. Die Enttäuschung blieb auch dem 21jährigen Berliner Andreas Erm, der 1995 Junioren-Europameister geworden war und der Wochen vor den Athener WM bei den U 23-EM noch einen beachtlichen fünften Rang belegt hatte, nicht erspart. Nachdem er sich über seinen 15. Platz gefreut hatte, erwischte ihn auf dem Weg zur Dopingkontrolle die kalte Dusche. Einen Tränenausbruch war die Folge. Einer Verwarnung war er sich ja bewußt, doch im Stadion mußte er eine zweite und schließlich im Schlußspurt, als er noch zwei Konkurrenten überholt hatte, eine dritte bekommen haben. Erm: „Ein schreckliches Gefühl, ich war wütend, denn ich habe mich ‚sauber' gefühlt. Wenn ich das gewußt hätte, wäre ich dieses Risiko nicht eingegangen."

Rundum zufrieden war hingegen der zweite Deutsche: Robert Ihly, ein gebürtiger Russe, wurde Elfter. Ursprünglich wollte er über 50 km an den Start gehen, doch dann wurde er von seinem Chef nach St. Petersburg geschickt, um die Abnahme eines Gebäudes, das seine Firma dort seit drei Jahren gebaut hatte, mit seinen Sprachkenntnissen zu beschleunigen. Damit war klar, daß er in Athen auf eine weniger trainingsintensive Strecke ausweichen mußte.

Definition des Sportgehens

IAAF-Regel 191.1:
„Sportgehen ist die Vorwärtsbewegung mit Schritten, die so zu geschehen hat, indem der Geher den Boden berührt, so daß kein wahrnehmbarer (jedenfalls nicht für das menschliche Auge) Kontaktverlust eintritt. Das sich vorwärtsbewegende Bein soll (insbesondere kein gebeugtes Knie) vom Moment des ersten Bodenkontakts an gestreckt werden, bis es in eine vertikale Position gebracht ist."

Rausschmiß nach drei Verwarnungen

Über die Stilreinheit der Geher wacht auf dem gesamten Kurs des Kampfgericht. Geher, die gegen die die Regeln verstoßen, werden zuerst ermahnt. Dafür stehen den Kampfrichtern Kellen zur Verfügung, von denen die einen eine Wellenlinie zeigen, womit den Gehern „Bodenkontakt einhalten!" signalisiert wird. Die andere zeigt einen Winkel, was „Knie strecken!" verlangt. Bringen diese Ermahnungen keinen Erfolg, können Verwarnungen - eine weiße Kelle, die ein Kreuz zeigt - ausgesprochen werden. Die dritte Verwarnung (rote Kelle) bedeutet Disqualifikation. Das erfordert aber die einheitliche Meinung von drei Kampfrichtern und die Zustimmung des Chefkampfrichters.

Nachträgliche Disqualifikation

Regel 191.4d: „Wenn es undurchführbar ist, einen Wettkämpfer während des Rennens über die Disqualifikation zu informieren, soll die Disqualifikation unmittelbar danach ausgesprochen werden, wenn der Wettkämpfer im Ziel angekommen ist."

Der Schock hemmte nur kurz

Das verwegen aussehende Geher-Duo Robert Korzeniowski (Gold) und Jesús Angel García (Silber/ rechts) trennte nach 50 km ganze sieben Sekunden.

■ 1965, drei Jahre vor den Olympischen Spielen von Mexiko-Stadt, wurde der polnische Geher-Trainer Jerzy Hausleber in das Gastgeberland gerufen. Die Liste der Medaillengewinner, die er seit mehr als drei Jahrzehnten hervorgebracht hat, ist lang. Nicht beteiligt ist er indes am Erfolg jenes Mannes, der den Mittelamerikanern inzwischen auf der 50-km-Strecke davongegangen ist: Robert Korzeniowski aus Polen. Er wurde im Jahr der Spiele von Mexiko geboren. Daß der Olympiasieger von Atlanta und WM-Dritte von Göteborg nun erstmals auch Weltmeister wurde, erstaunte niemanden, wie er aber gewann dafür umso mehr, zumal er sich Anfang 1997 noch mit Ischias-Problemen herumzuplagen hatte. Nur der Spanier Jesús Angel García, der Mitte April in Podebrady in seiner Abwesenheit den Weltcup gewann, war ihm gewachsen. Im Ziel, das Korzeniowski in 3:44:46 h erreichte, waren beide nur um 13 s getrennt. Nahezu neun Minuten später beendete der dritte der Favoriten, der finnische Titelverteidiger Valentin Kononen, die 50 km. Er kam mit der Hitze, die trotz der frühen Startzeit (7.00 Uhr) herrschte, überhaupt nicht zurecht.

Korzeniowski hielt sich auf den ersten 20 km zurück und beobachtete García, Kononen und den Mexikaner Miguel A. Rodriguez, der später Bronze gewann. Seinen Angriff startete er nach 35 km. Sein Tatendrang wurde wenig später aber erst einmal von der zweiten Verwarnung gebremst, die für ihn ein Schock war. Er erinnerte sich an Barcelona, als er einer sicheren olympischen Silbermedaille entgegenging und noch im Stadion disqualifiziert wurde - erstmals in seiner Laufbahn. Von seinem Pech profitierte damals der Potsdamer Ronald Weigel, Weltmeister von 1983, der daraufhin Bronze gewann und inzwischen Trainer in Australien ist.

Korzeniowski wurde in Krakow zum Diplom-Sportlehrer ausgebildet, die meiste Zeit des Jahres lebt er aber in Tourcoing an der französisch-belgischen Grenze oder trainiert in der Höhe - in Kenia, Colorado oder im Pyrenäen-Ort Ft. Romeu, wo er sich zwei Monate im Jahr aufhält. Einen Trainer hat er nicht; seine Frau Agnieszka, eine ehemalige 400-m-Läuferin, ist seine Beraterin. Aber auch die Brücken nach Polen hat er nicht abgebrochen. Am 15. Oktober wird er auf dem Marktplatz von Krakow eine Geher-Konkurrenz veranstalten, die einmalig in der Welt ist. Einige der populärsten Schauspieler des Landes sowie alle polnischen Journalisten, die von den WM in Athen berichteten, werden am Start sein.

Während die ganze Welt geht, werden die Deutschen, die Olympiasieger wie Christoph Höhne, Peter Frenkel, Bernd Kannenberg oder Hartwig Gauder hervorbrachten, immer fußkranker. Der beste Deutsche, Axel Noack, wurde 16., mit fast 15 min Rückstand auf Korzeniowski. Der Berliner Diplom-Sportlehrer befindet sich in der Umschulung zum Physiotherapeuten und kann nur noch vermindert trainieren. Richtig zufrieden kann eigentlich nur der von Peter Selzer betreute bayrische Edelamateur Peter Zanner (24.) sein, weil er diese Leistung erbringt, obwohl er nur nach einem vollen Arbeitstag trainieren kann. Der einzige Profi im deutschen Geher-Team, der Erfurter Bundeswehr-Soldat Thomas Wallstab, plagte sich mit Beschwerden im Oberschenkel, und sah zu allem Überdruß nach 33 km auch noch die Rote Karte. ■

Nichts geht mehr

Während man von den Läufern erwartet, daß sie sich mühen, immer schneller zu werden, leben die Geher in einem Zwiespalt. Jeder Schritt, den sie schneller werden, bringt sie einer Disqualifikation näher, denn die vorgeschriebene Technik läßt nur ein bestimmtes Tempo zu. Bundestrainer Hans-Joachim Pathus, der den 1972er Olympiasieger Peter Frenkel und auch Ronald Weigel hervorbrachte, ist deshalb der Ansicht, die IAAF sollte die Regel, wonach die Geher ständigen Bodenkontakt halten müssen, streichen. Nur das gestreckte Knie sollte beibehalten werden. Doch die Idee kann zu einem Bumerang werden: IAAF-Präsident Adrian Paulen fand Anfang der 70er Jahre, daß das Laufen mit angezogener „Handbremse" eigentlich eine unnatürliche Fortbewegungsart sei. Prompt fehlte die 50-km-Strecke im Olympia-Programm von Montreal '76.

Der König der Lüfte kehrte zurück

„Ich bin wieder die Nummer eins", triumphierte Hochsprung-Weltrekordler Javier Sotomayor.

Der Olympiasieger von Atlanta und Hallen-Weltmeister von 1997, Charles Austin, scheiterte schon in der Qualifikation. Wie 1995 in Göteborg konnte der US-Amerikaner nicht die geforderten 2,28 m überspringen. Damit war der Weg frei für Javier Sotomayor, wieder unumstrittener König der Lüfte zu werden; eine Krone, die er 1996 durch eine Serie von Verletzungen verloren hatte; mal war es das Knie, mal der Knöchel, mal der Fuß. In Atlanta übersprang „Soto" im ersten Versuch 2,25 m. Er entschied sich, erst bei 2,32 m wieder einzusteigen, doch dann bedeutete diese Höhe nach drei ungültigen Sprüngen für ihn Endstation und Platz 12.

Wieder hergestellt reiste der Kubaner, der für sein Team eine Führerfigur ist, mit dem festen Willen nach Athen, die Schmach von 1996 vergessen zu machen. Vorbereitet hatte er sich im IAAF Regional Development Centre in Salinas auf Puerto Rico; auch um der permanenten Versorgungskrise auf der Zuckerinsel zu entfliehen. Beinahe alles ist rationiert, und selbst die normalsten Dinge werden dort inzwischen als Luxus angesehen. Dann reiste er in sein Lieblingsland Spanien, wo er 1992 in Barcelona Olympiasieger geworden war. Am 14. Juli bestritt Sotomayor einen Wettkampf in Salamanca, wo er vor drei Jahren mit 2,45 m den heute noch gültigen Weltrekord aufgestellt hat, und erreichte mit 2,34 m seine Jahresbestmarke.

Mit 29 Jahren gelang Sotomayor in Athen ein überzeugendes Comeback. Nach Stuttgart 1993 holte er sich seinen zweiten WM-Titel, nachdem er vor zwei Jahren in Göteborg durch die Mehrversuche-Regel gegen Troy Kemp von den Bahamas knapp verloren hatte. „Obwohl ich während der ganzen Saison Probleme hatte, zweifelte ich dennoch niemals daran, daß ich gewinnen könnte." Er begann bei 2,25 m, für die er zwei Versuche brauchte. Wieder steigerte er auf 2,32 m, die er ebenso im ersten Sprung bezwang wie die folgenden 2,35 m.

Nachdem „Soto" auch noch 2,37 m im zweiten Durchgang schaffte, reagierte die Konkurrenz hektisch: Der Australier Timothy Forsyth, der bis dahin mit 2,36 m die Jahresweltbestenliste anführte, steigerte nach einem mißlungenen Versuch ebenso auf 2,39 m, wie der Pole Artur Partyka, der sich allerdings nur noch einen Sprung für diese Höhe aufgespart hatte. Doch die Anstrengungen waren vergeblich. Partyka, der einen algerischen Vater hat, gewann Silber, womit er seine Medaillensammlung erweiterte: 1992 Olympia-Bronze, 1993 Vize-Weltmeister, 1995 Dritter der WM, 1996 Olympia-Silber. Forsyth belegte Rang drei. Sechster wurde der Grieche Lambros Papakostas, der mit seinen Landsleuten haderte: „Es tut mir wirklich leid, daß das Stadion nicht voll war. Athen bewirbt sich um die Olympischen Spiele, und die Leute ignorieren eine solch' große Veranstaltung."

Javier Sotomayor widmete seinen Sieg allen, „die mich nicht vergessen haben und meinem Sohn, dessen Bild ich während des Wettkampfes in meiner Tasche hatte." Er vergaß auch nicht den Dank an den „maximo líder" Fidel, was allerdings auf der Pressekonferenz unübersetzt blieb.

Der Kleinste ist der Größte

Javier Sotomayor ist 1,93 m groß, und bei seinem Weltrekord (2,45 m) übersprang er seine eigene Körpergröße um 52 cm. Damit ist er aber noch lange nicht der Beste: Olympiasieger Charles Austin kommt auf 56 cm (1,84 m/ 2,40), er wurde aber noch von seinem Landsmann Franklin Jacobs übertroffen, der 1978 in der Halle 2,32 m schaffte. Er ist nur 1,73 m groß; somit übersprang er sich selbst um 59 cm.

Weitere Spitzenwerte sind

Athlet	*Größe*	*Höhe*	*Differenz*
Rick Noji (USA)	*1,73 m*	*2,31*	*58 cm*
Tony Riepl (GER)	*1,75 m*	*2,33i*	*58 cm*
Hollis Conway (USA)	*1,83 m*	*2,40i*	*57 cm*
Sorin Matei (ROM)	*1,84 m*	*2,40*	*56 cm*
Steve Smith (GBR)	*1,85 m*	*2,38i*	*53 cm*
Dalton Grant (GBR)	*1,86 m*	*2,37i*	*51 cm*
Troy Kemp (BAH)	*1,87 m*	*2,38*	*51 cm*

i - Halle

Totgesagte leben länger - das zeigte Sergej Bubka wieder einmal allen bei der WM - zum sechsten Mal in Folge!

Sergej, der Sechste

Als Sergej Bubka überraschend am 14. August 1983 in Helsinki Weltmeister wurde, war er ein Teenager; genau 19 Jahre und 253 Tage alt. Nur Kenias 5000-m-Sieger von 1993, Ismael Kirui, war jünger: 18 Jahre, 177 Tage. Der junge Ukrainer, der vorher mit einem neuen Stab 5,65 m überquert hatte, war in diesem Wettkampf der einzige, der sich steigern konnte. Er gewann mit 5,70 m. Der Weltrekord stand damals bei 5,81 m.

Als Bubka, nun im blaugelben Dress der Ukraine, am 10. August 1997 zum sechsten Mal hintereinander eine WM-Konkurrenz gewann, zählte er 33 Jahre und 249 Tage. Nur zwei Sieger von 1991, der russische Hammerwerfer Juri Sedych (36 Jahre, 75 Tage) und der italienische Geher Maurizio Damilano (34 Jahre, 140 Tage) waren älter.

Bubka begann in Athen dort, wo er vor 14 Jahren aufhörte: bei 5,70 m, die er im zweiten Versuch bewältigte. Die Anfangshöhe ist für ihn immer kritisch: 1992 in Barcelona scheiterte er an ihr; 1996 reichte es nicht mal zum Fehlversuch. Wegen Schmerzen in der rechten Achillessehne konnte er nicht antreten. Ende des Jahres ließ er sich in Finnland operieren.

Vor Athen gab auf Bubka niemand mehr einen Pfifferling. Die aktuelle Jahresbestenliste, die von dem Russen Maxim Tarassow mit 6,00 m angeführt wurde, reichte nicht bis zu Bubkas 5,70 m.

Obwohl er nur 60 Prozent des Üblichen trainiert hatte, beschämte er alle. Daß nach Atlanta geschrieben wurde, „Bubka ist tot", sei für ihn die beste Motivation gewesen, meinte er. Er stieg erst wieder in den Wettkampf ein, als fast alle anderen ausgestiegen waren, darunter mit 5,80 m auch Tim Lobinger, der kurz vorher in Ingolstadt den Deutschen Rekord auf 5,96 m verbessert hatte und für den es depriminierend gewesen sein muß, den schon Abgeschriebenen im zweiten Versuch über 5,91 m fliegen zu sehen. Tarassow und der US-Amerikaner Dean Starkey folgten Bubka zwar noch im dritten Anlauf, doch Tarassows nächste Höhe, 5,96 m, konterte der Meister des Stabes auf Anhieb mit 6,01 m. Das war sein 43. Sprung über sechs Meter und mehr.

Dabei beließ er es, auch wenn einige Zuschauer, die noch mehr sehen wollten, enttäuscht pfiffen. Doch die Erfolgsstory ist noch nicht zu Ende. 2000 will er nach Sydney. Bei olympischen Goldmedaillen - er gewann bei den Spielen nur 1988 - hat er Nachholebedarf.

Bubkas 17 Freiluft-Weltrekorde

5,85	Bratislava	26.5.1984
5,88	Paris	2.6.1984
5,90	London	13.7.1984
5,94	Rom	31.8.1984
6,00	Paris	13.7.1985
6,01	Moskau	8.7.1986
6,03	Prag	23.6.1987
6,05	Bratislava	9.6.1988
6,06	Nizza	10.7.1988
6,07	Shizuoka	6.5.1991
6,08	Moskau	9.6.1991
6,09	Formia	8.7.1991
6,10	Malmö	5.8.1991
6,11	Dijon	13.6.1992
6,12	Padua	30.8.1992
6,13	Tokio	19.9.1992
6,14	Sestriere	31.7.1994

Dem Karibik-Floh genügte ein Sprung

Flieg, Iván flieg...

■ Der Weitsprung ist seit dem Abschied von Carl Lewis von dieser Disziplin und den gesundheitlichen Problemen, die Weltrekordler Mike Powell hat, keine US-amerikanische Domäne mehr. Auch Erick Walder konnte nicht verhindern, daß der Titel wie 1995 in die Karibik ging.

Iván Lazaro Pedroso, der 1997 schon auf 8,63 m gekommen war, wurde seiner Favoritenrolle gerecht. Ihm genügte dafür ein einziger Sprung: Er erzielte im ersten Versuch mit 0,1 m/s Rückenwind 8,42 m, übertrat dann viermal und vermurkste auch noch den sechsten Durchgang mit 7,60 m. Im letzten Versuch wurde ihm allerdings Walder noch einmal gefährlich, der eine beispielhaft ausgeglichene Serie zeigte: 8,29, 8,15, 8,29, 8,36, 8,30, 8,38. Nach dem Wettkampf kündigte er für das Grand-Prix-Meeting am 16. August in Monte Carlo ein „großes Ding" an.

Dritter wurde der Russe Kirill Sosunow, der sich damit abgefunden hatte, daß die ersten beiden Plätze schon vergeben waren. Er konzentrierte sich darauf, Bronze gegen James Beckford aus Jamaika zu verteidigen, der zuvor wegen Ephedrin-Gebrauchs suspendiert gewesen war. Kirill ist ein echter Wettkampf-Typ. 1995 erreichte er mit dem letzten Versuch 8,30 m und gewann Silber. 1996 in Atlanta steigerte er sich im fünften Versuch auf 8,29 und wurde Olympia-Zweiter hinter Carl Lewis. Diesmal landete er bei 8,14 m und auf Rang vier.

Pedroso ist ein Sprungfloh, nur 1,72 m groß und 66 kg schwer. Doch er verfügt über einen extrem schnellen Anlauf und hat eine perfekte Sprungtechnik. Schon 1992 bei den Olympischen Spielen in Barcelona war er als erst 19jähriger hinter drei US-Amerikanern Vierter gewesen. Ein Jahr später in Stuttgart verletzte er sich im Finale und kam so um seine Chancen.

Der Durchbruch gelang ihm 1995: Weltmeister in der Halle und im Freien, Sieger bei den Panamerikanischen Meisterschaften, wo er angeblich einen nur knapp übergetretenen Versuch von 9,03 m hatte. Dazu kamen 16 Wettbewerbe mit Weiten von 8,50 m und mehr. Doch in Atlanta sprang er weit unter seinen Möglichkeiten, nachdem er sich im März 1996 eine Oberschenkelverletzung zugezogen hatte. Abgeschlagen wurde er nur Zwölfter.

Die 9-m-Marke kratzte Pedroso 1995 auch in den Alpen. In Sestriere erreichte er 8,96 m, was eigentlich Weltrekord gewesen wäre, doch der Rückenwind von 1,2 m/s wurde angezweifelt und der Rekord nicht anerkannt. Er durfte sich mit einem 120 000 Dollar teuren Ferrari Testarossa trösten. Die neun Meter sind Ivan Pedroso seitdem nicht mehr aus dem Kopf gegangen. „Ich wollte sie im ersten Versuch erreichen", meinte er in Athen. Der vierte und fünfte Sprung, beide ungültig, seien schon nahe dran gewesen, behauptete er. ■

Die US-amerikanische Serie seit 1981

1981	*WC*	*Carl Lewis*	*8,15*	*1989*	*WC*	*Larry Myricks*	*8,20*
1983	*WM*	*Carl Lewis*	*8,55*	*1991*	*WM*	*Mike Powell*	*8,95*
1984	*OS*	*Carl Lewis*	*8,54*	*1992*	*OS*	*Carl Lewis*	*8,67*
1985	*WC*	*Mike Conley*	*8,20*	*1993*	*WM*	*Mike Powell*	*8,59*
1987	*WM*	*Carl Lewis*	*8,67*	*1996*	*OS*	*Carl Lewis*	*8,50*
1988	*OS*	*Carl Lewis*	*8,72*				

WC-Weltcup, OS -Olympische Spiele, WM -Weltmeisterschaften

Jonathan rissen die Schnürsenkel

■ Der Kreis der Medaillen-Aspiranten verringerte sich in der Qualifikation um den Kubaner Yoel García. Dem Hallen-Weltmeister von Paris, der dort mit 17,30 gewonnen hatte und in der Jahresbestenliste mit 17,37 m verzeichnet ist, fehlten fünf Zentimeter, um das Finale zu erreichen. Die Limit von 17,00 m hatten ohnehin nur acht Athleten geschafft.

Doch die Kubaner haben noch andere Klassespringer. Das jüngste Phänomen ist Aliecer Urrutia, der am 1. März in Sindelfingen mit 17,83 m einen neuen Hallen-Weltrekord aufstellte und hinter García in Paris Zweiter geworden war. Doch im Freien hatte sich mit vier Wettkämpfen über 17,30 m ein anderer, Yoelvis Quesada, an die Spitze geschoben.

Hop, Step, Jump - Hüpfer, Schritt und Sprung: perfekt demonstriert vor Kubas Weltmeister Yoelvis Quesada.

Der Olympia-Dritte ließ auch in Athen gar nicht erst Zweifel aufkommen, wer hier Chef war. Im ersten Durchgang ging er mit 17,60 m in Führung, und im zweiten ließ er 17,85 m folgen, während Urrutia mit 17,64 m den Anschluß herstellte. Im dritten Versuch kam Quesada nochmals auf 17,60 m, und nach einem ungültigen Hop-Step-Jump im vierten Durchgang beendete er den Wettkampf.

Nicht so Jonathan Edwards. Der Titelverteidiger, der in Göteborg zweimal den Weltrekord - 18,16 und 18,29 m - verbessert hatte, rang um jeden Zentimeter. Nachdem er den Vorkampf mit 17,33 m abgeschlossen hatte, erreichte der Brite im Finale der letzten Acht nacheinander 17,66, 17,57 und schließlich 17,69 m, was ihm, wie in Atlanta, Silber einbrachte. Doch während er diesen zweiten Platz hinter dem US-Amerikaner Kenny Harrison, der in Athen abgeschlagen mit 17,05 m nur Neunter wurde, als großen Erfolg angesehen hatte, war er von seinem WM-Rang in Athen enttäuscht. Edwards kämpfte mit seinem Schuhwerk, das er aus dem oberfränkischen Herzogenaurach bezieht. Die Wucht seiner Sprünge war so groß, daß ihm im zweiten Durchgang die Schnürsenkel rissen. Er zog neue ein, doch sie hielten wieder nicht. Profis mit unprofessionellem Material.

Dazu kamen gesundheitliche Probleme, die sich bereits beim Europapokal in München, den er mit 17,74 m gewann, angedeutet hatten. Er beließ es dort bei zwei Versuchen. Sieben Tage später, beim Grand Prix in Sheffield, verletzte er sich dann an der Ferse, so daß er die letzten fünf Wochen vor Athen kein Sprung-, nicht einmal Sprinttraining absolvieren konnte.

Obwohl Quesada den 31jährigen Sohn eines anglikanischen Vikars, der nach dem Ende seiner Sportlerlaufbahn auf einer Privatschule im US-Staat Utah die Bibel studieren will, schon vorher bezwungen hatte, sprach er von einem ganz speziellen Sieg. Jetzt möchte der Kubaner noch die 18 m erreichen, die der Brite schon fünfmal übersprungen hat: zweimal regulär, dreimal mit zu viel Rückenwind. Auch der weiteste Dreisprung überhaupt, 18,43 m mit 2,4 m/s Rückenwind, geht auf sein Konto.

Nachdem die Ferse von Jonathan Edwards wieder mitspielt, traute er sich zu, die 18 m bald wieder zu erreichen. Sollten die Schnürsenkel halten. ■

Alle Dreisprünge über 18 m

REGULÄR				
18,29		JONATHAN EDWARDS (GBR)	Göteborg	7.8.1995
18,09		KENNY HARRISON (USA)	Atlanta	27.7.1996
18,00		Edwards	London	27.8.1995
IRREGULÄR				
18,43	(+2,4)	Edwards	Villeneuve d'Ascq	25.6.1995
18,20	(+5,2)	WILLIE BANKS (USA)	Indianapolis	16.7.1988
18,17	(+2,1)	MIKE CONLEY (USA)	Barcelona	3.8.1992
18,08	(+2,5)	Edwards	Sheffield	23.7.1995
18,03	(+2,9)	Edwards	Gateshead	2.7.1995
18,01	(+3,7)	Harrison	Atlanta	15.6.1996

Hop, Step and Jump

Der Dreisprung, der aus Irland kommt, setzt sich aus einem Hüpfer (Hop), einem Schritt (Step) und einem Sprung (Jump) zusammen. Die Analyse der Weltrekorde von Jonathan Edwards von 1995 ergab folgende Zusammensetzung:

Weite	Hop	Step	Jump
18,29	6,05	5,22	7,05
18,16	6,12	5,19	6,85

Bagatsch verlor den Titel wegen Dopings

Kugelstoßen kann so schön sein - Hauptdarsteller: Oliver-Sven Buder mit gelber Kugel.

■ Die WM hatte kaum begonnen, als die erste Sensation perfekt war. Der Olympiasieger von Atlanta, Randy Barnes (USA), der seit 1990 mit 23,12 m auch den Kugelstoß-Weltrekord hält, scheiterte schon am ersten Vormittag in der Qualifkation mit 19,51 m. Eine Erklärung dafür gab es nicht. Sein Teamkamerad John Godina, der Titelverteidiger von Göteborg, der diesmal Silber gewann, meinte: „Was mit ihm passiert ist, gehört zu den Dingen, die einfach nicht passieren dürfen."

Seines Favoriten beraubt, stand das Finale ganz in Zeichen von Gelb und Blau. Einerseits waren die Kugeln so eingefärbt, andererseits sind das die Nationalfarben der Ukrainer, die mit drei Athleten den Endkampf erreichten. Die Goldmedaille erhielt der 28jährige Alexander Bagatsch, Silber ging an den US-Amerikaner John Godina, Bronze an den Wattenscheider Oliver-Sven Buder.

Doch bei diesem Resultat blieb es nur bis zum folgenden Donnerstag, als die IAAF drei Dopingfälle bekannt gab. Unter den Dopingsündern, die sämtlich des Ephedrin-Gebrauchs überführt worden waren, war Bagatsch, und man erinnerte sich, im Fernsehen gesehen zu haben, wie er vor seinem Stöße Nasenspray benutzt hatte, um die Aggressivität zu steigern.

Ob seine guten Resultate damit im Zusammenhang stehen, kann nicht Gegenstand der Erörterung sein, da die Dopingregeln klar formuliert sind. Dort sind Ephedrine den Stimulanzien zugeordnet, deren Mißbrauch zu den sogenannten Bagatellfällen gerechnet wird, die früher mit Disqualifikation und einer Sperre von drei Monaten bestraft wurden. Die IAAF verwandelte das auf ihrem Kongreß in Athen in eine Verwarnung, da es aber bei der Disqualifikation bleibt, ist der Schaden für Bagatsch groß genug, so daß die Strafe ihre abschreckende Wirkung nicht verliert. Neben dem Titel büßte er die 60 000 Dollar ein. Aber er kann, da er nur verwarnt wurde, an den übrigen Grand-Prix-Meetings teilnehmen.

Ein unbeschriebenes Blatt ist Bagatasch jedenfalls nicht. 1989 wurde seine Karriere bereits für zwei Jahre unterbrochen, als er als Dritter des Europapokalfinals des Dopings (Testosteron) überführt wurde. Bei der WM 1993 hingegen profitierte er vom Schaden des US-Amerikaners Mike Stulce, der aus dem gleichen Grund disqualifiziert wurde und auf dessen Bronzeplatz Bagatsch vorrückte.

John Godina gelang durch seinen Ausfall am Ende doch noch die Titelverteidigung. Buder gewann Silber, was letztmals 1983 dem Berliner Ulf Timmermann gelungen war. Der Göttinger Michael Mertens rückte auf Rang acht vor, ohne im Endkampf gestanden zu haben. Für Barnes hätte es aber auch so nicht gereicht: Er verbesserte sich lediglich um einen Platz und wäre als 13. auch nicht ins Finale gekommen.

Seine WM-Prämie von 30 000 Dollar hat der 31jährige Athlet durchaus redlich verdient, denn der Sachse zählt seit Jahren zur Elite dieser Disziplin. Bei den WM 1991 war er schon Vierter, dann folgten die Ränge sieben (1993) und sechs (1995). In Atlanta wurde er Olympia-Fünfter. Dort hatte er zwar stark begonnen, war dann aber nach hinten durchgereicht worden. „Das soll mir nicht noch einmal passieren", hatte sich Buder damals geschworen. Seine bisherige Bestleistung stammte von den letzten DDR-Meisterschaften 1990, als er in einem spannenden Dreikampf mit Timmermann und Udo Beyer 21,06 m erreichte. Bei den EM wurde er dann Zweiter hinter Timmermann. Menschlich steht ihm der Potsdamer Udo Beyer näher, der 1976 Olympia-Gold gewann. Er war auch der erste Gratulant. Beyer meldete sich aus Potsdam durchs Funktelefon. ■

Drehstoßtechnik

Die beiden derzeit üblichen Kugelstoßtechniken waren im Finale in Athen gleichberechtigt vertreten. Weltmeister Alexander Bagatsch und Bronzemedaillengewinner Oliver-Sven Buder bevorzugen die traditionelle Methode, bei der das Angleiten mit dem Rücken zur Stoßrichtung erfolgt, was in den 50er Jahren von dem zweifachen US-Olympiasieger Parry O'Brien perfektioniert worden war. Hingegen zählten alle US-Amerikaner in Athen und der Finne Mika Halvari (Platz 6) zu den Drehkugelstoßern. Diese Rotationstechnik war, in Anlehnung an das Diskuswerfen, ebenfalls in den 50ern von einem Tschechen erfunden worden, doch populär wurde sie erst durch den Russen Alexander Baryschnikow, der damit 1976 als erster Athlet 22 m stieß. Beeindruckt von den Leistungen der Drehstoßer begann auch Oliver-Sven Buder nach Atlanta '96 mit der Umstellung. Er startete im Oktober mit 19,50 m und war im November bei 18,50 m angelangt. Buder: „So hatte ich mir eine Entwicklung nicht vorgestellt." Also vergaß er das Ganze, und er fuhr wohl gut damit.

Der „Michelangelo des Diskuswerfens" Lars Riedel - sicherste Goldbank der deutschen Leichtathletik seit sechs Jahren.

Der Herr des Diskusringes

Im Diskuswerfen war jahrelang Al Oerter das Maß aller Dinge. Der US-Amerikaner wurde zwischen 1956 und 1968 viermal Olympiasieger. Weltmeisterschaften gab es zu seiner Zeit noch nicht.

Der Chemnitzer Lars Riedel ist seit dem 10. August 1997 vierfacher Weltmeister, und der Vergleich mit Al Oerter, mit dem er seit 1996 gut bekannt ist, ehrt ihn. Und als nicht weniger ehrenvoll empfand er es, seinen vierten WM-Titel ausgerechnet in Griechenland, der Geburtsstätte des Diskuswerfens, zu erringen. Eine Selbstverständlichkeit war das nicht, immerhin hatte der 30jährige in diesem Jahr auch schon zwei Niederlagen gegen den Litauer Virgilijus Alekna in Sevilla und Dortmund hinnehmen müssen.

Der Wettkampf begann mit einem 66,14-m-Wurf von Jürgen Schult. Der 37jährige Schweriner Olympiasieger von 1988, der das sechste Mal an Weltmeisterschaften teilnahm und 1987 den Titel gewann, hatte nach der Qualifikation (64,60 m) darauf spekuliert, eventuell Zweiter zu werden. Daß er dieses Ziel schließlich doch nicht erreichte, weil Alekna 56 cm weiter warf, betrübte ihn als Dritten nicht im geringsten: „Lieber Bronze gewonnen, als Silber verloren."

Für Riedel war mit dem Olympiasieg von Atlanta ein Traum in Erfüllung gegangen, in der Zeit danach spürte er, wie die Motivation nachließ.

Nach dem ersten Durchgang von Athen, als er sich mit 66,14 m auf Rang zwei hinter Schult befand, kam sie wieder, und schließlich war sie genauso stark, wie vor einem Jahr in Atlanta. Nach 68,24 m im zweiten Versuch erzielte er im dritten 68,54 m, seine Siegerweite. Sein bester Wurf war danach ein ungültiger - er war auf die Kante des Wurfringes getreten -, den er aber extra messen ließ: Er war 68,98 m weit. Es wäre Meisterschaftsrekord gewesen, nachdem er 1995 in Göteborg 68,76 m erreicht hatte. Zuletzt warf er noch einmal 66,80 m - auch das wäre noch die Goldmedaille gewesen.

Die Deutschen sind im Diskuswerfen unverändert führend. Sie belegten in Athen die Plätze eins, drei und sechs, und sie warfen alle mit dem selben Diskus. Jürgen Schult war es, der davon Wind bekommen hatte, daß man beantragen konnte, sein eigenes Gerät zu benutzen. So hatte er seine Wurfscheibe beim Organisationskomitee eingereicht, was seine beiden Mitstreiter versäumten. Da auch Riedel und der gebürtige Berliner Andreas Seelig im gemeinsamen Trainingslager mit diesem Diskus geworfen hatten, griffen sie nun auch im Wettkampf dankbar darauf zurück. Es wurde ein Glücksgriff.

Deutscher Medaillenspiegel

	FRG			GER			GDR		
	Gold	Silber	Bronze	G	S	B	G	S	B
1983	2	5	1				10	7	5
1987	0	1	2				10	11	10
1991				5	4	8			
1993				2	2	4			
1995				2	2	2			
1997				5	1	4			

Die erfolgreichsten deutschen Athleten

	Disziplin	Gold	Silber	Bronze
Lars Riedel	Diskuswerfen	4	0	0
Sabine Busch	400 m Hürden, 4x400 m	3	0	0
Marita Koch	200 m, 4x100 m, 4x400	3	0	0
Silke Möller-Gladisch	100 m, 200 m, 4x100 m	3	0	0
Heike Daute-Drechsler	200 m, Weitsprung, 4x100 m	2	2	2
Marlies Göhr	100 m, 200 m, 4x100 m	2	1	0
Katrin Krabbe	100 m, 200 m, 4x100 m	2	0	2
Grit Breuer	400 m, 4x100, 4x400 m	1	2	3
Jürgen Schult	Diskuswerfen	1	0	2

Ein großer Titel fehlte noch

Der erste deutsche WM-Titel im Hammerwerfen ist eine gesamtdeutsche Erfolgsgeschichte. Sie begann 1994 beim Züricher „Internationalen", als sich Heinz Weis zwei Stunden lang mit dem Dresdner Bernhard Riedel unterhielt, der in jenem Jahr in der Schweiz die Stelle als Wurf-Landestrainer angetreten hatte. Riedel, der in der DDR mit Gunter Rodehau unter anderem den EM-Vierten von 1990 betreut hatte, sagte Weis auf den Kopf zu, was ihm fehlte, um die Russen zu schlagen. Daran erinnerte sich der WM-Dritte von 1991, als im Frühjahr '96 sein Trainer Dr. Rudi Hars Selbstmord beging. Am 3. April 1996 rief Heinz Weis Riedel an und fragte ihn, ob er ab sofort mit ihm trainieren würde. Riedel willigte sofort ein, und Weis zog nach Zürich.

Da beide ohne ihre Familien in der Schweiz leben, wurde daraus eine Rundum-Betreuung. Weis profitierte von den enormen Erfahrungen Riedels, der es verstand, neue Reize zu setzen. Er ordnete, wie er es in der DDR gelernt hatte, eine sechswöchige UWV (unmittelbare Wettkampfvorbereitung) an, von der Weis drei Wochen im 2400 m hohen Leukerbach zubrachte, was seinem Asthma, unter dem er stark leidet, besonders gut tat. Die Deutschen Meisterschaften bestritt er aus dem Training heraus.

Umgekehrt hatte der Trainer noch nie einen Athleten mit einer derartigen Härte gegen sich selbst erlebt. Die neue Qualität, die Heinz Weis dadurch gewann, wäre einfach nicht in einem Satz auszudrücken, meinte er später. Es sei wie bei einer normalen Speise, die durch neue Gewürze einen besonderen Pfiff erhalten hätte. Vor allem aber begriff der 34jährige Industriekaufmann, daß man sich aus der enormen Dichte der Weltspitze nur durch absolute Professionalität herausheben kann. „Wenn man zu sehr mit anderen Dingen beschäftigt ist, hat man keine Chance. Alles andere ist Glück, was ich in den letzten Jahren auch gehabt habe."

In der Qualifikation warf Weis mit 77,12 m nur so weit wie unbedingt nötig. Das Finale begann er mit einem ungültigen Versuch, und ab dem dritten Durchgang war er in seinem Element. Viermal kämpfte er sich an die Spitze, und der entscheidende Wurf - 81,78 m - gelang ihm im letzten Versuch. Zu solchen Steigerungen war er früher nicht fähig. Der Trainer meinte, daß Weis sogar zwei, drei Meter weiter hätte werfen können, doch der Ring war derart stumpf, daß Athleten, die nicht mit gleich großer Beinkraft werfen können, in diesem Feld untergingen. Den Rekord will er später nachholen und diesen als „Bonbon" den jungen Kollegen noch vor seinem definitiven Rücktritt nach der 1998er EM ins „Nest legen".

Der Urschrei des Siegers - Heinz Weis im Augenblick seines größten Triumphes.

Trainer der antiken Kunst wegen

Für Bernhard Riedel war es eine besondere Genugtuung, daß Heinz Weis ausgerechnet in Athen Weltmeister wurde. Denn nur wegen der griechischen und römischen Kunst hatte der Sachse einst seinen erlernten Beruf als Porzellanmodelleur aufgegeben, um Trainer zu werden. Das sah Riedel in der DDR als einzigen Weg, um seinen Interessen an den Originalschauplätzen nachzugehen. Er legte auf der Abendoberschule das Abitur ab und nahm dann ein fünfjähriges Fernstudium als Trainer auf sich. Endlich: 1976 wurde ihm gestattet, in Dresden eine Hammerwurfgruppe zu gründen, die mit seiner Entlassung am Ende der DDR 1990 wieder einging. Riedel kehrte an seinen Arbeitsplatz in der Meißner Porzellanmanufaktur zurück, bis sich ihm 1994 erneut die Chance bot, dieser „sitzenden Tätigkeit" zu entkommen. Nach dem WM-Titel ist er nun sogar als Bundestrainer im Gespräch.

Die Verläßlichkeit in Person: Heinz Weis

1985	*Universiade*	*1.*
1987	*WM*	*6.*
	Universiade	*2.*
1988	*Olympische Spiele*	*5.*
1989	*Weltcup*	*1.*
	Europacup	*1.*
	Universiade	*2.*
1990	*EM*	*8.*
1991	*WM*	*3.*
	Universiade	*3.*
1992	*Olympische Spiele*	*6.*
1994	*EM*	*3.*
	Weltcup	*3.*
1996	*Olympische Spiele*	*5.*
1997	*WM*	*1.*
	Europacup	*1.*

Ein Ex-Rugbyspieler warf am weitesten

Außenseiter - Spitzenreiter: Der Südafrikaner Marius Corbett.

■ Die Konkurrenz begann mit einer Sensation: Der Tscheche Jan Zelezny, der mit 98,48 m den Speerwurf-Weltrekord hält, startete mit zwei ungültigen Versuchen und brachte im dritten Durchgang nur magere 82,04 zustande. Damit war er Neunter und nicht für den Endkampf zugelassen. Der Olympiasieger und zweifache Weltmeister bemühte sich gar nicht erst um eine Ausrede. Mit seiner Technik stand er völlig neben sich.

Welche Rolle es spielte, daß Zelezny nicht mit seinem gewohnten Gerät werfen konnte, ist im nachhin nur schwer zu ermessen. Der Nemeth-Speer, den er bevorzugt, hatte nicht auf der Liste der zugelassenen Geräte gestanden, die vom Organisationskomitee verschickt worden war. Erst auf Veranlassung des DLV war diese Marke, die auch der Saarbrücker Boris Henry benutzt, akzeptiert worden, worüber sich Zelezny zusätzlich ärgerte. Doch das Versäumis ist nur dem tschechischen Verband anzulasten, der sich nicht genügend darum gekümmert hatte.

Boris Henry, der „Mann mit der Mütze", der im Vorfeld großes, vielleicht zu großes Selbstbewußtsein an den Tag gelegt hatte, brachte die Tatsache, daß er mit seinem eigenen Speer werfen konnte, aber auch kein Glück. Dieser fand nämlich schon fast sechs Meter vor seiner Jahresbestmarke den Bodenkontakt, und mit 84,54 m konnte man in diesem Feld nur Sechster werden. Boris Henry war zum Heulen zumute, gleichzeitig sprach er von seiner Angst, vielleicht nach den WM wieder auf neunzig Meter zu kommen.

Es war der Tag eines Athleten, der völlig unbelastet in den Wettkampf ging: Der Südafrikaner Marius Corbett wollte nur ins Finale; locker qualifizierte er sich mit 80,72 m. Danach setzte er sich das Ziel, in den Endkampf der besten Acht zu kommen und träumte davon, Fünfter oder gar Vierter zu werden.

Nach schwachen 76,58 m zum Auftakt schleuderte der 21jährige im zweiten Durchgang das 800 Gramm schwere Gerät auf einmal auf 88,40 m. Das war schon das WM-Gold, das erste für Südafrika, nachdem die Kap-Republik am Tag vorher mit der Silbernen des 400-m-Hürdenläufers Llewellyn Herbert bereits die erste Medaille in der WM-Geschichte gewonnen hatte. Und auch mit dem folgenden Versuch, 87,40 m weit, wäre Corbett Weltmeister geworden.

Das war der Erfolg eines unverbrauchten jungen Athleten, der sich seine urwüchsige Kraft auf der Oberschule in Queensland (150 km nordwestlich von Johannesburg) beim Rugby geholt hat. Daß er 1994 zum Speerwerfen überwechselte, hing damit zusammen, daß er ein neues Idol gefunden hatte: Tom Petranoff. Der inzwischen 39jährige US-Amerikaner hatte 1983 mit 99,72 m einen Weltrekord aufgestellt, der ein Jahr später von dem Potsdamer Uwe Hohn (1982 als 20jähriger in Athen Europameister) mit einem legendärem 104,80-m-Wurf gebrochen wurde. Daraufhin führte die IAAF, die glaubte, daß nun die Stadion zu klein würden, neue Speere ein.

Petranoff, 1983 Vizeweltmeister hinter dem Berliner Detlef Michel, ließ sich nach den Olympischen Spielen von Seoul mit 13 US-Athleten für viel Geld zu einer Tournee nach Südafrika locken, das wegen der damaligen Apartheid-Politik vom olympischen Sport suspendiert war. Die IAAF handelte prompt und sperrte Petranoff lebenslang. Der trat die Flucht nach vorn an und blieb am Kap der Guten Hoffnung.

Corbett, der schottische Wurzeln hat, begann 1994 mit 40 m. Im selben Jahre langte er bei 77,98 m an und nahm an den Junioren-WM teil. Unerfahren, wie er und Trainer Terseus Liebenberg waren, handelte sich Corbett aber auch eine Schulterverletzung ein. Als diese auskuriert war, traten Schwierigkeiten mit dem Rükken auf, so daß er 1995 völlig ausfiel und 1996 auch in Atlanta fehlte. Und nun ist er Weltmeister, und das auch mit einer besonderen Motivation: „Wir wollen die Olympischen Spiele 2004 - dafür machen wir das alles!" ■

Südafrika

Südafrika, das erstmals 1904 in St. Louis an den Olympischen Spielen teilgenommen hatte, wurde wegen der Apartheid, der Politik der Rassentrennung, auf der IOC-Session 1964 in Tokio aus der olympischen Familie suspendiert. Dem weltweiten Bann schloß sich auch der Internationale Leichtatletikverband an, der gegenüber der Kap-Republik aber erst 1976, unter dem Druck der schwarzafrikanischen Mitglieder, endgültig auf Distanz ging. Daraufhin versuchten die Regierungen der Buren-Republik, den internationalen Boykott unter anderem durch Sportbeziehungen zu unterlaufen. Erst nach der offiziellen Beendigung der Apartheid konnte die bereits 1894 gegründete Athletics South Africa im Vorfeld der Olympischen Spiele von Barcelona zurückkehren. 1992 provisorisch, 1995 aber mit allen Rechten. Die erste Olympiamedaille seit 1960 gewann in Barcelona Elena Meyer über 10 000 m hinter der Äthiopierin Derartu Tulu. Der bisher größte Erfolg: Der Olympiasieg im Marathonlauf durch den schwarzen Minenarbeiter Josiah Thugwane 1996 in Atlanta. In Athen war Südafrika durch eine 27köpfige Manschaft, bestehend aus 20 Männern und sieben Frauen, vertreten. Ihr gehörten sowohl Weiße als auch Farbige an. Wie Athen zählt das südafrikanische Kapstadt zu den fünf Bewerbern für die Spiele 2004.

Mehr als eine kollegiale Geste: Frank Busemann (rechts) gratuliert dem Zehnkampf-Gewinner Tomás Dvorák zu seinem Sieg.

Mehr gelernt als in Atlanta

Wenn die olympische Silbermedaille von Atlanta das Gesellenstück von Frank Busemann war, dann war WM-Bronze sein Meisterbrief. Nach diesem Hitzemarathon, dessen Schwierigkeitsgrad durch einen ungünstigen Zeitplan noch verschärft wurde, ist der 22jährige Recklinghausener nun wirklich ein gestandener Zehnkämpfer. Und mit ihm konnte das ganze Mehrkampf-Team zufrieden sein: Stefan Schmid wurde Siebter, U-23-Europameister Klaus Isekenmeier belegte nur drei Wochen nach Turku mit 8180 Punkten Platz 10.

„Mit Sicherheit habe ich in Athen mehr gelernt als in Atlanta", meinte er. Er mußte erfahren, was es heißt, Rückschläge hinzunehmen und einer schon kaum noch erreichbaren Bronzemedaille nachzujagen, die durch den Totalausfall von Chris Huffins auf einmal wieder in den Bereich des Möglichen rückte. Kein US-Amerikaner stand am Ende auf dem Siegerpodest. Weltrekordler und Olympiasieger Dan O'Brien hätte zwar durch eine „wild card" seinen Titel, den er seit 1991 inne hatte, verteidigen können, doch er verzichtete darauf, obwohl er in Athen war. Manche meinen, er werde nicht zum Zehnkampf zurückkehren.

Doch auf den freigewordenen Thron hoffte nicht nur Busemann, der sich am 1. Juni in Ratingen mit guten 8556 Punkten qualifiziert hatte. Er hatte mit 10,76 s über 100 m und 7,96 m im Weitsprung einen guten Start, doch die kalte Dusche kam schon in der dritten Diszplin: Im Kugelstoßen blieb er bei 13,53 hängen, womit er 171 Punkte auf den Tschechen Tomás Dvorák verlor, der in Atlanta hinter ihm Platz drei belegte und mit 16,32 m neue persönliche Bestleistung stieß. Busemann kämpfte, um den Rückstand wettzumachen. Keiner sprang höher als 2,09 m, und mit 48,32 s über 400 m schloß er den zweiten Tag ab - er war zwei Hunderstel schneller als in Atlanta, womit er eindeutig über seine Verhältnisse lebte, wie auch der Trainer-Vater Franz-Josef Busemann fand: „Aber was soll ich machen. Soll ihn ihn bei 350 m mit dem Lasso einfangen?"

Nach dem ersten Tag lag damit Busemann mit 4446 Punkten auf Platz drei hinter Huffins (4548) und Dvorák (4527), doch er war erschöpfter als sonst nach Abschluß eines Zehnkampfes. Schlafen konnte er zwischen den beiden Tagen sowieso kaum, so daß die Nachtetappe eine zusätzliche Erschwernis wurde.

Die Fortsetzung am nächsten Morgen stimmte jedoch hoffnungsvoll. Mit 13,55 s verfehlte er seine Bestleistung über 110 m Hürden, die er in Atlanta erreichte hatte, um acht Hunderstel, und seiner Siegerzeit von Turku, wo er am 11. Juli Hürden-Europameister der U 23 geworden war, kam er bis auf 0,01 s nahe. Wieder war es anschließend eine Wurfübung, die ihn zurückwarf. Busemanns Diskus landete schon bei 42,56 m, womit er weiter an Boden verlor, während der ehemalige Weißrusse Eduard Hämäläinen, der seit Januar '97 für Finnland startet (Er hat einen finnischen Großvater, der 1917 nach Sibirien deportiert wurde), mit einem 50,50-m-Wurf an die Spitze schnellte.

Während für Busemann in Atlanta einfach alles geklappt hatte, lief er in Athen seinem Glück hinterher. Mal trat er bei einem guten Versuch über, mal warf er beim Stabhochsprung bei 5,10 m mit dem Arm die Latte herunter, so daß es bei der übersprungenen Höhe von 5,00 m blieb. Jeden Punkt mußte er sich schwer erarbeiten. Erst zuletzt, als er durch 63,92 m im Speerwerfen und das Pech von Huffins noch einmal motiviert wurde, lief alles wie am Schnürchen. Die 1500 m gewann er in 4:29,27 min, obwohl er vorher mit einer Zeit zwischen 4:38 und 4:40 min gerechnet hatte. Er war so gut drauf, daß er sogar noch eine Runde hätte dran hängen können. Mit 8652 Punkten erreichte er in seinem siebten Zehnkampf das zweitbeste Ergebnis seiner Karriere. Vom sportlichen Wert her reichte dieses nicht an Atlanta heran, vom Kämpferischen her bedeutete es für ihn eine neue Qualität. Jetzt weiß er, was es heißt, einen Durchhänger zu haben.

Weltmeister wurde Tomás Dvorák mit 8837 Punkten. Der 25jährige Blondschopf verschenkte einen neuen Europarekord, denn schon vorm Ziel des 1500-m-Laufes ging er zum Schritt über. Zehn Punkte, die 1,5 s entsprechen, fehlten ihm bis zu Daley Thompson Bestmarke, mit der der Brite 1984 Olympiasieger geworden war. Und Dan O'Briens Weltrekord (8891 Punkte) war auch nicht mehr weit. Für Frank Busemann, der selbst von den 9000 Punkten träumt, ist Dvorák für diese „Traumgrenze" der erste Anwärter. Er muß sich beeilen, wenn er dem Tschechen zuvorkommen will.

Die beiden Tage des Zehnkampfs von Athen

	Gesamt	1. Tag	2. Tag
1. Tomás Dvorák (CZE)	8837	(2.) 4527	(1.) 4310
2. Eduard Hämäläinen (FIN)	8730	(4.) 4435	(2.) 4295
3. Frank Busemann (GER)	8652	(3.) 4446	(3.) 4206
4. Steve Fritz (USA)	8463	(13.) 4188	(4.) 4275
5. Ramil Ganijew (UZB)	8445	(7.) 4356	(6.) 4089
6. Erki Nool (EST)	8413	(12.) 4269	(8.) 4144
7. Stefan Schmid (GER)	8360	(11.) 4273	(7.) 4087
8. Michael Smith (CAN)	8307	(8.) 4333	(11.) 3974
9. Roman Sebrle (CZE)	8232	(5.) 4405	(14.) 3827
10. Klaus Isekenmeier (GER)	8180	(14.) 4150	(10.) 4030
11. Indrek Kaseorg (EST)	8140	(22.) 4056	(8.) 4084
12. Philipp Huber (SUI)	8107	(23.) 4025	(9.) 4082
13. Cedric Lopez (FRA)	8047	(19.) 4110	(12.) 3937
14. Marcel Dost(NED)	8040	(17.) 4126	(13.) 3914
15. Javier Benet (ESP)	7929	(16.) 4136	(15.) 3793
Chris Huffins (USA)		(1.) 4548	
Sebastian Chmara (POL)		(6.) 4389	
James Hames (AUS)		(9.) 4296	
Robert Zmelik (CZE)		(15.) 4149	

Einzelleistungen und Punkte der ersten drei

	100 m	Weit	Kugel	Hoch	400 m	110 m H	Diskus	Stabhoch	Speer	1500 m
Dvorák	10,60	7,64	16,32	2,00	47,56	13,61	45,16	5,00	70,34	4:35,40
	952	970	871	803	931	1025	770	910	895	710
Hämäläinen	10,81	7,56	15,71	1,97	46,71	13,74	50,50	5,20	59,82	4:37,10
	903	950	833	776	973	1008	881	972	735	699
Busemann	10,76	7,96	13,53	2,09	48,32	13,55	42,56	5,00	63,92	4:29,27
	915	1050	700	887	894	1033	717	910	797	749

Die Ewige Weltbestenliste

8891	Dan O'Brien (USA)	Talence	4./5.9.1992
8847	Daley Thompson (GBR)	Los Angeles	8./9.8.1984
8837	Tomás Dvorák (CZE)	Athen	5./6.8.1997
8832	Jürgen Hingsen (FRG)	Mannheim	8./9.6.1984
8792	Uwe Freimuth (GDR)	Potsdam	20./21.7.1984
8762	Siegfried Wentz (FRG)	Filderstadt	4./5.6.1983
8735	Eduard Hämäläinen (BLR)	Götzis	28./29.5.1994
8727	Dave Johnson (USA)	Azusa	23./24.4.1992
8709	Alexander Apaitschew (URS)	Neubrandenburg	2./3.6.1984
8706	Frank Busemann (GER)	Atlanta	31.7./1.8.1996

Deutsche Medaillengewinner bei Olympischen Spielen und WM

		Gold	Silber	Bronze
1932	OS			Wolrad Eberle
1964	OS	Willi Holdorf		Hans-Joachim Walde
1968	OS		Hans-Joachim Walde	Kurt Bendlin
1976	OS		Guido Kratschmer	
1983	WM		Jürgen Hingsen	Siegfried Wentz
1984	OS		Jürgen Hingsen	Siegfried Wentz
1987	WM	Torsten Voss	Siegfried Wentz	
1988	OS	Christian Schenk	Torsten Voss	
1991	WM			Christian Schenk
1993	WM			Paul Meier
1996	OS		Frank Busemann	
1997	WM			Frank Busemann

„Zehnkämpfer sehen am zweiten Tag morgens aus, als wären sie aus dem Altersheim ausgebrochen."
Frank Busemann, WM-Dritter

Griechenland

*Hellas ist das Ursprungsland der Olympischen Spiele.
Athen, das 1896 Schauplatz der ersten Spiele der Neuzeit war,
bewirbt sich nun um das olympische Fest von 2004.*

Der Präsident hat das letzte Wort

Marc Gudera

Noch niemals bewarben sich so viele Städte um die Spiele der Olympiade wie für 2004, doch von elf Bewerbern blieben für die zweite Runde nur fünf übrig, die von der IOC-Prüfungskommission ausgewählt wurden. Athen zählt zu den Favoriten. Die Entscheidung fällt am 5. September in Lausanne.

■ Es könnte sein, daß die Stafette, die das olympische Feuer in die Ausrichterstadt von 2004 trägt, diesmal nur einen sehr kurzen Weg hat. Von Olympia bis Athen sind es lediglich 325 km, vorausgesetzt, daß sie auf dem Kurs bleibt, der bei der Premiere von 1936 eingeschlagen wurde. Aber vielleicht folgt die Flamme auch den Spuren der griechischen Siedler im Altertum ins Land der Etrusker, wie 1960 nach Rom, als die Fackel mit dem Segelschulschiff „Amerigo Vespucci" nach Italien transportiert wurde. Oder aber es kommt ganz anders; bis zum Abend des 5. September, wenn IOC-Präsident Juan Antonio Samaranch im Palais de Beaulieu von Lausanne den Briefumschlag, der den Namen der Siegerstadt enthält, öffnen wird, haben jedenfalls alle fünf Finalisten die gleichen Ausgangsbedingungen.

Und jeder Kandidat hat seine Argumente: Noch niemals fanden Olympische Spiele in Afrika und Südamerika statt, was für Kapstadt oder Buenos Aires spräche. Athen als Ursprungsland hat die olympische Geschichte auf seiner Seite, und viele glauben, daß es sich das IOC nicht leisten kann, der Stadt zum zweiten Mal nach 1996 die Spiele zu versagen. Italien verfügt vielleicht über die stärkste Lobby und hat die meisten Mitglieder im IOC, darunter den Präsidenten des Internationalen Leichtathletikverbandes Primo Nebiolo. Und wie Rom verfügt auch Stockholm bei der Ausrichtung internationaler Meisterschaften über einen guten Ruf.

Die Entscheidung fällt auf der 106. Session des IOC, dem gegenwärtig 112 Mitglieder angehören. Der einzige, der sich in diesem Gremium seiner Stimme enthalten muß, ist der italienische Präsident der Internationalen Eislauf-Union (ISU), Ottavio Cinquanta, weil er 1996 in Atlanta aufgrund seiner Funktion ins IOC kam und unter die Regel 20.1.3. fällt, wonach er als Verbandspräsident nicht an der Wahl einer Olympiastadt teilnehmen darf, wenn eine Stadt jenes Landes dabei ist, dessen Staatsangehörigkeit er besitzt. Und da Samaranch als IOC-Präsident traditionell auf die Abgabe seines Votums verzichtet, werden letztlich 110 Mitglieder entscheiden, vorausgesetzt, daß alle nach Lausanne reisen.

Gewählt ist die Stadt, die die absolute Mehrheit der Stimmen erhält. Sind mehrere Runden nötig, scheidet jeweils der Bewerber aus, der die wenigsten Stimmen bekommt. Und was passiert, wenn es - was bei 110 Stimmen theoretisch möglich wäre - ein Unentschieden gibt? In diesem Fall träte Regel 26.1.5. der Olympischen Charta in Kraft: „Im Fall der Stimmengleichheit entscheidet der Sitzungspräsident." Aber wenn Samaranch dann immer noch nicht will...? ■

Die fünf Bewerberstädte im Finale

■ Athen

Einwohner:
772 000 (Region 3,072 Millionen)
Vorgeschlagener Zeitraum:
13.-29. August
Bisherige Olympische Spiele:
1896, 1906
Vergebliche Bewerbungen: 1996
Geplante Ausgaben:
1,607 Milliarden Dollar
Stärken: Von den 39 39 geplanten Wettkampfstätten sind bereits 29 vorhanden, darunter der Athens Sports Complex (AOSC) mit dem Olympiastadion. Infrastruktur und Nahverkehr werden deutlich verbessert. Politik und Bevölkerung (Zustimmung 96,4 Prozent) stehen eindeutig hinter der Kandidatur. Die Griechen haben gute Organisationserfahrungen; die Leichtathletik-WM könnten der letzte Schliff gewesen sein.
Schwächen: Hohe Luftverschmutzung, obwohl viel getan wird, sie zu verringern. Höchste Temperaturen und die niedrigste Luftfeuchtigkeit im August (Hitzerekord von 1958: 42,8 Grad). Steigende Arbeitslosigkeit (10,0 Prozent), jedoch sinkende Inflationsrate (1990 22,9, 1996 7,0 Prozent).
Chancen: letzte Runde

Ausgeschiedene Bewerber
Istanbul
Lille
Rio de Janeiro
San Juan
Sevilla
St. Petersburg

Keine Chancen für Athen und Rom

30 Studenten der Deutschen Sporthochschule in Köln spielten im Sommersemester über mehrere Wochen IOC, und ehe sie die Spiele von 2004 vergaben, prüften sie die fünf Kandidatenstädte an Hand der Bewerbungsunterlagen aufs Genaueste. Bei der Wahl am 30. Juni 1997 waren vier Durchgänge nötig, ehe folgendes Ergebnis feststand:

	1	Stechen	2	3	4
Athen	2	9			
Buenos Aires	4		6	5	
Kapstadt	14		15	14	15
Rom	2	21	2		
Stockholm	5		7	10	15
ungültig				1	

Die Entscheidung in der 4. Runde fällte Sitzungsleiter Dr. Karl Lennartz zugunsten von Kapstadt.
P.S. Die Studenten wurden aber auch gefragt, welches Ergebnis sie vom IOC erwarten. Eindeutiger Favorit: Rom.

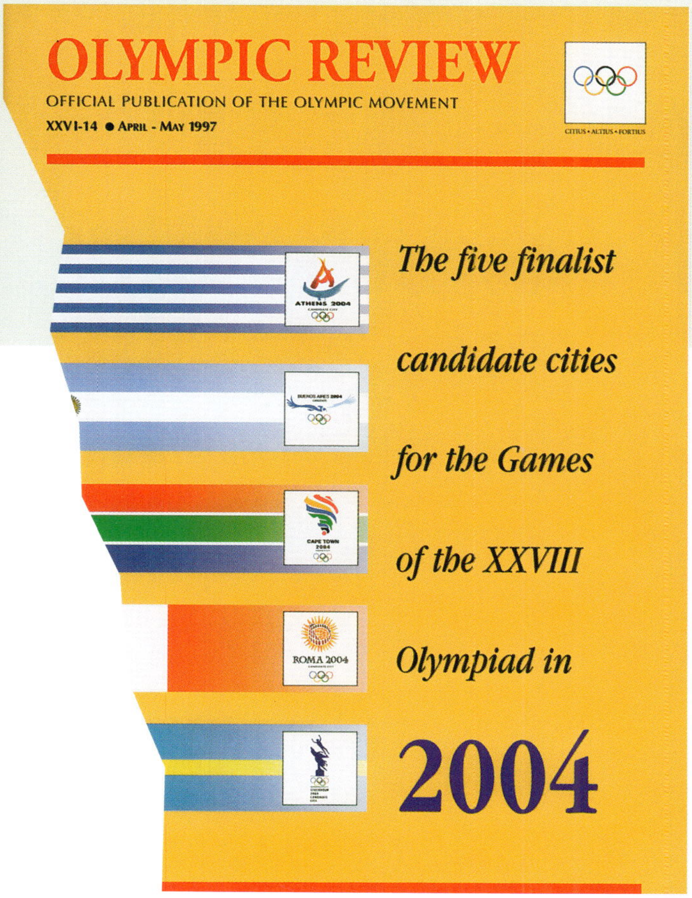

Mai-Titel der IOC-Zeitschrift „Olympic Review" mit den fünf Kandidatenstädten, die das Finale der Abstimmung für die Spiele von 2004 erreichten. Unten: Aus der griechischen Bewerbungsschrift: Athens Sports Complex (AOSC), wo die Leichtathletik-WM 1997 stattfanden.

■ Buenos Aires

Einwohner: 1,28 Millionen (Region 11,97 Millionen)
Vorgeschlagener Zeitraum: 24. September bis 10. Oktober
Bisherige Olympische Spiele: keine
Vergebliche Bewerbungen: 1956, 1968
Geplante Ausgaben: 1,403 Milliarden Dollar
Stärken: Sehr gutes Sportstätten-Konzept mit dem „Olympischen Korridor" von 35,2 km, wo 24 der 28 Sportarten ausgetragen werden sollen. Die meisten Anlagen sind vorhanden. Die Argentinier organisierten eine gute Fußball-WM von 1978.
Schwächen: Die Infrastruktur ist stark verbesserungsbedürftig; 7,148 Milliarden Dollar sollen investiert werden. Hohe Inflations- und Arbeitslosenrate. Kritik gab es an der Ausrichtung der Panamerikanischen Spiele von 1995 in Mar del Plata.
Chancen: keine

■ Kapstadt

Einwohner: 2,9 Millionen (Region 4,04 Mio.)
Vorgeschlagener Zeitraum: 17. September bis 3. Oktober
Bisherige Olympische Spiele: keine
Vergebliche Bewerbungen: keine
Geplante Ausgaben: 1,318 Milliarden Dollar
Stärken: Das Sportkonzept ist gut durchdacht. Zentrum ist das Olympiastadion auf dem Gelände der ehemaligen Whingfield-Militärbasis. Es gab noch nie Olympische Spiele in Afrika. Mit den Nobelpreisträgern Präsident Nelson Mandela und Erzbischof Desmond Tutu gibt es prominente Fürsprecher. Deutsche Firmen wie Mercedes haben starkes Interesse.
Schwächen: Bisher kaum Erfahrung mit sportlichen Großveranstaltungen. Fast alle Sportstätten müssen errichtet werden. Hohe Arbeitslosigkeit, Armut und Kriminalität in den Townships. Niemand kann sagen, wie es mit Südafrika nach Mandela weitergeht.
Chancen: gering

■ Rom

Einwohner: 3,77 Millionen (Region 5,19 Millionen)
Vorgeschlagener Zeitraum: 16. Juli bis 1. August
Bisherige Olympische Spiele: 1960
Vergebliche Bewerbungen: 1908 (Spiele zurückgegeben), 1944
Geplante Ausgaben: 1,657 Milliarden Dollar
Stärken: Meist nur gute Erinnerungen an die ersten TV-Spiele von 1960. Exzellentes Sportkonzept mit dem Foro Italico als Zentrum. Das Olympiastadion wurde für die Fußball-WM von 1990 rekonstruiert; die Mehrzahl der Sportstätten sind vorhanden. Die Italiener haben große organisatorische Erfahrungen, viel Geld für den Sport und im IOC mit Franco Carraro, Primo Nebiolo und Mario Pescante drei abstimmungsberechtige Mitglieder. 81,1 Prozent der Bevölkerung sind für die Spiele.
Schwächen: Verbesserungsbedürftige Infrastruktur und schwach ausgebauter Nahverkehr. Durch Korruptionsaffären hat das Image gelitten.
Chancen: letzte Runde

■ Stockholm

Einwohner: 711 000 (Region 1,73 Millionen)
Vorgeschlagener Zeitraum: 9. bis 25. Juli
Bisherige Olympische Spiele: 1912, 1956 (Reiterspiele)
Vergebliche Bewerbungen: keine
Geplante Ausgaben: 1,63 Milliarden Dollar
Stärken: Solides Sport-Konzept, es müssen jedoch eine Reihe Sportstätten, darunter das Olympiastadion, errichtet werden. Große Erfahrungen bei der Ausrichtung von internationalen Meisterschaften (Leichtathletik-WM 1995 in Göteborg, Fußball-EM 1992, Reiter-Weltspiele 1990). Der Umweltschutz hat große Bedeutung.
Schwächen: Mangelnde Zustimmung der Bevölkerung (im August 1996 waren 52 Prozent dagegen). Hohe Staatsverschuldung und Arbeitslosigkeit, starke Schwächung der Schweden-Krone. Viele Schweden fürchten weiteren Sozialabbau.
Chancen: höchstens Außenseiter

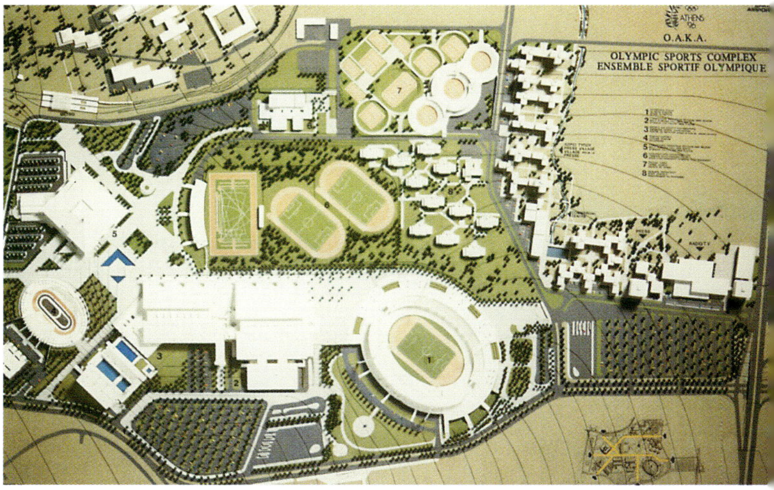

Marathon - das ist „lebenslänglich"

Waldemar Cierpinski

Keine Disziplin ist enger mit Griechenland verbunden als der Marathonlauf, obwohl er in der Antike als Sport gar nicht existierte. Doch die Legende vom Krieger von Marathon, der mit der Siegerbotschaft auf den Lippen starb, hebt den Wettkampf über 42,195 km aus allen anderen hervor.

Am 7. Oktober 1985 bestritt ich in Kosice meinen 28. und offiziell letzten Marathonlauf - fast auf den Tag genau elf Jahre nach meinem ersten. Ich errechnete, daß ich zu diesem Zeitpunkt in Wettkampf und Training insgesamt dreieinhalbmal um die Erde gelaufen war. Gesund und leistungsfähig verabschiedete ich mich vom Leistungsport, der für mich viele glückliche Erlebnisse, aber auch Enttäuschungen bereit gehalten hatte. Damals nahm ich mir vor: Nie wieder Marathon!

Doch wer einmal von dem süßen Gift geleckt hat, kommt davon nicht mehr weg. Inzwischen bin ich weitere viermal die 42,195 km gerannt. 1994 wurde ich nach Osaka eingeladen, wo ich Platz 18 in 2:38 h belegte. Anschließend bat man mich zum Kaiser von Japan, der anwesend war und der mich seiner Gattin mit den Worten vorstellte: „Das ist der Mann, nach dem in Deutschland Söhne benannt werden..." Selbst bis zu ihm war also vorgedrungen, daß der Berliner Reporter Heinz Florian Oertel aus Moskau die Fernsehzuschauer anläßlich meines zweiten Olympiasieges aufgerufen hatte, sie mögen doch ihre an diesem Tage geborenen Söhne Waldemar nennen, „denn Waldemar ist da..."

Die Episode mit dem Kaiser hat mir neuerlich bestätigt: Der Marathonlauf ist etwas ganz Besonderes, und diejenigen, die sich seinen Strapazen stellen, genießen hohes Ansehen. Marathon - das steht als Synonym für Ausdauer weit über den Sport hinaus; das ist Mut, gegen das Versagen, das Aufgeben anzukämpfen. Das ist Leben.

Unter all den Strecken ragt eine heraus. Sie ist die klassischste unter den Klassikern, und eine der schwersten: Marathon-Athen, auf der alles erst seinen Anfang nahm, auch wenn der Ursprung im mystischen Dunkel liegt. Die ersten sechs, sieben Kilometer nach dem Start an der Dorfbrücke sind noch wunderbar eben, doch danach wird das Profil brutal hart. Eine Läuferin oder ein Läufer benötigt schon eine außergewöhnliche Kraft, um die Anstiege hinaufzukommen, und wer an diesen Hügeln den Anschluß zur Spitze verliert, wird diesen Rückstand nie wieder aufholen, obwohl es zum Schluß schön lang hinein ins Tal von Athen geht.

Ich bin diese Strecke nur einmal gelaufen: bei den EM 1982. Ich glaubte es mir damals schuldig zu sein, gerade hier gut abzuschneiden. Doch mehr als eine ehrenvolle Plazierung - ich wurde Sechster - kam nicht heraus, weil ich selbst als zweifacher Olympiasieger nach einer Erkrankung einen zusätzlichen Leistungsnachweis erbringen mußte, der mich in einem Maße geschwächt hatte, daß ich noch Minuten vor dem Start nur Müdigkeit verspürte. Durch das Fehlen der DDR 1984 in Los Angeles sollte ich niemals wieder

Waldemar Cierpinski (Dritter von rechts) mit seiner Familie und Freunden an der Startlinie des Marathonlaufs 1996 anläßlich der 100-Jahr-Feier der Olympischen Spiele.

Foto rechts: Der Tymbos von Marathon, der die Gebeine der 490 v.Chr. in der Schlacht von Marathon gefallenen 192 Athener Soldaten bedecken soll.

Waldemar Cierpinski

geb. 3. August 1950 in Neugattersleben
Er ist der einzige Deutsche, der jemals Olympiasieger im Marathonlauf werden konnte und der einzige lebende Doppelsieger dieser Disziplin. Heute ist er Besitzer des Sportartikelgeschäfts „Sport Cierpinski" in Halle/Saale, Große Ulrichstr. 1.
Er ist Vater von drei Söhnen, von denen der 19jährige Falk Junioren-Europameister im Duathlon wurde.

- auch nicht bei den WM 1983 in Helsinki, wo ich Dritter wurde - das ganz große Erfolgserlebnis haben.

1996 erlebte ich die olympische 100-Jahr-Feier von Athen in jenem Stadion mit, in dem die ersten Spiele stattfanden und das den ersten Marathonsieger sah gerechterweise mit Spyridon Louis einen Griechen. Wenn ich mich heute daran erinnere, verspüre ich eine Gänsehaut, und ich weiß, daß ich viel entbehren müßte, falls ich mich aus gesundheitlichen Gründen einiges Tages vom Laufen verabschieden müßte. Marathon - das heißt „lebenslänglich".

Glücklicherweise sehe ich bisher keinerlei Anzeichen für eine finale Ziellinie, und als nunmehriger Volksläufer renne ich auch tapfer von ihr weg. 1995 hatte ich das Vergnügen, im australischen Auftrag die Olympiastrecke von Sydney 2000 zu testen. Es war Zufall, daß ich die Startnummer 45 erhielt und ich gerade 45 Jahre alt geworden war. Übrigens meine Laufzeit betrug 2:45:45 h... Jetzt habe ich mir vorgenommen, mit Fünfzig auf 2:50 h zu kommen. Doch so weit ist es noch nicht. Mein nächster Marathon folgt am 28. September 1997 in Berlin - eine Strecke, die ich noch nie gelaufen bin, doch eine, wie ich sie liebe. ■

Marathon-Olympiasieger

1896	Spyridon Louis (GRE)	2:58:50,0	1952	Emil Zátopek (CZE)	2:23:03,2
1900	Michel Théato (FRA)	2:59:45,0	1956	O'Kacha Alain Mimoun (FRA)	2:25:00,0
1904	Thomas Hicks (USA)	3:28:53,0	1960	Abebe Bikila (ETH)	2:15:16,2
1906	William Sherring (CAN)	2:51:23,6	1964	Abebe Bikila (ETH)	2:12:11,2
1908	Johnny Hayes (USA)	2:55:18,4	1968	Mamo Wolde (ETH)	2:09:36,4
1912	Kennedy McArthur (RSA)	2:36:54,8	1972	Frank Shorter (USA)	2:12:19,8
1920	Hannes Kolehmainen (FIN)	2:32:35,8	1976	Waldemar Cierpinski (GDR)	2:09:55,0
1924	Albin Stenroos (FIN)	2:41:22,6	1980	Waldemar Cierpinski (GDR)	2:11:03,0
1928	Boughèra M. El Quafi (FRA)	2:29:01,8	1984	Carlos Lopes (POR)	2:09:21,0
1932	Juan Carlos Zabala (ARG)	2:31:36,0	1988	Gelindo Bordin (ITA)	2:10:32,0
1936	Kitei Son (JPN)	2:26:42,0	1992	Hwang Young Cho (KOR)	2:13:23,0
1948	Delfo Cabrera (ARG)	2:34:51,6	1996	Josiah Thugwane (RSA)	2.12:36,0

Marathon-Olympiasiegerinnen

1984	Joan Benoit (USA)	2:24:52,0
1988	Rosa Mota (POR)	2:25:40,0
1992	Walentina Jegorowa (EUN)	2:32:41,0
1996	Fatuma Roba (ETH)	2:26:06,0

Die Geschichte vom Vor-Läufer

Volker Kluge

Alles hatte seinen Anfang – im Marathonlauf war das der 12. September 490 v.Chr., wenn die Legende stimmt. Denn diese wurde erst mehr als 600 Jahre später auf Papyrus gebracht und unter ziemlich fadenscheinigen Gründen. Aber es wurde eine Erfolgsstory. Man muß nur ganz fest daran glauben.

■ Um es vorwegzunehmen: Wahrscheinlich ist die Sache mit dem Marathonlauf nichts weiter als ein Schwindel. Bei Herodot jedenfalls, dessen Schriften die originäre Quelle über die Schlacht von Marathon, wo die Athener am 12. September 490 v.Chr. das persische Heer zurück aufs Meer trieben und Griechenland vor den „Barbaren" retteten, darstellen, gibt es den legendären Soldaten nicht. Dieser soll - so die Legende - von Marathon nach Athen gelaufen sein, wo er seinen Landsleuten die Siegesbotschaft überbracht hatte, ehe er entkräftet verstarb. Angeblich!

Herodot, der vermutlich sechs Jahre nach der Schlacht geboren wurde, berichtete lediglich von einem gewissen Philippides, der ein sogenannter Tagesläufer war und von Feldherr Miltiadis nach Sparta gesandt worden war, um dort um Hilfe gegen die Perser zu bitten. Dabei legte dieser Philippides 1240 Stadien, umgerechnet 238,39 km, zurück, doch sein Lauf brachte nicht den erhofften Erfolg: Als die spartanische Verstärkung endlich in Marathon eintraf, war die Schlacht schon entschieden.

Der einzige Beleg, aus dem der Marathonlauf seine historische Daseinsberechtigung bezieht, wurde 600 Jahre nach Herodots Tod auf Papyrus gebracht - und er riecht verdächtig nach Ausflüchten.

Die Angelegenheit spielte sich an den Ufern des Nils ab, wo seinerzeit die Römer einen Statthalter eingesetzt hatten. Dessen Kanzleichef war Lukianos, von Beruf Schriftsteller und Satiriker. Es war am frühen Morgen, und Lukianos hatte wohl seine Sinne noch nicht so beieinander. Wie auch immer: Jedenfalls begrüßte er seinen Herrn statt mit einem fröhlichen „ave" („Freue dich") mit der Abschiedsformel „vale" („Bleib gesund").

Das war natürlich ein Fauxpas und weckte Zweifel an Lukianos' Fähigkeiten, die Etikette einzuhalten. Um seinen Meister zu versöhnen, verfaßte er sogleich einen Essay mit dem Titel „Verteidigungsschrift für einen Fehler beim Grüßen", indem er zu seiner Entlastung weitschweifig ausführte, daß die Grußformeln früher ganz frei und auch umgekehrt verwendet worden waren. Und dazu führte er folgendes Beispiel an: „Als erster aber, sagt man, habe der Tagesläufer Pheidippides, als er den Sieg von Marathon meldete, vor der Versammlung der um den Ausgang der Schlacht besorgten Archonten die Grußformel bei seinem Ausruf ‚Freut euch, wir haben gesiegt' in jenem Sinne verwendet und zugleich mit dem Gruß sein Leben ausgehaucht."

„Sagt man..", da war sie auf einmal, die Legende vom Läufer von Marathon; zwar nicht der Philippides, der umsonst 238,39 km zurückgelegt hatte, dafür aber ein gewisser Pheidippides. Und als dann 1700 Jahre nach Lukianos - 1890 - der französische Philologe Michel Bréal auch noch des von griechischen Archäologen freigelegten Grabhügels der 192 in der Schlacht von Marathon gefallenen Athener Soldaten ansichtig wurde, hatte dieser eine geniale Idee, die er seinem Freund Pierre de Coubertin, der gerade dabei war, die Olympischen Spiele wiederzuerwecken, mitteilte: „Da Sie nach Athen gehen, sehen Sie doch mal, ob man nicht einen Lauf von Marathon zum Pnyx* organisieren kann. Das würde einen antiken Charakter haben. Wenn wir die Zeit wüßten, die der griechische Krieger gebraucht hat, könnten wir einen Rekord führen. Ich würde von meiner Seite beanspruchen, einen ‚Marathon'-Pokal zu stiften."

So geschah es, und solch „unsichere Informationen" sind schuld, daß die Läufer von Marathon nach Athen laufen müssen... ■

** Pnyx - Hügel in Athen, auf dem die Versammlungen der Athener stattfanden.*

4 - 2 - 1 - 9 - 5 ...ist keine Telefonnummer, sondern die Länge der Marathonstrecke. Die Distanz ergab sich 1908, als der Lauf anläßlich der Olympischen Spiele von London zwischen dem königlichen Schloß in Windsor und dem Stadion in Shepherd's Bush ausgetragen wurde. Diese Entfernung betrug genau 25 Meilen (40,23 km). Da die königliche Familie den Wunsch äußerte, den Start des Rennens von der Ostterrasse des Schlosses zu verfolgen, wurde die Strecke bis dahin verlängert, so daß das Vermessungsprotokoll 26 Meilen aufwies. Im Stadion kamen bis zum Ziel vor der königlichen Loge nochmals 385 Yards hinzu, so daß die Gesamtstrecke schließlich 42,195 km ergab. 1921 beschloß der Internationale Leichtathletikverband auf seinem Kongreß in Lausanne, zukünftig der britischen Tradition zu folgen und die 42,195 km als verbindliches Maß anzuerkennen.

Doch das war's noch lange nicht: 1928 legten die Griechen neueste Messungen vor, und siehe da, von Marathon nach Athen war es nur noch 36,75 km weit. Indes: Nun war es zu spät.

Der Marathonlauf ist ein Kind der Olympischen Spiele. Der erste Sieger 1896 in Athen war selbstredend ein Grieche: Spyridon Louis (links). Unten: Falls es den antiken Läufer von Marathon gab, dann nahm er wahrscheinlich den direkten Weg nach Athen über den Berg Pentelikon, so daß die Strecke nicht mehr als 34,5 km lang war. Seine modernen Nachfolger haben es leichter, denn sie laufen den südlichen, flacheren Kurs, doch dafür müssen sie 42,195 km zurücklegen.

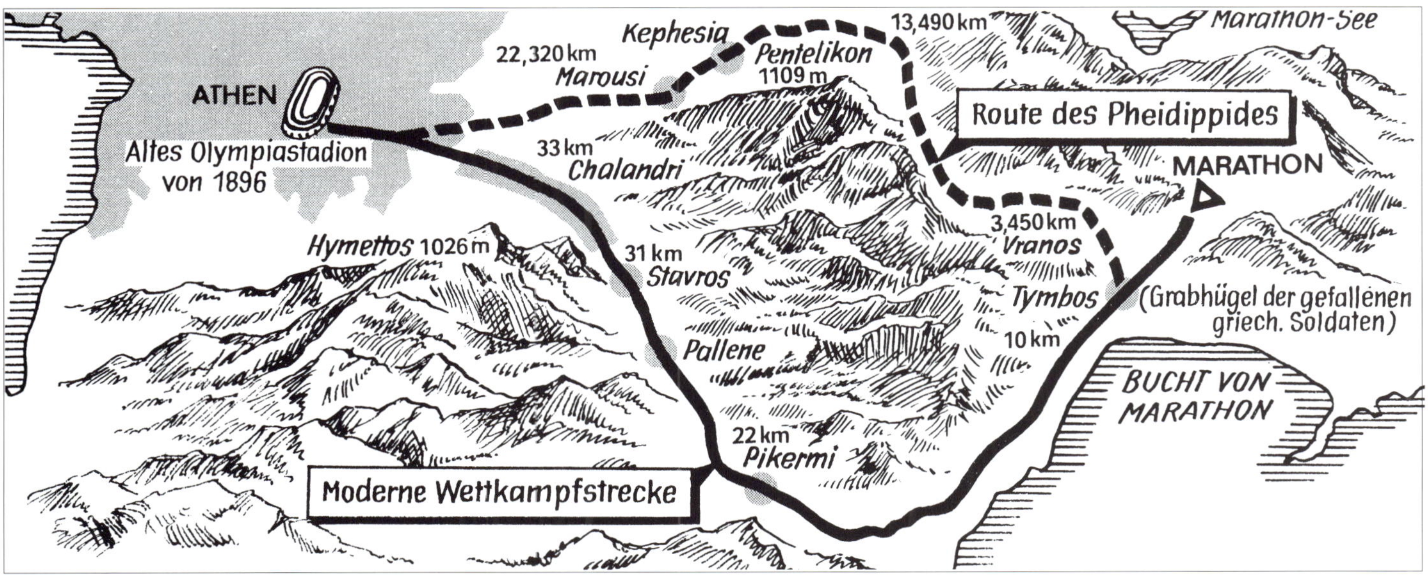

Der folgenreiche Striptease des Orsippos

Volker Kluge

Die Herkunft der Olympischen Spiele liegt im mystischen Dunkel. Nachweislich existierten sie seit 776 v.Chr., als Koroibos aus Elis den Stadionlauf gewann. Der erste Olympiasieger der Antike – ein Leichtathlet.

■ Der Stadionlauf war bei den ersten bekannten Olympischen Spielen die einzige Disziplin, und den Ursprung erklärte Philostratos folgermaßen: Die Eleer (die Bewohner der Landschaft Elis, wo Olympia liegt) bereiteten ihre heiligen Opfer auf dem Altar sorgfältig vor, sie zündeten das Feuer aber nicht selbst an. Diese Ehre überließen sie vielmehr jenem Läufer, der einen Wettkampf über eine Stadionlänge gewann.

Bei 13 Spielen gab es nur den Stadionlauf, und so wie die Griechen fortan ihren Kalender nach Olympiaden, einen Zeitraum von vier Jahren, berechneten, wurde ein Stadion, das in Olympia 192,27 m betrug (in Delphi nur 177,55 m), eines ihrer wichtigsten Längenmaße.

Auf dieser Grundlage entwikkelte sich das Programm: Ab 724 v.Chr. gab es den Diaulos, den Doppelstadionlauf, eine Mittelstrecke; ab 720 v.Chr. den Dolichos, die Langstrecke, die acht, zehn, zwölf oder 24 Stadien (4614,48 m) lang sein konnte. Die Läufer teilte man ein in Flinke, Rasche, Schnellfüßige, Geschwinde und Ausdauernde; und so wie die Griechen schon klare Vorstellungen hatten, wer sich für welche Disziplin eignete, wußten sie über die verschiedenen Laufstile Bescheid. Die Sprinter liefen mit einem hohen Kniehub, und Philostratos schrieb, „ihre Arme hätten wie Flügel gearbeitet". Je länger die Strecke, desto aufrechter die Körperhaltung der Athleten.

Das Startsignal konnte ein Trompetenstoß sein, ein herabfallendes Seil, eine Schranke oder ein Zuruf. Das Ziel war eine Säule, ein Stein oder Pflock, und gleichzeitig diente es bei Wettkämpfen über mehr als ein Stadion als Wendemarke, denn es wurde nicht wie heute im Kreis gelaufen. Da die mechanische Uhr noch nicht erfunden war, konnten auch keine Zeiten gemessen werden; vielmehr entschieden über die Rangfolge drei Kampfrichter, deren mehrheitlich gesprochenes Ergebnis endgültig war. Danach konnten nur noch die Kampfrichter für ein Fehlurteil bestraft werden.

Die Athleten kämpften nackt; ob Frauen deswegen selbst als Zuschauer ausgeschlossen waren? Laut Plato war das nicht immer so, vielmehr sei es den Griechen anfangs lächerlich und verächtlich vorgekommen, nackt im Gymnasion zu üben. Die ersten, die sich ihrer Kleider entledigt hätten, seien die Kreter gewesen, heißt es. Im Wettkampf trugen die Läufer ursprünglich einen Lendenschurz, und derjenige, der die neue Mode einführte, war Orsippos aus Megara, der bei den 15. Spielen - 720 v.Chr.- den Stadionlauf gewann, wobei er im Rennen den Lendenschurz verlor. Viel später äußerte Pausanias den Verdacht: „Ich habe das Gefühl, daß der Läufer mit Absicht seinen Lendenschurz fallen ließ, weil er wußte, daß einer nackt leichter läuft, als wenn ihn der Schurz hindert." Wie auch immer: Die anderen folgten seinem Beispiel, womit das einzige Bekleidungsstück die Endromis blieben: zwei mit einem Riemen zusammengeheftete Lederstücke, an die eine Sohle genäht wurde, während die Zehen frei blieben.

Seit 708 v.Chr. wurde in Olympia auch das Pentathlon, der Fünfkampf, ausgetragen, der aus Lauf, Sprung, Diskuswurf, Speerwurf und Ringkampf bestand. Über die Reihenfolge der Disziplinen und die Bewertung gibt es sich widersprechende Meinungen. Nach den Forschungsergebnissen von Joachim Ebert (Berlin 1963) war die Reihenfolge Diskuswurf, Sprung und Speerwurf, denen Lauf und Ringen folgten. Während die ersten vier Disziplinen gemessen wurden - beim Speerwurf glaubte man lange auch an einen Zielwurf -, trafen im Ringkampf Mann gegen Mann aufeinander.

Die Disken waren anfangs aus Stein, später auch aus Holz, Blei

Zwei verschiedene Lauftechniken: Zwei Sprinter, vielleicht beim Diaulos, im Finish oder bei einem Zwischenspurt (rechts außen). Daneben: Die kurzen Schritte und der niedrige Kniehub zeigen, daß es sich entweder um Mittel- oder Langstreckenläufer handeln muß. Darüber: Das Vasenbild eines Speerwerfers, übrigens eines Linkshänders. Mit dem Mittelfinger hat er die Lederschlaufe gefaßt.

und Eisen. Die Gewichte der aufgefundenen Geräte schwanken zwischen 1,353 und 4,758 kg, doch im Wettkampf wurden Scheiben von etwa zwei Kilo verwendet. Geworfen wurde von einem nach vorn schräg abfallenden Abwurfplatz, der Balbis.

Die Speere waren aus Fichte oder Esche und hatten eine Metallspitze. In der Mitte waren als Griff Lederriemen befestigt, in die man den Zeigefinger oder Zeige- und Mittelfinger steckte. Gelaufen wurde offenbar über eine Stadionlänge, gerungen nur im Stand.

Zu den großen Rätseln des Altertums zählt das Springen, das in Olympia Bestandteil den Pentathlons war. In den Berichten der antiken Geschichtsschreiber kommen geradezu phantastische Leistungen vor wie etwa bei Julius Africanus, der über den siebenfachen Olympiasieger Chionis von Sparta (28.-31. Olympiade - 668-656 v.Chr.) schrieb: „Er konnte auch einen Sprung von 52 Fuß aufweisen.“ Und auf einer Bildsäule zu Ehren eines zweifachen Fünfkampfsiegers der pythischen Spiele (498 v.Chr.) ist zu lesen: „Fünfundfünzig Fuß weit dahin sprang Phayllos von Kroton.“ Da das olympische Fußmaß 32,04 und das delphische 29,66 Zentimeter betrug, wurden für diese beiden Athleten Sprungweiten von 16,66 bzw. 16,31 m errechnet.

Seit mehr als 150 Jahren versuchen die Altertumsforscher hinter dieses Geheimnis zu kommen. Obwohl der gesunde Menschenverstand sagt, daß Leistungen dieser Größenordnung völlig unmöglich sind, gab es Historiker, die solche Resultate mit den Sprunggewichten, Halteren genannt, erklärten, die damals verwendet wurden. In der Tat sind auf den Vasenbildern stets Springer zu sehen, die in den Händen Sprunggewichte tragen, die zumeist aus Blei, aber auch aus Eisen oder Stein waren. Diejenigen, die gefunden wurden, waren zwischen zwölf und 29 Zentimeter lang und zwischen 1,48 und 4,629 kg schwer, manche waren innen hohl. Offenbar wurden sie für Jugendliche und Erwachsene verschieden angefertigt. Sie weisen Griffe auf, haben ein Loch oder Löcher, durch die man die Finger stecken konnte. Manche sind länglich, andere rundlich.

Wofür sollen die Halteren nützlich gewesen sei? Auf den Bildern ist zu erkennen, daß die Gewichte nach dem Absprung in der Flugphase kraftvoll nach vorn geführt und dann bei der Landung nach hinten gestoßen wurden. Nach den antiken Berichten sollten mit den Halteren die Sprungweiten und die sichere Landung im Stand verbessert werden. Letzteres war offensichtlich ein Kriterium für einen gültigen Sprung.

Von Aristoteles ist der Satz überliefert: „Es springt sich besser, wer Sprunggewichte hat, als derjenige, der diese nicht hat.“ Aber genau das ist aus heutiger Sicht schwer nachzuvollziehen. Schon zu Anfang dieses Jahrhunderts ergaben biomechanische Untersuchungen in Deutschland und England, daß Athleten mit Sprunggewichten weniger weit sprangen als solche, die keine verwendeten. Das war auch die Erkenntnis des Vizeweltmeisters von 1983 im 400-m-Hürdenlauf, Harald Schmid, der 1997 an der Mainzer Universität zu diesem Thema promovierte.

Schmid, Aushängeschild des Projekts „Kinder stark machen“, in dessen Rahmen Übungsleiter auf dem Gebiet der Suchtpräventation ausbildet werden, erklärt sich die Halteren als Trainingsmittel. Auch im modernen Sport ist es üblich, sich im Training höher zu belasten, beispielsweise mit Bleigürteln. Sprinter etwa ziehen Gewichte, z.B. einen an einem Seil befestigten Autoreifen, hinter sich her. Den Einsatz der Hanteln im Wettkampf bezweifelt er allerdings, da die Geschwindigkeit des Anlaufs, die die Sprungweite we-

Ein antiker Weitspringer mit Sprunggewichten in der Vorhalte. In der Landephase wurden die Hanteln nach hinten weggeworfen. Es handelt sich um eine Trainingszene, denn der Herr rechts mit der Rute ist der Paidotribes, wie die Lehrer (oder Trainer) in den Gymnasien genannt wurden. Oben: Anschwung beim Diskuswerfen.

sentlich beeinflußt, durch die Zusatzgewichte verringert wird.

Wie auch immer. Das alles erklärt noch lange nicht die sagenhaften antiken Sprünge. Der Ungar Dr. Ferenc Mezö, der für seine „Geschichte der Olympischen Spiele" bei den olympischen Kunstwettbewerben 1928 mit der Literatur-Goldmedaille ausgezeichnet wurde, glaubte, daß die Zahl drei für die Griechen eine große Bedeutung besaß. So hatte ein Athlet im Speerwerfen drei Versuche, und im Ringen war man erst Sieger, wenn man den Gegner dreimal zu Boden geworfen hatte. Vielleicht wurden auch im Weitsprung drei Versuche zusammengezählt? Aus 16,66 m würden so durchaus menschliche und durchschnittliche 5,55 m.

Vielleicht handelte es sich aber auch gar nicht um einen Weitsprung, sondern um Dreisprung, so wie er heute noch in den griechischen Dörfen bei Festen praktiziert wird - immer auf demselben Bein. Auch das Fußmaß war örtlich sehr verschieden, und wir wissen nicht, welches in der Antike exakt zur jeweiligen Zeit verwendet wurde. Außerdem gab es in Griechenland nicht nur die Olympischen Spiele, sondern hunderte Sportfeste - große und kleine, jedes mit eigenen Regeln. Das Rätsel von den Supermännern Chionis und Phayllos ist also noch nicht gelöst. ■

1983: Carl Lewis (USA/Foto unten)) begann in Helsinki mit drei WM-Siegen seine einmalige Karriere. Weitere fünf sollten 1987 und 1991 folgen.
Rechts: 1987: Kugelstoßer Werner Günthör (SUI) gewann erstmals Gold. 1993 gelang ihm der Hat-Trick.

1991: Hochspringerin Heike Henkel (GER) auf dem Gipfel; ein Jahr später folgte in Barcelona der Olympiasieg.
Rechts: 1995: Haile Gebrselassie (ETH) verteidigte in Göteborg über 10 000 m seinen Titel von 1993 mit Erfolg.

1983-1997

1993: Sergej Bubka (UKR) - eine Legende im Stabhochsprung: zum drittenmal Weltmeister in Stuttgart, Titel Nummer vier folgte 1995.
Oben: 1997: Die Sprint-Königin von Athen Marion Jones (USA). Kann schon sein, daß mit dem Sieg des US-Girls eine neue Ära begonnen hat...

Helsinki
Rom
Tokio
Stuttgart
Göteborg
Athen

HELSINKI 1983

MÄNNER

100 m

1. CARL LEWIS (USA)	10,07
2. CALVIN SMITH (USA)	10,21
3. EMMIT KING (USA)	10,24
4. ALLAN WELLS (GBR)	10,27
5. JUAN NÚÑEZ (DOM)	10,29
6. CHRISTIAN HAAS (FRG)	10,32
7. PAUL NARRACOTT (AUS)	10,33
8. DESAI WILLIAMS (CAN)	10,36

200 m

1. CALVIN SMITH (USA)	20,14
2. ELLIOTT QUOW (USA)	20,41
3. PIETRO MENNEA (ITA)	20,51
4. ALLAN WELLS (GBR)	20,52
5. FRANK EMMELMANN (GDR)	20,55
6. INNOCENT EGBUNIKE (NGR)	20,63
7. CARLO SIMIONATO (ITA)	20,69
8. JOÃO BATISTA DA SILVA (BRA)	20,80

400 m

1. BERT CAMERON (JAM)	45,05
2. MIKE FRANKS (USA)	45,22
3. SUNDER NIX (USA)	45,24
4. ERWIN SKAMRAHL (FRG)	45,37
5. HARTMUT WEBER (FRG)	45,49
6. THOMAS SCHÖNLEBE (GDR)	45,50
7. MICHAEL PAUL (TRI)	45,80
8. GÉRSON DE ANDRADE SOUZA (BRA)	45,91

800 m

1. WILLI WÜLBECK (FRG)	1:43,65
2. ROB DRUPPERS (NED)	1:44,20
3. JOAQUIM CARVALHO CRUZ (BRA)	1:44,27
4. PETER ELLIOTT (GBR)	1:44,87
5. JAMES ROBINSON (USA)	1:45,12
6. AGBERTO GUIMARÃES (BRA)	1:45,46
7. HANS-PETER FERNER (FRG)	1:45,74
8. DAVID PATRICK (USA)	1:46,56

1500 m

1. STEVE CRAM (GBR)	3:41,59
2. STEVE SCOTT (USA)	3:41,87
3. SAÏD AOUITA (MAR)	3:42,02
4. STEVEN OVETT (GBR)	3:42,34
5. JOSÉ MANUEL ABASCAL (ESP)	3:42,47
6. PIERRE DÉLÈZE (SUI)	3:43,69
7. ANDREAS BUSSE (GDR)	3:43,72
8. DRAGAN ZDRAVKOVIĆ (YUG)	3:43,75

5000 m

1. EAMONN COGHLAN (IRL)	13:28,53
2. WERNER SCHILDHAUER (GDR)	13:30,20
3. MARTTI VÄINIO (FIN)	13:30,34
4. DMITRI DMITRIJEW (URS)	13:30,38
5. DOUG PADILLA (USA)	13:32,08
6. THOMAS WESSINGHAGE (FRG)	13:32,46
7. WOJADO BULTI (ETH)	13:34,03
8. DIETMAR MILLONIG (AUT)	13:36,08

10 000 m

1. ALBERTO COVA (ITA)	28:01,04
2. WERNER SCHILDHAUER (GDR)	28:01,18
3. HANSJÖRG KUNZE (GDR)	28:01,26
4. MARTTI VÄINIO (FIN)	28:01,37
5. GIDAMIS SHAHANGA (TAN)	28:01,93
6. CARLOS LOPES (POR)	28:06,78
7. NICK ROSE (GBR)	28:07,53
8. CHRISTOPH HERLE (FRG)	28:09,05

Marathon

1. ROB DE CASTELLA (AUS)	2:10:03
2. KEBEDE BALCHA (ETH)	2:10:27
3. WALDEMAR CIERPINSKI (GDR)	2:10:37
4. KJELL-ERIK STÅHL (SWE)	2:10:38
5. AGAPIUS MASONG (TAN)	2:10:42
6. ARMAND PARMENTIER (FRA)	2:10:57
7. PIER GIANNI POLI (ITA)	2:11:05
8. HUGH JONES (GBR)	2:11:15

110 m Hürden

1. GREG FOSTER (USA)	13,42
2. ARTO BRYGGARE (FIN)	13,46
3. WILLIE GAULT (USA)	13,48
4. MARK McKOY (CAN)	13,56
5. THOMAS MUNKELT (GDR)	13,66
6. GYÖRGY BAKOS (HUN)	13,68
7. WENZISLAW RADEW (BUL)	13,73
8. SAM TURNER (USA)	13,82

400 m Hürden

1. EDWIN MOSES (USA)	47,50
2. HARALD SCHMID (FRG)	48,61
3. ALEXANDER CHARLOW (URS)	49,03
4. SVEN NYLANDER (SWE)	49,06
5. ANDRE PHILLIPS (USA)	49,24
6. DAVID LEE (USA)	49,32
7. AMADOU DIA BÂ (SEN)	49,61
8. RYSZARD SZPARAK (POL)	49,78

3000 m Hindernis

1. PATRIZ ILG (FRG)	8:15,06
2. BOGUSLAW MAMINSKI (POL)	8:17,03
3. COLIN REITZ (GBR)	8:17,75
4. JOSEPH MAHMOUD (FRA)	8:18,32
5. ROGER HACKNEY (GBR)	8:19,38
6. GRAEME FELL (GBR)	8:20,01
7. JULIUS KORIR (KEN)	8:20,11
8. HENRY MARSH (USA)	8:20,45

20 km Gehen

1. ERNESTO CANTO (MEX)	1:20:49
2. JOZEF PRIBILINEC (CZE)	1:20:59
3. JEWGENI JEWSJUKOW (URS)	1:21:08
4. JOSÉ MARIN (ESP)	1:21:21
5. GÉRARD LELIÈVRE (FRA)	1:21:37
6. PAVOL BLAZEK (CZE)	1:21:54
7. MAURIZIO DAMILANO (ITA)	1:21:57
8. GUILLAUME LEBLANC (FRA)	1:22:04

50 km Gehen

1. RONALD WEIGEL (GDR)	3:43:08
2. JOSÉ MARIN (ESP)	3:43:42
3. SERGEJ JUNG (URS)	3:49:03
4. REIMA SALONEN (FIN)	3:52:53
5. RAUL GONZÁLEZ (MEX)	3:53:51
6. FRANÇOIS LAPOINTE (CAN)	3:53:57
7. SANDRO BELLUCCI (ITA)	3:55:38
8. WIKTOR DOROWSKICH (URS)	3:56:02

4x100 m

1. USA *(Emmit King, Willie Gault, Calvin Smith, Carl Lewis)*	*37,86
2. ITA *(Stefano Tilli, Carlo Simionato, Pierfrancesco Pavoni, Pietro Mennea)*	38,37
3. URS *(Andrej Prokowjew, Nikolai Sidorow, Wladimir Murawjow, Wiktor Brysgin)*	38,41
4. GDR *(Andreas Knebel, Thomas Schröder, Jens Hübler, Frank Emmelmann)*	38,51
5. FRG *(Werner Bastians; Christian Haas, Jürgen Evers, Andreas Rizzi)*	38,56
6. POL *(Krzysztof Zwolinski, Zenon Licznerski, Czeslaw Pradzynski, Marian Woronin)*	38,72
7. JAM *(George Walcott, Ray Stewart, Leroy Reid, Samuel Bradford)*	38,75
8. FRA *(Thierry François, Marc Gasparoni, Antoine Richard, Jean-Jacques Boussemart)*	38,98

*Weltrekord
DNS nicht gestartet
DNF aufgegeben
DQ disqualifiziert

Einmalige Jarmila Kratochvílová: Die Tschechin gewann wie Alberto Juantorena (CUB) 1976 in Montreal das Doppel 400/800 m und stellte im 400-m-Lauf mit 47,99 s einen Weltrekord auf.

4x400 m

1. URS *(Sergej Lowatschow, Alexander Troschtschilo, Nikolai Tschernezki, Wiktor Markin)*	3:00,79
2. FRG *(Erwin Skamrahl, Jörg Vaihinger, Harald Schmid, Hartmut Weber)*	3:01,83
3. GBR *(Ainsley Bennett, Garry Cook, Todd Bennett, Phil Brown)*	3:03,53
4. CZE *(Miroslav Zahorak, Petr Brecka, Dusan Malovec, Ján Tomko)*	3:03,90
5. ITA *(Stefano Malinverni, Donato Sabia, Mauro Zuliani, Roberto Ribaud)*	3:05,10
6. USA *(Alonzo Babers, Sunder Nix, Willie Smith, Edwin Moses)*	3:05,29
7. SWE *(Tommy Johansson, Eric Josjö, Per-Ola Olsson, Ulf Sedlacek)*	3:08,57
DNF: POL *(Ryszard Wichrowski, Ryszard Szparak, Andrzej Stepien, Ryszard Podlas)*	

Hochsprung

1. GENNADI AWDEJENKO (URS)	2,32
2. TYKE PEACOCK (USA)	2,32
3. ZHU JIANHUA (CHN)	2,29
4. IGOR PAKLIN (URS)	2,29
DIETMAR MÖGENBURG (FRG)	2,29
6. DWIGHT STONES (USA)	2,29
7. CARLO THRÄNHARDT (FRG)	2,26
8. WALERI SEREDA (URS)	2,26

Stabhochsprung

1. SERGEJ BUBKA (URS)	5,70
2. KONSTANTIN WOLKOW (URS)	5,60
3. ATANAS TAREW (BUL)	5,60
4. TADEUSZ SLUSARSKI (POL)	5,55
5. TOM HINTNAUS (BRA)	5,50
6. PATRICK ABADA (FRA)	5,50
7. MIRO ZALAR (SWE)	5,50
8. WLADYSLAW KOZAKIEWICZ (POL)	5,40
THIERRY VIGNERON (FRA)	5,40

Weitsprung

1. CARL LEWIS (USA)	8,55
2. JASON GRIMES (USA)	8,29
3. MIKE CONLEY (USA)	8,12
4. LÁSZLÓ SZALMÁ (HUN)	8,12
5. NENAD STEKIĆ (YUG)	8,09
6. GARY HONEY (AUS)	8,06
7. ANTONIO CORGOS (ESP)	8,06
8. YUSUF ALI (NGR)	7,89

Dreisprung

1. ZDZISLAW HOFFMAN (POL)	17,42
2. WILLIE BANKS (USA)	17,18
3. AJAYI AGBEBAKU (NGR)	17,18
4. MIKE CONLEY (USA)	17,13
5. VLASTIMIL MARINEC (CZE)	17,13
6. JAN CADO (CZE)	17,06
7. BÉLA BAKOSI (HUN)	16,83
8. AL JOYNER (USA)	16,76

Kugelstossen

1. EDWARD SARUL (POL)	21,39
2. ULF TIMMERMANN (GDR)	21,16
3. REMIGIUS MACHURA (CZE)	20,98
4. DAVE LAUT (USA)	20,60
5. JANIS BOJARS (URS)	20,32
6. UDO BEYER (GDR)	20,09
7. ALESSANDRO ANDREI (ITA)	20,07
8. AULIS AKONNIEMI (FIN)	19,85

Diskuswerfen

1. IMRICH BUGÁR (CZE)	67,72
2. LUIS DELIS (CUB)	67,36
3. GÉJZA VALENT (CZE)	66,08
4. ARI HUUMONEN (FIN)	65,44
5. JÜRGEN SCHULT (GDR)	64,92
6. GREGORI KOLNOOTSCHENKO (URS)	64,74
7. JUAN MARTINEZ (CUB)	64,26
8. ART BURNS (USA)	63,22

Hammerwerfen

1. SERGEJ LITWINOW (URS)	82,68
2. JURI SEDYCH (URS)	80,94
3. ZDZISLAW KWASNY (POL)	79,42
4. IGOR NIKULIN (URS)	79,34
5. GUNTHER RODEHAU (GDR)	77,08
6. KLAUS PLOGHAUS (FRG)	76,96
7. KARL-HANS RIEHM (FRG)	76,92
8. EMANUIL DJULGEROW (BUL)	76,64

Speerwerfen

1. DETLEF MICHEL (GDR)	89,48
2. TOM PETRANOFF (USA)	85,60
3. DAINIS KULA (URS)	85,58
4. HEINO PUUSTE (URS)	84,56
5. PER ERLING OLSEN (NOR)	83,54
6. KENTH ELDEBRINK (SWE)	83,28
7. ZDENEK ADAMEC (CZE)	81,30
8. KLAUS TAFELMEIER (FRG)	80,42

Zehnkampf

1. DALEY THOMPSON (GBR)	8666
2. JÜRGEN HINGSEN (FRG)	8561
3. SIEGFRIED WENTZ (FRG)	8478
4. UWE FREIMUTH (GDR)	8433
5. STEPHAN NIKLAUS (SUI)	8212
6. ALEXANDER NEWSKI (URS)	8201
7. TORSTEN VOSS (GDR)	8167
8. STEFFEN GRUMMT (GDR)	8149

FRAUEN

100 m

1. MARLIES GÖHR (GDR)	10,97
2. MARITA KOCH (GDR)	11,02
3. DIANE WILLIAMS (USA)	11,06
4. MERLENE OTTEY (JAM)	11,19
5. ANGELA BAILEY (CAN)	11,20
6. HELINÄ MARJAMAA (FIN)	11,24
7. ANGELLA TAYLOR (CAN)	11,30
DNF: EVELYN ASHFORD (USA)	

200 m

1. MARITA KOCH (GDR)	22,13
2. MERLENE OTTEY (JAM)	22,19
3. KATHY COOK (GBR)	22,37
4. FLORENCE GRIFFITH (USA)	22,46
5. GRACE JACKSON (JAM)	22,63
6. ANELIA NUNEWA (BUL)	22,68
7. ANGELA BAILEY (CAN)	22,93
8. EWA KASPRZYK (POL)	23,03

400 m

1. JARMILA KRATOCHVÍLOVÁ (CZE)	*47,99
2. TATJANA KOCEMBOVÁ (CZE)	48,59
3. MARIJA PINIGINA (URS)	49,19
4. GABY BUSSMANN (FRG)	49,75
5. MARITA PAYNE (CAN)	50,06
6. IRINA BASKAKOWA (URS)	50,48
7. DAGMAR RÜBSAM (GDR)	50,48
8. ROSALYN BRYANT (USA)	50,66

800 m

1. JARMILA KRATOCHVÍLOVÁ (CZE)	1:54,68
2. LJUBOW GURINA (URS)	1:56,11
3. JEKATARINA PODKOPAJEWA (URS)	1:57,58
4. MARGRIT KLINGER (FRG)	1:58,11
5. ROBIN CAMPBELL (USA)	2:00,03
6. DOINA MELINTE (ROM)	2:00,13
7. MILENA MATEJKOVICOVÁ (CZE)	2:01,72
8. ANTJE SCHRÖDER (GDR)	2:02,13

1500 m

1. MARY DECKER (USA)	4:00,90
2. SAMIRA SAIZEWA (URS)	4:01,19
3. JEKATARINA PODKOPAJEWA (URS)	4:02,25
4. RAWILJA AGLETDINOWA (URS)	4:02,67
5. WENDY SLY (GBR)	4:04,14
6. DOINA MELINTE (ROM)	4:04,42
7. GABRIELLA DORIO (ITA)	4:04,73
8. BRIT McROBERTS (CAN)	4:05,73

Pech für Doppel-Olympiasieger Alberto Juantorena (CUB), für den noch vor der offiziellen Eröffnung die WM von Helsinki beendet war. Er qualifizierte sich in seinem Vorlauf für das Semifinale, doch wenige Meter hinter dem Ziel knickte er um und brach sich den rechten Fußknöchel.
Oben: Erinnerungsmedaille von 1983, darüber: 50-Markka-Silbermünze für die WM (Auflage: 450 000)

3000 m

1. MARY DECKER (USA)	8:34,62
2. BRIGITTE KRAUS (FRG)	8:35,11
3. TATJANA KASANKINA (URS)	8:35,13
4. SWETLANA ULMASSOWA (URS)	8:35,55
5. WENDY SLY (GBR)	8:37,06
6. AGNESE POSSAMAI (ITA)	8:37,96
7. JANE FURNISS (GBR)	8:45,69
8. NATALJA ARTJOMOWA (URS)	8:47,98

Marathon

1. GRETE WAITZ (NOR)	2:28:09
2. MARIANNE DICKERSON (USA)	2:31:09
3. RAISSA SMECHNOWA (URS)	2:31:13
4. ROSA MOTA (POR)	2:31:50
5. JACQUELINE GAREAU (CAN)	2:32:35
6. LAURA FOGLI (ITA)	2:33:31
7. REGINA JOYCE (IRL)	2:33:52
8. TUIJA TOIVONEN (FIN)	2:34:14

100 m Hürden

1. BETTINE JAHN (GDR)	12,35
2. KERSTIN KNABE (GDR)	12,42
3. GINKA SAGORTSCHEWA (BUL)	12,62
4. NATALJA PETROWA (URS)	12,67
5. SHIRLEY STRONG (GBR)	12,78
6. JELENA BISSEROWA (URS)	12,80
7. CORNELIA RIEFSTAHL (GDR)	12,94
8. BENITA FITZGERALD (USA)	12,99

400 m Hürden

1. JEKATARINA FESSENKO (URS)	54,14
2. ANNA AMBRAZIENÉ (URS)	54,15
3. ELLEN FIEDLER (GDR)	54,55
4. PETRA PFAFF (GDR)	54,64
5. PETRA KRUG (GDR)	54,76
6. ANN-LOUISE SKOGLUND (SWE)	54,80
7. SUSAN MORLEY (GBR)	56,04
8. CRISTIANA COJOCARU (ROM)	56,26

4x100 m

1. GDR *(Silke Gladisch, Marita Koch, Ingrid Auerswald, Marlies Göhr)*	41,76
2. GBR *(Joan Baptiste, Kathy Cook, Beverley Callender, Shirley Thomas)*	42,71
3. JAM *(Leleith Hodges, Jacqueline Pusey, Juliet Cuthbert, Merlene Ottey)*	42,73
4. BUL *(Ginka Sagortschewa, Anelija Nunewa, Nadeshda Georgijewa, Pepa Pawlowa)*	42,93
5. CAN *(Angela Bailey, Marita Payne, Tanya Brothers, Molly Killingbeck)*	43,05
6. URS *(Ludmilla Kondratjewa, Jelena Winogradowa, Irina Olchowni-kowa, Olga Antonowa)*	43,22
7. FRA *(Marie-France Loval, Marie-Christine Cazier, Rose-Aimée Bacoul, Liliane Gaschet)*	43,40
8. CZE *(Jarmila Strejcková, Stepánka Sokolová, Radislava Soborová, Eva Murková)*	43,78

4x400 m

1. GDR *(Kerstin Walther, Sabine Busch, Marita Koch, Dagmar Rübsam)*	3:19,73
2. CZE *(Tatjana Kocembová, Zuzana Moravciková, Milena Matejkovicová, Jarmila Kratochvilová)*	3:20,32
3. URS *(Jelena Korban, Marina Iwanowa, Irina Baskakowa, Marija Pinigina)*	3:21,16
4. CAN *(Charmaine Crooks, Jillian Richardson, Molly Killingbeck, Marita Payne)*	3:27,41
5. USA *(Roberta Belle, Gabriel Easter, Rosalyn Bryant, Denean Howard)*	3:27,57
6. FRG *(Rita Daimer, Ute Thimm, Gisela Gottwald, Gaby Bussmann)*	3:29,43
7. BUL *(Swobodka Damjanowa, Rossiza Stamenowa, Katja Iljewa, Galina Penkowa)*	3:30,36
8. ROM *(Iulia Radu, Daniela Matei, Cristiana Cojocaru, Elena Lina)*	3:35,61

Hochsprung

1. TAMARA BYKOWA (URS)	2,01
2. ULRIKE MEYFARTH (FRG)	1,99
3. LOUISE RITTER (USA)	1,95
4. COLLEEN SOMMER (USA)	1,95
5. KERSTIN BRANDT (GDR)	1,92
6. DEBBIE BRILL (CAN)	1,88
7. SUSANNE HELM (GDR)	1,88
8. OLGA JUHA (HUN)	1,88

Weitsprung

1. HEIKE (DRECHSLER) DAUTE (GDR)	7,27
2. ANISOARA CUSMIR (ROM)	7,15
3. CAROL LEWIS (USA)	7,04
4. TATJANA PROSKURJAKOWA (URS)	7,02
5. BEVERLEY KINCH (GBR)	6,93
6. ZSUZSA VANYEK (HUN)	6,81
7. EVA MURKOVÁ (CZE)	6,80
8. ROBYN LORRAWAY (AUS)	6,65

Kugelstoßen

1. HELENA FIBINGEROVÁ (CZE)	21,05
2. HELMA KNORSCHEIDT (GDR)	20,70
3. ILONA SLUPIANEK (GDR)	20,56
4. NUNU ABASCHIDSE (URS)	20,55
5. NATALJA LISSOWSKAJA (URS)	20,02
6. MIHAELA LOGHIN (ROM)	19,85
7. CLAUDIA LOSCH (FRG)	19,72
8. MARÍA SARRÍA (CUB)	19,47

Diskuswerfen

1. MARTINA (HELLMANN) OPITZ (GDR)	68,94
2. GALINA MURASCHOWA (URS)	67,44
3. MARIJA PETKOWA (BUL)	66,44
4. TSWETANKA CHRISTOWA (BUL)	65,62
5. GISELA BEYER (GDR)	65,26
6. ZDENKA SILHAVÁ (CZE)	64,32
7. RIA STALMAN (NED)	63,76
8. MEG RITCHIE (GBR)	62,50

Speerwerfen

1. TIINA LILLAK (FIN)	70,82
2. FATIMA WHITBREAD (GBR)	69,14
3. ANNA VEROULI (GRE)	65,72
4. TESSA SANDERSON (GBR)	64,76
5. EVA RADULY-ZÖRGÖ (ROM)	63,86
6. TUULA LAAKSALO (FIN)	62,44
7. BEATE PETERS (FRG)	62,42
8. MARÍA CARIDAD COLÓN (CUB)	62,04

Siebenkampf

1. RAMONA NEUBERT (GDR)	6714
2. SABINE PAETZ (GDR)	6662
3. ANKE (BEHMER) VATER (GDR)	6532
4. SABINE EVERTS (FRG)	6398
5. WALENTINA DIMITROWA (BUL)	6362
6. JEKATARINA SMIRNOWA (URS)	6321
7. GLYNIS NUNN (AUS)	6195
8. TINEKE HIDDING (NED)	6155

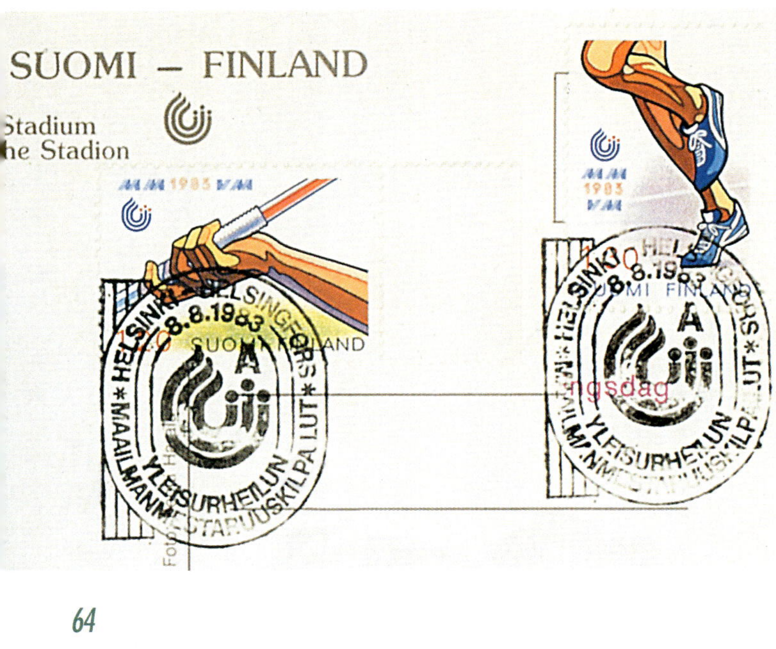

Helsinki '83: Sonderbriefmarken mit Sonderstempel

ROM 1987

100 m	
1. CARL LEWIS (USA)	9,93
2. RAY STEWART (JAM)	10,08
3. LINFORD CHRISTIE (GBR)	10,14
4. ATTILA KOVÁCS (HUN)	10,20
5. WIKTOR BRYSGIN (URS)	10,25
6. LEE McRAE (USA)	10,34
7. PIERFRANCESCO PAVONI (ITA)	16,23
DQ: BEN JOHNSON (CAN)	(*9,83)

200 m	
1. CALVIN SMITH (USA)	20,16
2. GILLES QUENÉHERVÉ (FRA)	20,16
3. JOHN REGIS (GBR)	20,18
4. ROBSON CAETANO DA SILVA (BRA)	20,22
5. WLADIMIR KRYLOW (URS)	20,23
6. FLOYD HEARD (USA)	20,25
7. PIERFRANCESCO PAVONI (ITA)	20,45
8. ATLEE MAHORN (CAN)	20,78

400 m	
1. THOMAS SCHÖNLEBE (GDR)	44,33
2. INNOCENT EGBUNIKE (NGR)	44,56
3. HARRY REYNOLDS (USA)	44,80
4. ROBERTO HERNÁNDEZ (CUB)	44,99
5. DEREK REDMOND (GBR)	45,06
6. DAVID KITUR (KEN)	45,34
7. GABRIEL TIACOH (CIV)	46,27
8. RODDIE HALEY (USA)	46,77

800 m	
1. BILLY KONCHELLAH (KEN)	1:43,06
2. PETER ELLIOTT (GBR)	1:43,41
3. JOSÉ LUIZ BARBOSA (BRA)	1:43,76
4. RYSZARD OSTROWSKI (POL)	1:44,59
5. FAOUZI LAHBI (MAR)	1:44,83
6. STEPHEN OLE MARAI (KEN)	1:44,84
7. SLOBODAN POPOVIĆ (YUG)	1:45,07
8. TOM McKEAN (GBR)	1:49,21

1500 m	
1. ABDI BILE (SOM)	3:36,80
2. JOSÉ LUIS GONZÁLEZ (ESP)	3:38,03
3. JIM SPIVEY (USA)	3:38,82
4. JOSEPH CHESIRE (KEN)	3:39,36
5. OMER KHALIFA (SUD)	3:39,81
6. JENS-PETER HEROLD (GDR)	3:40,14
7. MIKE HILLARDT (AUS)	3:40,23
8. STEVE CRAM (GBR)	3:41,19

5000 m	
1. SAÏD AOUITA (MAR)	13:26,44
2. DOMINGOS CASTRO (POR)	13:27,59
3. JACK BUCKNER (GBR)	13:27,74
4. PIERRE DÉLÈZE (SUI)	13:28,06
5. VINCENT ROUSSEAU (BEL)	13:28,56
6. JEWGENI IGNATOW (BUL)	13:29,68
7. TIM HUTCHINGS (GBR)	13:30,01
8. DIONISÍO CASTRO (POR)	13:30,94

10 000 m	
1. PAUL KIPKOECH (KEN)	27:38,63
2. FRANCESCO PANETTA (ITA)	27:48,98
3. HANSJÖRG KUNZE (GDR)	27:50,37
4. ARTURO BARRIOS (MEX)	27:59,66
5. STEVE BINNS (GBR)	28:03,08
6. MARTIN VRABEL (CZE)	28:05,59
7. SPYROS ANDRIOPOULOS (GRE)	28:07,17
8. STEVE PLASENCIA (USA)	28:11,38

Marathon	
1. DOUGLAS WAKIHURU (KEN)	2:11:48
2. AHMED SALAH (DJI)	2:12:30
3. GELINDO BORDIN (ITA)	2:12:40
4. STEVE MONEGHETTI (AUS)	2:12:49
5. HUGH JONES (GBR)	2:12:54
6. JUMA IKANGAA (TAN)	2:13:43
7. ORLANDO PIZZOLATO (ITA)	2:14:03
8. RAWIL KASCHAPOW (URS)	2:14:41

110 m Hürden	
1. GREG FOSTER (USA)	13,21
2. JON RIDGEON (GBR)	13,29
3. COLIN JACKSON (GBR)	13,30
4. JACK PIERCE (USA)	13,41
5. IGOR KASANOW (URS)	13,48
6. CARLOS SALA (ESP)	13,55
7. MARK McKOY (CAN)	13,71
DNS: ARTO BRYGGARE (FIN)	

400 m Hürden	
1. EDWIN MOSES (USA)	47,46
2. DANNY HARRIS (USA)	47,48
3. HARALD SCHMID (FRG)	47,48
4. SVEN NYLANDER (SWE)	48,37
5. AMADOU DIA BÂ (SEN)	48,37
6. HENRY AMIKE (NGR)	48,63
7. KRISS AKABUSI (GBR)	48,74
8. JOSÉ ALONSO (ESP)	49,46

3000 m Hindernis	
1. FRANCESCO PANETTA (ITA)	8:08,57
2. HAGEN MELZER (GDR)	8:10,32
3. WILLIAM VAN DIJCK (BEL)	8:12,18
4. BRIAN DIEMER (USA)	8:14,46
5. GRAEME FELL (CAN)	8:16,46
6. HENRY MARSH (USA)	8:17,78
7. PETER KOECH (KEN)	8:20,08
8. PATRICK SANG (KEN)	8:20,45

20 km Gehen	
1. MAURIZIO DAMILANO (ITA)	1:20:45
2. JOZEF PRIBILINEC (CZE)	1:21:07
3. JOSÉ MARIN (ESP)	1:21:24
4. WIKTOR MOSTOWIK (URS)	1:21:53
5. CARLO MATTIOLI (ITA)	1:22:53
6. ROMAN MRÁZEK (CZE)	1:23:01
7. JEAN-CLAUDE CORRE (FRA)	1:23:38
8. QUERUBÍN MORENO (COL)	1:23:42

50 km Gehen	
1. HARTWIG GAUDER (GDR)	3:40:53
2. RONALD WEIGEL (GDR)	3:41:30
3. WJATSCHESLAW IWANENKO (URS)	3:44:02
4. RAFFAELLO DUCCESCHI (ITA)	3:47:49
5. MARTÍN BERMUDEZ (MEX)	3:48:27
6. SANDRO BELLUCCI (ITA)	3:48:52
7. PAVOL SZIKORA (CZE)	3:49:44
8. ARTURO BRAVO (MEX)	3:52:08

4x100 m	
1. USA	37,90
(Lee McRae, Lee McNeil, Harvey Glance, Carl Lewis)	
2. URS	38,02
(Alexander Jewgenjew, Wiktor Brysgin, Wladimir Murawjow, Wladimir Krylow)	
3. JAM	38,41
(John Mair, Andrew Smith, Clive Wright, Ray Stewart)	
4. CAN	38,47
(Ben Johnson, Atlee Mahorn, Desai Williams, Mike Dwyer)	
5. FRG	38,73
(Fritz Heer, Volker Westhagemann, Christian Haas, Norbert Dobeleit)	
6. HUN	39,04
(István Nagy, László Karaffa, István Tatár, Attila Kovács)	
7. ITA	39,62
(Ezio Madonia, Domenico Gorla, Paolo Catalano, Pierfrancesco Pavoni)	
8. CHN	39,93
(Li Tao, Cai Jianming, Li Feng, Zheng Chen)	

4x400 m	
1. USA	2:57,29
(Danny Everett, Roddie Haley, Antonio McKay, Harry Reynolds)	
2. GBR	2:58,86
(Derek Redmond, Kriss Akabusi, Roger Black, Phil Brown)	
3. CUB	2:59,16
(Leandro Peñalver, Agustín Pavó, Lázaro Martínez, Roberto Hernández)	
4. FRG	2:59,96
(Norbert Dobeleit, Mark Henrich, Edgar Itt, Harald Schmid)	
5. KEN	3:01,67
(John Saina, John Anzrah, Elijah Bitok, David Kitur)	
6. JAM	3:04,53
(Mark Senior, Devon Morris, Winthrop Graham, Bert Cameron)	
DNF: URS	
(Jewgeni Lomtjew, Wladimir Prosin, Alexander Kurotschkin, Wladimir Krylow)	
DNS: NGR	
(Moses Ugbisie, Joseph Falaye, Henry Amike, Innocent Egbunike)	

Atletica 87: das Logo der römischen Weltmeisterschaften von 1987 als Pin und Schlüsselanhänger

Hochsprung	
1. PATRIK SJÖBERG (SWE)	2,38
2. IGOR PAKLIN (URS)	2,38
GENNADI AWDEJENKO (URS)	2,38
4. DIETMAR MÖGENBURG (FRG)	2,35
5. NICK SAUNDERS (BER)	2,32
6. SORIN MATEI (ROM)	2,32
7. JAN ZVARA (CZE)	2,32
8. CARLO THRÄNHARDT (FRG)	2,29

Stabhochsprung	
1. SERGEJ BUBKA (URS)	5,85
2. THIERRY VIGNERON (FRA)	5,80
3. RADION GATAULLIN (URS)	5,80
4. MARIAN KOLASA (POL)	5,80
5. EARL BELL (USA)	5,70
NIKOLAI NIKOLOW (BUL)	5,70
7. DELKO LESSOW (BUL)	5,60
8. ATANAS TAREW (BUL)	5,60

Weitsprung	
1. CARL LEWIS (USA)	8,67
2. ROBERT EMMIJAN (URS)	8,53
3. LARRY MYRICKS (USA)	8,33
4. GIOVANNI EVANGELISTI (ITA)	8,19
5. JENS-UWE HIRSCHBERG (GDR)	8,16
6. JAIME JEFFERSON (CUB)	8,14
7. WLADIMIR AMIDSCHINOW (BUL)	8,11
8. MIKE CONLEY (USA)	8,10

Dreisprung	
1. CHRISTO MARKOW (BUL)	17,92
2. MIKE CONLEY (USA)	17,67
3. OLEG SAKIRKIN (URS)	17,43
4. ALEXANDER KOWALENKO (URS)	17,38
5. JACEK PASTUSINSKI (POL)	17,35
6. JOSEPH TAIWO (NGR)	17,29
7. PETER BOUSCHEN (FRG)	17,26
8. OLEG PROZENKO (URS)	17,23

Kugelstoßen	
1. WERNER GÜNTHÖR (SUI)	22,23
2. ALESSANDRO ANDREI (ITA)	21,88
3. JOHN BRENNER (USA)	21,75
4. REMIGIUS MACHURA (CZE)	21,39
5. ULF TIMMERMANN (GDR)	21,35
6. UDO BEYER (GDR)	21,13
7. KLAUS BODENMÜLLER (AUT)	20,41
8. SERGEJ GAWRJUSCHIN (URS)	20,15

Diskuswerfen	
1. JÜRGEN SCHULT (GDR)	68,74
2. JOHN POWELL (USA)	66,22
3. LUIS DELIS (CUB)	66,02
4. ROLF DANNEBERG (FRG)	65,96
5. WLADIMIR SINTSCHENKO (URS)	65,60
6. ROMAS UBARTAS (URS)	65,50
7. IMRICH BUGÁR (CZE)	65,32
8. VACLAVAS KIDYKAS (URS)	63,64

Hammerwerfen	
1. SERGEJ LITWINOW (URS)	83,06
2. JÜRI TAMM (URS)	80,84
3. RALF HABER (GDR)	80,76
4. CHRISTOPH SAHNER (FRG)	80,58
5. IGOR NIKULIN (URS)	80,18
6. HEINZ WEIS (FRG)	80,18
7. TIBOR GÉCSEK (HUN)	77,56
8. PLAMEN MINEW (BUL)	77,06

Speerwerfen	
1. SEPPO RÄTY (FIN)	83,54
2. WIKTOR JEWSJUKOW (URS)	82,52
3. JÁN ZELEZNY (CZE)	82,20
4. TOM PETRANOFF (USA)	81,28
5. LEW SCHATILO (URS)	81,02
6. KAZUHIRO MIZOGUCHI (JPN)	80,24
7. MIKE HILL (GBR)	79,66
8. DAG WENNLUND (SWE)	78,40

Zehnkampf	
1. TORSTEN VOSS (GDR)	8680
2. SIEGFRIED WENTZ (FRG)	8461
3. PAWEL TARNOWEZKI (URS)	8375
4. CHRISTIAN PLAZIAT (FRA)	8307
5. CHRISTIAN SCHENK (GDR)	8304
6. SIMON POELMAN (NZL)	8296
7. ALAIN BLONDEL (FRA)	8178
8. ALEXANDER NEWSKI (URS)	8174

FRAUEN

100 m	
1. SILKE GLADISCH (GDR)	10,90
2. HEIKE DRECHSLER (GDR)	11,00
3. MERLENE OTTEY (JAM)	11,04
4. DIANE WILLIAMS (USA)	11,07
5. ANGELLA ISSAJENKO (CAN)	11,09
6. ANELIA NUNEWA (BUL)	11,09
7. ANGELA BAILEY (CAN)	11,18
8. PAM MARSHALL (USA)	11,19

200 m	
1. SILKE GLADISCH (GDR)	21,74
2. FLORENCE GRIFFITH (USA)	21,96
3. MERLENE OTTEY (JAM)	22,06
4. PAM MARSHALL (USA)	22,18
5. GWEN TORRENCE (USA)	22,40
6. MARY ONYALI (NGR)	22,52
7. EWA KASPRZYK (POL)	22,52
8. NADESHDA GEORGIJEWA (BUL)	22,55

400 m	
1. OLGA BRYSGINA (URS)	49,38
2. PETRA MÜLLER (GDR)	49,94
3. KIRSTEN EMMELMANN (GDR)	50,20
4. MARIJA PINIGINA (URS)	50,53
5. LILLIE LEATHERWOOD (USA)	50,82
6. JILLIAN RICHARDSON (CAN)	51,03
7. DIANE DIXON (USA)	51,13
8. OLGA NASAROWA (URS)	51,20

800 m	
1. SIGRUN WODARS (GDR)	1:55,26
2. CHRISTINE WACHTEL (GDR)	1:55,32
3. LJUBOW GURINA (URS)	1:55,56
4. ANA FIDELIA QUIROT (CUB)	1:55,84
5. JARMILA KRATOCHVÍLOVÁ (CZE)	1:57,81
6. MITICA JUNGHIATU (ROM)	1:59,66
7. NADESHDA OLISARENKO (URS)	2:00,28
8. SLOBODANKA COLOVIĆ (YUG)	2:02,09

1500 m	
1. TATJANA SAMOLENKO (URS)	3:58,56
2. HILDEGARD KÖRNER (GDR)	3:58,67
3. DOINA MELINTE (ROM)	3:59,27
4. CORNELIA BÜRKI (SUI)	3:59,90
5. ANDREA LANGE (GDR)	4:00,63
6. KIRSTY WADE (GBR)	4:01,41
7. DIANA RICHBURG (USA)	4:01,79
8. ELLY VAN HULST (NED)	4:03,63

Sensationssieger von Rom: Thomas Schönlebe (GDR), der einzige Europäer, der Weltmeister über 400 m wurde.
Rechts: Sondermarke und Sonderstempel der WM '87

3000 m	
1. TATJANA SAMOLENKO (URS)	8:38,73
2. MARICICA PUICA (ROM)	8:39,45
3. ULRIKE BRUNS (GDR)	8:40,30
4. CORNELIA BÜRKI (SUI)	8:40,31
5. JELENA ROMANOWA (URS)	8:41,33
6. ELLY VAN HULST (NED)	8:42,56
7. YVONNE MURRAY (GBR)	8:43,94
8. WENDY SLY (GBR)	8:45,85

10 000 m	
1. INGRID KRISTIANSEN (NOR)	31:05,85
2. JELENA SHUPIJOWA (URS)	31:09,40
3. KATHRIN ULLRICH (GDR)	31:11,34
4. OLGA BONDARENKO (URS)	31:18,38
5. ELIZABETH LYNCH (GBR)	31:19,82
6. LYNN JENNINGS (USA)	31:45,43
7. ALBERTINA MACHADO (POR)	31:46,61
8. WANG XIUTING (CHN)	31:48,88

Marathon	
1. ROSA MOTA (POR)	2:25:17
2. SOJA IWANOWA (URS)	2:32:38
3. JOCELYNE VILLETON (FRA)	2:32:53
4. BENTE MOE (NOR)	2:33:21
5. JELENA ZUCHLO (URS)	2:33:55
6. JEKATERINA CHRAMENKOWA (URS)	2:34:23
7. NANCY DITZ (USA)	2:34:54
8. SINIKKA KESKITALO (FIN)	2:35:16

100 m Hürden	
1. GINKA SAGORTSCHEWA (BUL)	12,34
2. GLORIA UIBEL (GDR)	12,44
3. CORNELIA OSCHKENAT (GDR)	12,46
4. JORDANKA DONKOWA (BUL)	12,49
5. ANNE PIQUEREAU (FRA)	12,82
6. LAURENCE ELLOY (FRA)	12,83
7. CLAUDIA ZACZKIEWICZ (FRG)	12,98
8. LaVONNA MARTIN (USA)	13,06

400 m Hürden	
1. SABINE BUSCH (GDR)	53,62
2. DEBBIE FLINTOFF-KING (AUS)	54,19
3. CORNELIA ULLRICH (GDR)	54,31
4. SANDRA FARMER (JAM)	54,38
5. TUIJA HELANDER-KUUSISTO (FIN)	54,62
6. ANNA AMBRAZIENÉ (URS)	55,68
7. SCHOWONDA WILLIAMS (USA)	55,86
8. JUDI BROWN-KING (USA)	56,10

10 km Gehen	
1. IRINA STRACHOWA (URS)	44:12
2. KERRY SAXBY (AUS)	44:23
3. YAN HONG (CHN)	44:42
4. MARI CRUZ DÍAZ (ESP)	44:48
5. JELENA NIKOLAJEWA (URS)	44:54
6. MONICA GUNNARSSON (SWE)	45:09
7. JIN BINGJIE (CHN)	45:24
8. ANN PEEL (CAN)	45:27

4x100 m	
1. USA	41,58
(Alice Brown, Diane Williams, Florence Griffith, Pam Marshall)	
2. GDR	41,95
(Silke Gladisch, Cornelia Oschkenat, Kerstin Behrendt, Marlies Göhr)	
3. URS	42,33
(Irina Sljusar, Natalja Pomoschtschnikowa, Natalja German, Olga Antonowa)	
4. BUL	42,71
(Ginka Sagortschewa, Anelia Nunewa, Nadeshda Georgijewa, Walja Demirewa)	
5. FRG	43,20
(Silke-Beate Knoll, Ulrike Sarvari, Andrea Thomas, Ute Thimm)	
6. CAN	43,26
(Angela Bailey, Angela Phipps, Angella Issajenko, Keturah Anderson)	
7. CUB	43,66
(Eusebia Riquelme, Aliuska López, Susana Armenteros, Liliana Allen)	
8. FRA	43,75
(Françoise Leroux-Philippe, Marie-Christine Cazier, Laurence Bily, Muriel Leroy)	

4x400 m	
1. GDR	3:18,63
(Dagmar Neubauer, Kirsten Emmelmann, Petra Müller, Sabine Busch)	
2. URS	3:19,50
(Aelita Jurtschenko, Olga Nasarowa, Marija Pinigina, Olga Brysgina)	
3. USA	3:21,04
(Diane Dixon, Denean Howard, Valerie Brisco-Hooks, Lillie Leatherwood)	
4. CAN	3:24,11
(Charmaine Crooks, Molly Killingbeck, Marita Payne, Jillian Richardson)	
5. FRG	3:24,94
(Ute Thimm, Helga Arendt, Gudrun Abt, Gisela Kinzel)	
6. JAM	3:27,51
(Cathy Rattray, Sandra Farmer, Ilrey Oliver, Sandie Richards)	
7. FRA	3:27,60
(Nathalie Simon, Nadine Debois, Hélène Huart, Fabienne Ficher)	
8. BUL	3:30,24
(Tswetanka Iljewa, Rosiza Stamenowa, Pepa Pawlowa, Juliana Marinowa)	

Hochsprung	
1. STEFKA KOSTADINOWA (BUL)	*2,09
2. TAMARA BYKOWA (URS)	2,04
3. SUSANNE BEYER (GDR)	1,99
4. SILVIA COSTA (CUB)	1,96
5. LARISSA KOSSIZYNA (URS)	1,96
6. HEIKE (HENKEL) REDETZKY (FRG)	1,96
7. SWETLANA ISSAJEWA (BUL)	1,93
8. LUDMILLA AWDEJENKO (URS)	1,93
LOUISE RITTER (USA)	1,93

Weitsprung	
1. JACKIE JOYNER-KERSEE (USA)	7,36
2. JELENA BELEWSKAJA (URS)	7,14
3. HEIKE DRECHSLER (GDR)	7,13
4. HELGA RADTKE (GDR)	7,01
5. GALINA TSCHISTJAKOWA (URS)	6,99
6. IRINA WALJUKEWITSCH (URS)	6,89
7. JENNIFER INNISS (USA)	6,80
8. NICOLE BOEGMAN (AUS)	6,63

Kugelstoßen	
1. NATALJA LISSOWSKAJA (URS)	21,24
2. KATHRIN NEIMKE (GDR)	21,21
3. INES MÜLLER (GDR)	20,76
4. CLAUDIA LOSCH (FRG)	20,73
5. NATALJA ACHRIMENKO (URS)	20,68
6. HEIKE HARTWIG (GDR)	20,63
7. LI MEISU (CHN)	20,43
8. HELENA FIBINGEROVÁ (CZE)	20,29

Diskuswerfen	
1. MARTINA HELLMANN (GDR)	71,62
2. DIANA GANSKY (GDR)	70,12
3. TSWETANKA CHRISTOWA (BUL)	68,82
4. ILKE WYLUDDA (GDR)	68,20
5. SWETLA MITKOWA (BUL)	66,58
6. ZDENKA SILHAVÁ (CZE)	64,82
7. LARISSA MICHALTSCHENKO (URS)	64,72
8. MARIANA IONESCU-LENGYEL (ROM)	62,30

Speerwerfen	
1. FATIMA WHITBREAD (GBR)	76,64
2. PETRA (MEIER) FELKE (GDR)	71,76
3. BEATE PETERS (FRG)	68,82
4. TESSA SANDERSON (GBR)	67,54
5. SUSANNE JUNG (GDR)	67,46
6. TIINA LILLAK (FIN)	66,82
7. NATALJA JERMOLOWITSCH (URS)	65,52
8. IVON LÉAL (CUB)	64,90

Siebenkampf	
1. JACKIE JOYNER-KERSEE (USA)	7128
2. LARISSA NIKITINA (URS)	6564
3. JANE FREDERICK (USA)	6502
4. ANKE BEHMER (GDR)	6460
5. LILIANA NASTASE (ROM)	6325
6. MARION REICHELT (GDR)	6296
7. MARIANNA MASLENNIKOWA (URS)	6228
8. ZHU YUQING (CHN)	6211

Gold im Weitsprung und Siebenkampf: Jackie Joyner-Kersee (USA). 1991 verteidigte sie ihren Weitsprungtitel, 1993 wurde sie das zweite Mal Siebenkampf-Weltmeisterin.

TOKIO 1991

MÄNNER

100 m	
1. CARL LEWIS (USA)	*9,86
2. LEROY BURRELL (USA)	9,88
3. DENNIS MITCHELL (USA)	9,91
4. LINFORD CHRISTIE (GBR)	9,92
5. FRANK FREDERICKS (NAM)	9,95
6. RAY STEWART (JAM)	9,96
7. ROBSON CAETANO DA SILVA (BRA)	10,12
8. BRUNY SURIN (CAN)	10,14

200 m	
1. MICHAEL JOHNSON (USA)	20,01
2. FRANK FREDERICKS (NAM)	20,34
3. ATLEE MAHORN (CAN)	20,49
4. ROBSON CAETANO DA SILVA (BRA)	20,49
5. OLAPADE ADENIKEN (NGR)	20,51
6. JEAN-CHARLES TROUABAL (FRA)	20,58
7. NIKOLAI ANTONOW (BUL)	20,59
8. ALEXANDER GOREMYKIN (URS)	20,78

400 m	
1. ANTONIO PETTIGREW (USA)	44,57
2. ROGER BLACK (GBR)	44,62
3. DANNY EVERETT (USA)	44,63
4. ROBERTO HERNÁNDEZ (CUB)	44,86
5. ANDREW VALMON (USA)	45,09
6. IAN MORRIS (TRI)	45,12
7. SUSUMU TAKANO (JPN)	45,39
8. MARK GARNER (AUS)	45,47

800 m	
1. BILLY KONCHELLAH (KEN)	1:43,99
2. JOSÉ LUIZ BARBOSA (BRA)	1:44,24
3. MARK EVERETT (USA)	1:44,67
4. PAUL ERENG (KEN)	1:44,75
5. PIOTR PIEKARSKI (POL)	1:45,44
6. JOHNNY GRAY (USA)	1:45,67
7. ANDREJ SUDNIK (URS)	1:46,36
8. TOMÁS DE TERESA (ESP)	1:47,65

1500 m	
1. NOUREDDINE MORCELI (ALG)	3:32,84
2. WILFRED KIROCHI (KEN)	3:34,84
3. HAUKE FUHLBRÜGGE (GER)	3:35,28
4. JENS-PETER HEROLD (GER)	3:35,37
5. FERMÍN CACHO (ESP)	3:35,62
6. MARIO SILVA (POR)	3:35,76
7. DAVID KIBET (KEN)	3:36,03
8. GENNARO DI NAPOLI (ITA)	3:36,56

Sieger in einem dramatischen Weitsprung-Duell mit Carl Lewis: Mike Powell (USA) holte sich in Tokio den WM-Titel und mit 8,95 m den Weltrekord, den seit 1968 sein Landsmann Bob Beamon gehalten hatte.

5000 m	
1. YOBES ONDIEKI (KEN)	13:14,45
2. FITA BAYESA (ETH)	13:16,64
3. BRAHIM BOUTAYEB (MAR)	13:22,70
4. DIETER BAUMANN (GER)	13:28,67
5. DOMINGOS CASTRO (POR)	13:28,88
6. KHALID SKAH (MAR)	13:32,90
7. RISTO ULMALA (FIN)	13:33,46
8. DIONISÍO CASTRO (POR)	13:35,39

10 000 m	
1. MOSES TANUI (KEN)	27:38,74
2. RICHARD CHELIMO (KEN)	27:39,41
3. KHALID SKAH (MAR)	27:41,74
4. THOMAS OSANO (KEN)	27:53,66
5. RICHARD NERURKAR (GBR)	27:57,14
6. ALOYS NIZIGAMA (BUR)	28:03,03
7. MATHIAS NTAWULIKURA (RWA)	28:10,38
8. HAMMOU BOUTAYEB (MAR)	28:12,77

Marathon	
1. HIROMI TANIGUCHI (JPN)	2:14:57
2. AHMED SALAH (DJI)	2:15:26
3. STEVE SPENCE (USA)	2:15:36
4. JÁN HURUK (POL)	2:15:47
5. FUTOSHI SHINOHARA (JPN)	2:15:52
6. SALVATORE BETTIOL (ITA)	2:15:58
7. MAURILIO CASTILLO (MEX)	2:16:15
8. GELINDO BORDIN (ITA)	2:17:03

110 m Hürden	
1. GREG FOSTER (USA)	13,06
2. JACK PIERCE (USA)	13,06
3. TONY JARRETT (GBR)	13,25
4. MARK McKOY (CAN)	13,30
5. DAN PHILIBERT (FRA)	13,33
6. WLADIMIR SCHISCHKIN (URS)	13,39
7. FLORIAN SCHWARTHOFF (GER)	13,41
8. LI TONG (CHN)	13,46

400 m Hürden	
1. SAMUEL MATETE (ZAM)	47,64
2. WINTHROP GRAHAM (JAM)	47,74
3. KRISS AKABUSI (GBR)	47,86
4. KEVIN YOUNG (USA)	48,01
5. DANNY HARRIS (USA)	48,46
6. DERRICK ADKINS (USA)	49,28
7. ERICK KETER (KEN)	49,99
8. NIKLAS WALLENLIND (SWE)	50,28

3000 m Hindernis	
1. MOSES KIPTANUI (KEN)	8:12,59
2. PATRICK SANG (KEN)	8:13,44
3. AZZEDINE BRAHMI (ALG)	8:15,54
4. JULIUS KARIUKI (KEN)	8:16,81
5. BRIAN DIEMER (USA)	8:17,76
6. ABDELAZIZ SAHERE (MAR)	8:19,40
7. ANGELO CAROSI (ITA)	8:20,80
8. FRANCESCO PANETTA (ITA)	8:26,79

20 km Gehen	
1. MAURIZIO DAMILANO (ITA)	1:19:37
2. MICHAIL SCHTSCHENNIKOW (URS)	1:19:46
3. JEWGENI MISJULJA (URS)	1:20:22
4. GIOVANNI DE BENEDICTIS (ITA)	1:20:29
5. VALENTÍN MASSANA (ESP)	1:20:29
6. ROBERT IHLY (GER)	1:20:52
7. WALTER ARENA (ITA)	1:21:01
8. LI MINGCAI (CHN)	1:21:15

50 km Gehen	
1. ALEXANDER POTASCHOW (URS)	3:53:09
2. ANDREJ PERLOW (URS)	3:53:09
3. HARTWIG GAUDER (GER)	3:55:14
4. WITALI POPOWITSCH (URS)	4:00:10
5. VALENTIN KONONEN (FIN)	4:02:34
6. GIUSEPPE DE GAETANO (ITA)	4:03:43
7. FUMIO IMAMURA (JPN)	4:06:07
8. RENÉ PILLER (FRA)	4:06:30

4x100 m	
1. USA	*37,50
(Andre Cason, Leroy Burrell, Dennis Mitchell, Carl Lewis)	
2. FRA	37,87
(Max Morinière, Daniel Sangouma, Jean-Charles Trouabal, Bruno Marie-Rose)	
3. GBR	38,09
(Tony Jarrett, John Regis, Darren Braithwaite, Linford Christie)	
4. NGR	38,43
(George Ogbeide, Olapade Adeniken, Victor Omagbemi, Davidson Ezinwa)	
5. ITA	38,52
(Mario Longo, Ezio Madonia, Sandro Floris, Stefano Tilli)	
6. JAM	38,67
(Dennis Mowatt, Ray Stewart, Michael Green, John Mair)	
7. URS	38,68
(Wiktor Brysgin, Alexander Goremykin, Oleg Chramarenko, Witali Sawin)	
8. CAN	39,51
(Ben Johnson, Mike Dwyer, Cyprian Enweani, Peter Ogilvie)	

4x400 m	
1. GBR	2:57,53
(Roger Black, Derek Redmond, John Regis, Kriss Akabusi)	
2. USA	2:57,57
(Andrew Valmon, Quincy Watts, Danny Everett, Antonio Pettigrew)	
3. JAM	3:00,10
(Seymour Fagan, Devon Morris, Patrick O'Connor, Winthrop Graham)	
4. YUG	3:00,32
(Dejan Jovković, Nenad Djurović, Ismail Macev, Slobodan Branković)	
5. KEN	3:00,34
(Samson Kitur, Simon Kemboi, Charles Gitonga, Simeon Kipkemboi)	
6. GER	3:00,75
(Klaus Just, Rico Lieder, Norbert Dobeleit, Jens Carlowitz)	
7. MAR	3:04,49
(Abdelali Kasbane, Ali Dahane, Bouchair Belcaid, Benyounes Lahlou)	
8. CUB	3:05,33
(Agustín Pavó, Héctor Herrera, Jorge Valentín, Lázaro Martínez)	

Hochsprung

1. CHARLES AUSTIN (USA)	2,38
2. JAVIER SOTOMAYOR (CUB)	2,36
3. HOLLIS CONWAY (USA)	2,36
4. DALTON GRANT (GBR)	2,36
5. MARINO DRAKE (CUB)	2,34
TROY KEMP (BAH)	2,34
7. PATRIK SJÖBERG (SWE)	2,31
8. RICK NOJI (USA)	2,28

Stabhochsprung

1. SERGEJ BUBKA (URS)	5,95
2. ISTVÁN BAGYULA (HUN)	5,90
3. MAXIM TARASSOW (URS)	5,85
4. RADION GATAULLIN (URS)	5,85
5. PETER WIDÉN (USA)	5,75
6. TIM BRIGHT (USA)	5,75
7. HERMANN FEHRINGER (AUT)	5,60
8. THIERRY VIGNERON (FRA)	5,60

Weitsprung

1. MIKE POWELL (USA)	*8,95
2. CARL LEWIS (USA)	8,91
3. LARRY MYRICKS (USA)	8,42
4. DIETMAR HAAF (GER)	8,22
5. BOGDAN TUDOR (ROM)	8,06
6. DAVID CULBERT (AUS)	8,02
7. GIOVANNI EVANGELISTI (ITA)	8,01
8. WLADIMIR OTSCHKAN (URS)	7,99

Dreisprung

1. KENNY HARRISON (USA)	17,78
2. LEONID WOLOSCHIN (URS)	17,75
3. MIKE CONLEY (USA)	17,62
4. WASSILI SOKOW (URS)	17,28
5. TORD HENRIKSSON (SWE)	17,12
6. BRIAN WELLMAN (BER)	16,98
7. YOELVIS QUESADA (CUB)	16,94
8. GEORGES SAINTE-ROSE (FRA)	16,92

Kugelstoßen

1. WERNER GÜNTHÖR (SUI)	21,67
2. LARS ARVID NILSEN (NOR)	20,75
3. ALEXANDER KLIMENKO (URS)	20,34
4. OLIVER-SVEN BUDER (GER)	20,10
5. SERGEJ NIKOLAJEW (URS)	19,98
6. KENT LARSSON (SWE)	19,92
7. DRAGAN PERIĆ (YUG)	19,83
8. RON BACKES (USA)	19,34

Diskuswerfen

1. LARS RIEDEL (GER)	66,20
2. ERIK DE BRUIN (NED)	65,82
3. ATTILA HORVÁTH (HUN)	65,32
4. WOLFGANG SCHMIDT (GER)	64,76
5. MIKE BUNCIC (USA)	64,20
6. JÜRGEN SCHULT (GER)	63,12
7. DMITRI SCHEWTSCHENKO (URS)	62,90
8. ROBERTO MOYA (CUB)	61,44

Hammerwerfen

1. JURI SEDYCH (URS)	81,70
2. IGOR ASTAPKOWITSCH (URS)	80,94
3. HEINZ WEIS (GER)	80,44
4. TIBOR GÉCSEK (HUN)	78,98
5. ANDREJ ABDUWALIJEW (URS)	78,30
6. WALTER CIOFANI (FRA)	76,48
7. KEN FLAX (USA)	75,93
8. RAPHAEL PIOLANTI (FRA)	73,64

Speerwerfen

1. KIMMO KINNUNEN (FIN)	90,82
2. SEPPO RÄTY (FIN)	88,12
3. WLADIMIR SASSIMOWITSCH (URS)	87,08
4. GAVIN LOVEGROVE (NZL)	84,24
5. MICK HILL (GBR)	84,12
6. SIGURDUR EINARSSON (ISL)	83,46
7. DAG WENNLUND (SWE)	81,14
8. PATRIK BODÉN (SWE)	78,58

Zehnkampf

1. DAN O'BRIEN (USA)	8812
2. MIKE SMITH (CAN)	8549
3. CHRISTIAN SCHENK (GER)	8394
4. ROBERT ZMELIK (CZE)	8379
5. PETRI KESKITALO (FIN)	8318
6. SIMON POELMAN (NZL)	8267
7. EDUARD HÄMÄLÄINEN (URS)	8233
8. ANTONIO PEÑALVER (ESP)	8200

FRAUEN

100 m

1. KATRIN KRABBE (GER)	10,99
2. GWEN TORRENCE (USA)	11,03
3. MERLENE OTTEY (JAM)	11,06
4. IRINA PRIWALOWA (URS)	11,16
5. EVELYN ASHFORD (USA)	11,30
6. JULIET CUTHBERT (JAM)	11,33
7. MARY ONYALI (NGR)	11,39
8. CARLETTE GUIDRY (USA)	11,52

200 m

1. KATRIN KRABBE (GER)	22,09
2. GWEN TORRENCE (USA)	22,16
3. MERLENE OTTEY (JAM)	22,21
4. IRINA PRIWALOWA (URS)	22,28
5. GALINA MALTSCHUGINA (URS)	22,66
6. DANNETTE YOUNG (USA)	22,87
7. PAULINE DAVIS (BAH)	22,90
8. JELENA WINOGRADOWA (URS)	23,10

400 m

1. MARIE-JOSÉ PÉREC (FRA)	49,13
2. GRIT BREUER (GER)	49,42
3. SANDRA MYERS (ESP)	49,78
4. OLGA BRYSGINA (URS)	49,82
5. JEARL MILES (USA)	50,50
6. XIMENA RESTREPO (COL)	50,79
7. LILLIE LEATHERWOOD (USA)	51,53
8. DIANE DIXON (USA)	51,73

800 m

1. LILIJA NURUTDINOWA (URS)	1:57,50
2. ANA FIDELIA QUIROT (CUB)	1:57,55
3. ELLA KOVACS (ROM)	1:57,58
4. MARIA MUTOLA (MOZ)	1:57,63
5. LETITIA VRIESDE (SUR)	1:58,25
6. CHRISTINE WACHTEL (GER)	1:58,90
7. ANN WILLIAMS (GBR)	2:01,01
8. SWETLANA MASTERKOWA (URS)	2:02,92

1500 m

1. HASSIBA BOULMERKA (ALG)	4:02,21
2. TATJANA DOROWSKICH (URS)	4:02,58
3. LUDMILLA ROGATSCHOWA (URS)	4:02,72
4. DOINA MELINTE (ROM)	4:03,19
5. ELLEN KIESSLING (GER)	4:04,75
6. KIRSTY WADE (GBR)	4:05,16
7. SUSAN SIRMA (KEN)	4:05,47
8. MALGORZATA RYDZ (POL)	4:05,52

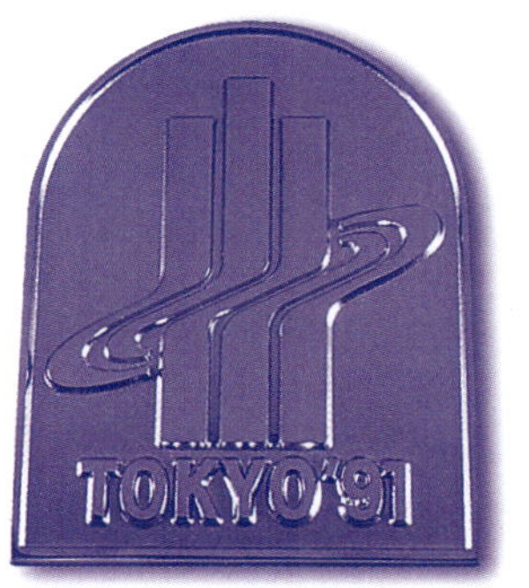

Ein kurzes Glück: Katrin Krabbe (GER) wurde Doppel-Weltmeisterin über 100 und 200 m. Kein halbes Jahr später geriet sie in eine mysteriöse Doping-Affäre und wurde anschließend vom IAAF-Council wegen eines anderen Medikamentenmißbrauchs für zwei Jahre gesperrt. Sie kehrte nicht zum Sport zurück.
Daneben: Erinnerungsplakette Tokio '91

3000 m

1. TATJANA DOROWSKICH (URS)	8:35,82
2. JELENA ROMANOWA (URS)	8:36,06
3. SUSAN SIRMA (KEN)	8:39,41
4. PÄIVI TIKKANEN (FIN)	8:41,30
5. MARGARETA KESZEG (ROM)	8:42,02
6. ROBERTA BRUNET (ITA)	8:42,64
7. JUDI ST. HILAIRE (USA)	8:44,02
8. ANNETTE PETERS (USA)	8:44,02

10 000 m

1. LIZ McCOLGAN (GBR)	31:14,31
2. ZHONG HUANDI (CHN)	31:35,08
3. WANG XIUTING (CHN)	31:35,99
4. KATHRIN ULLRICH (GER)	31:38,96
5. LYNN JENNINGS (USA)	31:54,44
6. UTA PIPPIG (GER)	31:55,68
7. INGRID KRISTIANSEN (NOR)	32:10,75
8. DERARTU TULU (ETH)	32:16,55

Marathon

1. WANDA PANFIL (POL)	2:29:53
2. SACHIKO YAMASHITA (POL)	2:29:57
3. KATRIN DÖRRE (GER)	2:30:10
4. YUKO ARIMORI (JPN)	2:31:08
5. MARIA REBELO LELUT (FRA)	2:32:05
6. KAMILA GRADUS (POL)	2:32:09
7. MANUELA MACHADO (POR)	2:32:33
8. RAMILJA BURANGULOWA (URS)	2:33:00

100 m Hürden

1. LUDMILLA NAROSHILENKO (URS)	12,59
2. GAIL DEVERS (USA)	12,63
3. NATALJA GRIGORJEWA (URS)	12,69
4. MONIQUE EWANJE-EPÉE (FRA)	12,84
5. JULIE BAUMANN (SUI)	12,88
6. FLORENCE COLLE (FRA)	13,01
7. ALIUSKA LÓPEZ (CUB)	13,06
8. KRISTIN PATZWAHL (GER)	13,07

400 m Hürden

1. TATJANA LEDOWSKAJA (URS)	53,11
2. SALLY GUNNELL (GBR)	53,16
3. JANEENE VICKERS (USA)	53,47
4. SANDRA FARMER-PATRICK (USA)	53,95
5. KIM BATTEN (USA)	53,98
6. ANITA PROTTI (SUI)	54,25
7. HEIKE MEISSNER (GER)	55,26
8. MARGARITA PONOMARJOWA (URS)	55,27

10 km Gehen

1. ALINA IWANOWA (URS)	42:57
2. MADELEIN SVENSSON (SWE)	43:13
3. SARI ESSAYAH (FIN)	43:13
4. IRINA STRACHOWA (URS)	43:40
5. KERRY SAXBY (AUS)	44:02
6. GRACIELA MENDOZA (MEX)	44:03
7. ILEANA SALVADOR (ITA)	44:09
8. CHEN YUELING (CHN)	44:11

4x100 m

1. JAM *(Dahlia Duhaney, Juliet Cuthbert, Beverley McDonald, Merlene Ottey)*	41,94
2. URS *(Natalja Kowzun, Galina Maltschugina, Jelena Winogradowa, Irina Priwalowa)*	42,20
3. GER *(Grit Breuer, Katrin Krabbe, Sabine Richter, Heike Drechsler)*	42,33
4. NGR *(Beatrice Utondu, Rufina Ubah, Christ Opara-Thompson, Mary Onyali)*	42,77
5. FRA *(Laurence Bily, Maguy Nestoret, Valérie Jean-Charles, Marie-José Pérec)*	43,34
6. CUB *(Eusebia Riquelme, Aliuska López, Julia Duporte, Liliana Allen)*	43,75
7. ITA *(Marisa Masullo, Donatella Dal Bianco, Daniela Ferrian, Rossella Tarolo)*	43,76
8. AUS *(Monique Dunstan, Kathy Sambell, Melissa Moore, Kerry Johnson)*	43,79

4x400 m

1. URS *(Tatjana Ledowskaja, Ludmilla Dshigalowa, Olga Nasarowa, Olga Brysgina)*	3:18,43
2. USA *(Rochelle Stevens, Diane Dixon, Jearl Miles, Lillie Leatherwood)*	3:20,15
3. GER *(Uta Rohländer, Katrin Krabbe, Christine Wachtel, Grit Breuer)*	3:21,25
4. GBR *(Lorraine Hanson, Phylis Smith, Sally Gunnell, Linda Keough)*	3:22,01
5. NGR *(Fatima Yusuf, Mary Onyali, Airat Bakare, Charity Opara)*	3:24,45
6. CAN *(Rosie Edeh, Karen Clarke, Cheryl Allen, Charmaine Crooks)*	3:27,57
7. ESP *(Julia Merino, Blanca Lacambra, Sandra Myers, Gregoria Ferrer)*	3:27,57
8. HUN *(Edit Molnár, Ágnes Kozáry, Noémi Bátori, Judit Forgács)*	3:29,07

Hochsprung

1. HEIKE HENKEL (GER)	2,05
2. JELENA JELESINA (URS)	1,98
3. INGA BABAKOWA (URS)	1,96
4. BEATA HOLUB (POL)	1,96
5. BIRGIT KÄHLER (GER)	1,93
6. STEFKA KOSTADINOWA (BUL)	1,93
7. TAMARA BYKOWA (URS)	1,93
8. JUDIT KOVÁCS (HUN)	1,90

Weitsprung

1. JACKIE JOYNER-KERSEE (USA)	7,32
2. HEIKE DRECHSLER (GER)	7,29
3. LARISSA BERESHNAJA (URS)	7,11
4. JELENA SENTSCHUKOWA (URS)	7,04
5. SUSEN TIEDTKE (GER)	6,77
6. MARIETA ILCU (ROM)	6,72
7. LUDMILLA NINOWA (BUL)	6,72
8. JELENA BELEWSKAJA (URS)	6,69

Kugelstoßen

1. HUANG ZHIHONG (CHN)	20,83
2. NATALJA LISSOWSKAJA (URS)	20,29
3. SWETLANA KRIWELJOWA (URS)	20,16
4. CLAUDIA LOSCH (GER)	19,74
5. ZHOU TIANHUA (CHN)	19,64
6. STEPHANIE STORP (GER)	19,50
7. MARINA ANTONJUK (URS)	19,12
8. KATHRIN NEIMKE (GER)	18,83

Diskuswerfen

1. TSWETANKA CHRISTOWA (BUL)	71,02
2. ILKE WYLUDDA (GER)	69,12
3. LARISSA MICHALTSCHENKO (URS)	68,26
4. MARTINA HELLMANN (GER)	67,14
5. DANIELA COSTIAN (AUS)	66,06
6. MIN CHUNFENG (CHN)	65,56
7. IRINA JASCHTSCHENKO (URS)	64,92
8. ZHAO YONGHUA (CHN)	63,62

Speerwerfen

1. XU DEMEI (CHN)	68,78
2. PETRA MEIER (GER)	68,68
3. SILKE RENK (GER)	66,80
4. NATALJA TSCHERNJENKO (URS)	65,22
5. TRINE HATTESTAD (NOR)	63,36
6. LOUISE McPAUL (AUS)	63,34
7. DULCE GARCÍA (CUB)	62,68
8. PÄIVI ALAFRANTTI (FIN)	62,26

Siebenkampf

1. SABINE BRAUN (GER)	6672
2. LILIANA NASTASE (ROM)	6493
3. IRINA BELOWA (URS)	6448
4. SATU RUOTSALAINEN (FIN)	6404
5. YASMINA AZZIZI (ALG)	6392
6. URSZULA WLODARCZYK (POL)	6391
7. PEGGY BEER (GER)	6380
8. TATJANA SHURAWLJOWA (URS)	6370

Tokio '91: Sonderbriefmarken und -stempel und ein historisches Autogramm - Mike Powell 8,95 m

STUTTGART 1993

MÄNNER

100 m	
1. LINFORD CHRISTIE (GBR)	9,87
2. ANDRE CASON (USA)	9,92
3. DENNIS MITCHELL (USA)	9,99
4. CARL LEWIS (USA)	10,02
5. BRUNY SURIN (CAN)	10,02
6. FRANK FREDERICKS (NAM)	10,03
7. DANIEL EFFIONG (NGR)	10,04
8. RAY STEWART (JAM)	10,18

200 m	
1. FRANK FREDERICKS (NAM)	19,85
2. JOHN REGIS (GBR)	19,94
3. CARL LEWIS (USA)	19,99
4. MICHAEL MARSH (USA)	20,18
5. DEAN CAPOBIANCO (AUS)	20,18
6. JEAN-CHARLES TROUABAL (FRA)	20,20
7. EMMANUEL TUFFOUR (GHA)	20,49
8. DAMIEN MARSH (AUS)	20,56

400 m	
1. MICHAEL JOHNSON (USA)	43,65
2. HARRY REYNOLDS (USA)	44,13
3. SAMSON KITUR (KEN)	44,54
4. QUINCY WATTS (USA)	45,05
5. SUNDAY BADA (NGR)	45,11
6. GREGORY HAUGHTON (JAM)	45,63
7. SIMON KEMBOI (KEN)	45,65
8. KENNEDY OCHIENG (KEN)	45,68

800 m	
1. PAUL RUTO (KEN)	1:44,71
2. GIUSEPPE D'URSO (ITA)	1:44,86
3. BILLY KONCHELLAH (KEN)	1:44,89
4. CURTIS ROBB (GBR)	1:45,54
5. HEZEKIEL SEPENG (RSA)	1:45,64
6. FREDDIE WILLIAMS (CAN)	1:45,79
7. WILLIAM TANUI (KEN)	1:45,80
8. TOM McKEAN (GBR)	1:46,17

1500 m	
1. NOUREDDINE MORCELI (ALG)	3:34,24
2. FERMÍN CACHO (ESP)	3:35,56
3. ABDI BILE (SOM)	3:35,96
4. MOHAMED SULEIMAN (QAT)	3:36,87
5. JIM SPIVEY (USA)	3:37,42
6. MATTHEW YATES (GBR)	3:37,61
7. RASHID EL BASIR (MAR)	3:37,68
8. MOHAMED TAKI (MAR)	3:37,76

5000 m	
1. ISMAEL KIRUI (KEN)	13:02,75
2. HAILE GEBRSELASSIE (ETH)	13:03,17
3. FITA BAYESA (ETH)	13:05,40
4. WORKU BIKILA (ETH)	13:06,64
5. KHALID SKAH (MAR)	13:07,18
6. BRAHIM JABBOUR (MAR)	13:18,87
7. ALOIS NIZIGAMA (BUR)	13:20,59
8. PAUL BITOK (KEN)	13:23,41

10 000 m	
1. HAILE GEBRSELASSIE (ETH)	27:46,02
2. MOSES TANUI (KEN)	27:46,54
3. RICHARD CHELIMO (KEN)	28:06,02
4. STÉPHANE FRANKE (GER)	28:10,59
5. ALOYS NIZIGAMA (BUR)	28:13,43
6. FRANCESCO PANETTA (ITA)	28:27,05
7. TODD WILLIAMS (USA)	28:30,49
8. ANTONIO SILIO (ARG)	28:36,88

Marathon	
1. MARK PLAATJES (USA)	2:13:57
2. LUCKETZ SWARTBOOI (NAM)	2:14:11
3. BERT VAN VLAANDEREN (NED)	2:15:12
4. KIM JAE RYONG (KOR)	2:17:14
5. TADAO UCHIKOSHI (JPN)	2:17:54
6. KONRAD DOBLER (GER)	2:18:28
7. BONIFACE MERANDE (KEN)	2:18:52
8. ALEXEJ SHELONKIN (RUS)	2:18:52

110 m Hürden	
1. COLIN JACKSON (GBR)	*12,91
2. TONY JARRETT (GBR)	13,00
3. JACK PIERCE (USA)	13,06
4. EMILIO VALLE (CUB)	13,20
5. FLORIAN SCHWARTHOFF (GER)	13,27
6. IGOR KASANOW (LAT)	13,38
7. DIETMAR KOSZEWSKI (GER)	13,60
8. ANTHONY DEES (USA)	14,13

400 m Hürden	
1. KEVIN YOUNG (USA)	47,18
2. SAMUEL MATETE (ZAM)	47,60
3. WINTHROP GRAHAM (JAM)	47,62
4. STÉPHANE DIAGANA (FRA)	47,64
5. ERICK KETER (KEN)	48,40
6. OLEG TWERDOCHLEB (UKR)	48,71
7. DERRICK ADKINS (USA)	49,07
8. BARNABAS KINYOR (KEN)	49,23

3000 m Hindernis	
1. MOSES KIPTANUI (KEN)	8:06,36
2. PATRICK SANG (KEN)	8:07,53
3. ALESSANDRO LAMBRUSCHINI (ITA)	8:08,78
4. MATTHEW BIRIR (KEN)	8:09,42
5. MARK CROGHAN (USA)	8:09,76
6. STEFFEN BRAND (GER)	8:15,33
7. LARBI EL KHATTABI (MAR)	8:17,96
8. ANGELO CAROSI (ITA)	8:23,42

20 km Gehen	
1. VALENTÍN MASSANA (ESP)	1:22:31
2. GIOVANNI DE BENEDICTIS (ITA)	1:23:06
3. DANIEL PLAZA (ESP)	1:23:18
4. JAIME BARROSO (ESP)	1:23:41
5. JEWGENI MISJULJA (BLR)	1:23:45
6. SERGIO GALDINO (BRA)	1:23:52
7. ROBERT IHLY (GER)	1:24:21
8. IGOR KOLLÁR (SVK)	1:24:23

50 km Gehen	
1. JESÚS GARCÍA (ESP)	3:41:41
2. VALENTIN KONONEN (FIN)	3:42:02
3. WALERI SPIZYN (RUS)	3:42:50
4. AXEL NOACK (GER)	3:43:50
5. BASILIO LABRADOR (ESP)	3:46:46
6. RENÉ PILLER (FRA)	3:48:57
7. TIM BERRETT (CAN)	3:50:23
8. CARLOS MERCENARIO (MEX)	3:50:53

4x100 m	
1. USA	37,48
(Jon Drummond, Andre Cason, Dennis Mitchell, Leroy Burrell)	
2. GBR	37,77
(Colin Jackson, Tony Jarrett, John Regis, Linford Christie)	
3. CAN	37,83
(Robert Esmie, Glenroy Gilbert, Bruny Surin, Atlee Mahorn)	
4. CUB	38,39
(Andrés Simón, Iván García, Joel Isasi, Jorge Aguilera)	
5. AUS	38,69
(Paul Henderson, Damien Marsh, Dean Capobianco, Tim Jackson)	
6. GER	38,78
(Marc Blume, Robert Kurnicki, Michael Huke, Steffen Görmer)	
7. CIV	38,82
(Quattara Lagazane, Jean-Olivier Zirignon, Frank Waota, Ibrahim Meité)	
8. SWE	39,22
(Torbjörn Mårtensson, Mattias Sunneborn, Torbjörn Eriksson, Thomas Leandersson)	

4x400 m	
1. USA	*2:54,29
(Andrew Valmon, Quincy Watts, Harry Reynolds, Michael Johnson)	
2. KEN	2:59,82
(Kennedy Ochieng, Simon Kemboi, Abednego Matilu, Samson Kitur)	
3. GER	2:59,99
(Rico Lieder, Karsten Just, Olaf Hense, Thomas Schönlebe)	
4. FRA	3:00,09
(Jean-Louis Rapnouil, Pierre-Marie Hilaire, Jacques Farraudière, Stéphane Diagana)	
5. RUS	3:00,44
(Dmitri Kliger, Dmitri Kossow, Michail Wdowin, Dmitri Golowastow)	
6. CUB	3:00,46
(Iván García, Héctor Herrera, Norberto Téllez, Roberto Hernández)	
7. JAM	3:01,44
(Patrick O'Connor, Dennis Blake, Danny McFarlane, Gregory Haughton)	
8. BUL	3:05,35
(Stanislaw Georgijew, Tswetoslaw Stankulow, Kiril Raikow, Anton Iwanow)	

Nach dem 200-m-Sieg von Tokio '91 wurde Michael Johnson (USA) 1993 in Stuttgart Weltmeister über 400 m. 1995 in Göteborg gelang ihm das Double - es war die Generalprobe für Atlanta '96.

Hochsprung	
1. JAVIER SOTOMAYOR (CUB)	2,40
2. ARTUR PARTYKA (POL)	2,37
3. STEVE SMITH (GBR)	2,37
4. RALF SONN (GER)	2,34
5. TROY KEMP (BAH)	2,34
6. HOLLIS CONWAY (USA)	2,34
7. ARTURO ORTIZ (ESP)	2,31
8. TONY BARTON (USA)	2,31

Stabhochsprung	
1. SERGEJ BUBKA (UKR)	6,00
2. GRIGORI JEGOROW (KZK)	5,90
3. MAXIM TARASSOW (RUS)	5,80
IGOR TRANDENKOW (RUS)	5,80
5. SCOTT HUFFMAN (USA)	5,80
6. DENIS PETUSCHINSKI (RUS)	5,80
7. VALERI BUKREJEV (EST)	5,75
8. JEAN GALFIONE (FRA)	5,70

Weitsprung	
1. MIKE POWELL (USA)	8,59
2. STANISLAW TARASSENKO (RUS)	8,16
3. WITALI KIRILENKO (UKR)	8,15
4. ERICK WALDER (USA)	8,05
5. IWAILO MLADENOW (BUL)	8,00
6. NIKOLAI ANTONOW (BUL)	7,97
7. ALEXANDER GLOWATZKI (BLR)	7,95
8. FRANÇOIS FOUCHE (RSA)	7,93

Dreisprung	
1. MIKE CONLEY (USA)	17,86
2. LEONID WOLOSCHIN (RUS)	17,65
3. JONATHAN EDWARDS (GBR)	17,44
4. RALF JAROS (GER)	17,34
5. PIERRE CAMARA (FRA)	17,28
6. DENIS KAPUSTIN (RUS)	17,19
7. ANISIO SILVA (BRA)	17,19
8. BRIAN WELLMAN (BER)	17,12

Kugelstoßen	
1. WERNER GÜNTHÖR (SUI)	21,97
2. RANDY BARNES (USA)	21,80
3. ALEXANDER BAGATSCH (UKR)	20,40
4. JEWGENI PALTSCHIKOW (RUS)	20,05
5. DRAGAN PERIĆ (IWP)	19,95
6. GERT WEIL (CHI)	19,95
7. OLIVER-SVEN BUDER (GER)	19,74
8. JONNY REINHARDT (GER)	19,53

Diskuswerfen	
1. LARS RIEDEL (GER)	67,72
2. DMITRI SCHEWTSCHENKO (RUS)	66,90
3. JÜRGEN SCHULT (GER)	66,12
4. COSTEL GRASU (ROM)	65,24
5. WLADIMIR SINTSCHENKO (UKR)	62,02
6. NICK SWEENEY (IRL)	61,66
7. WASSILI KAPTJUCH (BLR)	61,64
8. MIKE BUNCIC (USA)	61,06

Hammerwerfen	
1. ANDREJ ABDUWALIJEW (TJK)	81,64
2. IGOR ASTAPKOWITSCH (BLR)	79,88
3. TIBOR GÉCSEK (HUN)	79,54
4. SERGEJ ALAY (BLR)	79,02
5. WASSILI SIDORENKO (RUS)	78,86
6. ALEXANDER SELESNJOW (RUS)	78,58
7. SERGEJ LITWINOW (RUS)	78,56
8. CHRISTOPHE EPALLE (FRA)	76,22

Speerwerfen	
1. JÁN ZELEZNY (CZE)	85,98
2. KIMMO KINNUNEN (FIN)	84,78
3. MICK HILL (GBR)	82,96
4. STEVE BACKLEY (GBR)	81,80
5. ARI PAKARINEN (FIN)	81,08
6. DAG WENNLUND (SWE)	80,52
7. WLADIMIR SASSIMOWITSCH (BLR)	78,70
8. PATRIK BODÉN (SWE)	78,00

Zehnkampf	
1. DAN O'BRIEN (USA)	8817
2. EDUARD HÄMÄLÄINEN (BLR)	8724
3. PAUL MEIER (GER)	8548
4. CHRISTIAN SCHENK (GER)	8500
5. ALAIN BLONDEL (FRA)	8444
6. CHRISTIAN PLAZIAT (FRA)	8398
7. STEVE FRITZ (USA)	8324
8. ROB MUZZIO (USA)	8237

FRAUEN

100 m	
1. GAIL DEVERS (USA)	10,82
2. MERLENE OTTEY (JAM)	10,82
3. GWEN TORRENCE (USA)	10,89
4. IRINA PRIWALOWA (RUS)	10,96
5. MARY ONYALI (NGR)	11,05
6. NATALJA WORONOWA (RUS)	11,20
7. NICOLE MITCHELL (JAM)	11,20
8. LILIANA ALLEN (CUB)	11,23

200 m	
1. MERLENE OTTEY (JAM)	21,98
2. GWEN TORRENCE (USA)	22,00
3. IRINA PRIWALOWA (RUS)	22,13
4. MARIE-JOSÉ PÉREC (FRA)	22,20
5. MARY ONYALI (NGR)	22,32
6. NATALJA WORONOWA (RUS)	22,50
7. GALINA MALTSCHUGINA (RUS)	22,50
8. DANNETTE YOUNG (USA)	23,04

400 m	
1. JEARL MILES (USA)	49,82
2. NATASHA KAISER-BROWN (USA)	50,17
3. SANDIE RICHARDS (JAM)	50,44
4. TATJANA ALEXEJEWA (RUS)	50,52
5. XIMENA RESTREPO (COL)	50,91
6. SANDRA MYERS (ESP)	51,22
7. JULIET CAMPBELL (JAM)	51,40
DQ: NORFALIA CARABALI (COL)	(51,92)

800 m	
1. MARIA MUTOLA (MOZ)	1:55,43
2. LJUBOW GURINA (RUS)	1:57,10
3. ELLA KOVACS (ROM)	1:57,92
4. DIANE MODAHL (GBR)	1:59,42
5. MEREDITH RAINEY (USA)	1:59,57
6. LIU LI (CHN)	2:04,45
7. TINA PAULINO (MOZ)	3:19,89
DQ: LILIJA NURUTDINOWA (RUS)	(3:19,18)

1500 m	
1. LIU DONG (CHN)	4:00,50
2. SONIA O'SULLIVAN (IRL)	4:03,48
3. HASSIBA BOULMERKA (ALG)	4:04,29
4. LU YI (CHN)	4:06,06
5. ANGELA CHALMERS (CAN)	4:07,95
6. THERESIA KIESL (AUT)	4:08,04
7. ANNA BRZEZINSKA (POL)	4:08,11
8. FABIA TRABALDO (ITA)	4:08,23

3000 m	
1. QU YUNXIA (CHN)	8:28,71
2. ZHANG LINLI (CHN)	8:29,25
3. ZHANG LIRONG (CHN)	8:31,95
4. SONIA O'SULLIVAN (IRL)	8:33,38
5. ALISON WYETH (GBR)	8:38,42
6. JELENA ROMANOWA (RUS)	8:39,69
7. PAULA RADCLIFFE (GBR)	8:40,40
8. LUDMILLA BORISSOWA (RUS)	8:40,78

Beeindruckende Chinesinnen: 1993 holten sie die Titel über 1500, 3000 und 10 000 m. Wang Junxia (links) siegte über 10 000 m überlegen vor Zhong Huandi.

Oben: die Weltmeisterschaftsmedaille

10 000 m

1. WANG JUNXIA (CHN)	30:49,30
2. ZHONG HUANDI (CHN)	31:12,55
3. SELINA BARSOSIO (KEN)	31:15,38
4. TECLA LORUPE (KEN)	31:29,91
5. LYNN JENNINGS (USA)	31:30,53
6. CONCEIÇÃO FERREIRA (POR)	31:30,60
7. ALBERTINA DIAS (POR)	31:33,03
8. ANNE MARIE LETKO (USA)	31:37,26

Marathon

1. JUNKO ASARI (JPN)	2:30:03
2. MANUELA MACHADO (POR)	2:30:54
3. TOMOE ABE (JPN)	2:31:01
4. RAMILJA BURANGULOWA (RUS)	2:33:03
5. MADINA BIKTAGIROWA (BLR)	2:34:36
6. KATRIN DÖRRE (GER)	2:35:20
7. FRITH VAN DER MERWE (RSA)	2:35:56
8. KIM JONES (USA)	2:36:33

100 m Hürden

1. GAIL DEVERS (USA)	12,46
2. MARINA ASJABINA (RUS)	12,60
3. LYNDA TOLBERT (USA)	12,67
4. ALIUSKA LÓPEZ (CUB)	12,73
5. EWA SOKOLOWA (RUS)	12,78
6. DAWN BOWLES (USA)	12,90
7. MICHELLE FREEMAN (JAM)	12,90
8. CÉCILE CINÉLU (FRA)	12,95

400 m Hürden

1. SALLY GUNNELL (GBR)	*52,74
2. SANDRA FARMER-PATRICK (USA)	52,79
3. MARGARITA PONOMARJOWA (RUS)	53,48
4. KIM BATTEN (USA)	53,84
5. TONJA BUFORD (USA)	54,55
6. DEON HEMMINGS (JAM)	54,99
7. ROSIE EDEH (CAN)	55,19
8. NATALJA TORSCHINA (KZK)	55,78

10 km Gehen

1. SARI ESSAYAH (FIN)	42:59
2. ILEANA SALVADOR (ITA)	43:08
3. ENCARNACIÓN GRANADOS (ESP)	43:21
4. ELISABETTA PERRONE (ITA)	43:26
5. BEATE ANDERS (GER)	43:28
6. KATARZYNA RADTKE (POL)	43:33
7. JELENA NIKOLAJEWA (RUS)	43:47
8. JELENA SAJKO (RUS)	43:56

4x100 m

1. RUS *(Olga Bogoslowskaja, Galina Maltschugina, Natalja Woronowa, Irina Priwalowa)*	41,49
2. USA *(Michelle Finn, Gwen Torrence, Wendy Vereen, Gail Devers)*	41,49
3. JAM *(Michelle Freeman, Juliet Campbell, Nicole Mitchell, Merlene Ottey)*	41,94
4. FRA *(Patricia Girard, Odiah Sidibé, Valérie Jean-Charles, Marie-José Pérec)*	42,67
5. GER *(Andrea Philipp, Bettina Zipp, Silke-Beate Knoll, Melanie Paschke)*	42,79
6. CUB *(Miriam Ferrer, Aliuska López, Julia Duporte, Liliana Allen)*	42,39
7. FIN *(Anu Pirttimaa, Sisko Hahnijoki, Sanna Hernesniemi, Marja Salmela)*	43,37
8. GBR *(Marcia Richardson, Beverly Kinch, Simmone Jacobs, Paula Thomas)*	43,86

4x400 m

1. USA *(Gwen Torrence, Maicel Malone, Natasha Kaiser-Brown, Jearl Miles)*	3:16,71
2. RUS *(Jelena Rusina, Tatjana Alexejewa, Margarita Ponomarjowa, Irina Priwalowa)*	3:18,38
3. GBR *(Linda Keough, Phylis Smith, Tracy Goddard, Sally Gunnell)*	3:23,41
4. JAM *(Deon Hemmings, Inez Turner, Juliet Campbell, Sandie Richards)*	3:23,83
5. GER *(Heike Meißner, Sandra Seuser, Anja Rücker, Linda Kisabaka)*	3:25,49
6. FRA *(Elsa Devassoigne, Evelyne Elien, Francine Landre, Marie-Louise Bévis)*	3:27,08
7. CZE *(Nadezda Kostovalová, Helena Dziurová, Hana Benesová, Ludmila Formanová)*	3:27,94
8. SUI *(Helen Burkart, Regula Zurcher-Scalabrin, Marquita Brillante, Kathrin Luthi)*	3:28,52

Hochsprung

1. IOAMNET QUINTERO (CUB)	1,99
2. SILVIA COSTA (CUB)	1,97
3. SIGRID KIRCHMANN (AUT)	1,97
4. GALINA ASTAFEI (ROM)	1,94
JELENA RODINA (RUS)	1,94
6. ANTONELLA BEVILACQUA (ITA)	1,94
7. TANYA HUGHES (USA)	1,91
8. VALENTINA GOTOVSKA (LAT)	1,91

Weitsprung

1. HEIKE DRECHSLER (GER)	7,11
2. LARISSA BERESHNAJA (UKR)	6,98
3. RENATA NIELSEN (DEN)	6,76
4. JELENA CHLOPOTNOWA (UKR)	6,75
5. LUDMILLA GALKINA (RUS)	6,74
6. LJUDMILA NINOVA (AUT)	6,73
7. NICOLE BOEGMAN (AUS)	6,70
8. AGATA KARCZMAREK (POL)	6,57

Dreisprung

1. ANNA BIRJUKOWA (RUS)	*15,09
2. JOLANDA TSCHEN (RUS)	14,70
3. IWA PRANDSHEWA (BUL)	14,23
4. NIURKA MONTALVO (CUB)	14,22
5. HELGA RADTKE (GER)	14,19
6. ANTONELLA CAPRIOTTI (ITA)	14,18
7. SÁRKA KASPÁRKOVÁ (CZE)	14,16
8. URSZULA WLODARCZYK (POL)	13,80

Kugelstoßen

1. HUANG ZHIHONG (CHN)	20,57
2. SWETLANA KRIWELJOWA (RUS)	19,97
3. KATHRIN NEIMKE (GER)	19,71
4. SUI XINMEI (CHN)	19,61
5. CONG YUZHEN (CHN)	19,58
6. ASTRID KUMBERNUSS (GER)	19,42
7. WALENTINA FEDJUSCHINA (UKR)	19,27
8. BELSY LAZA (CUB)	19,27

Diskuswerfen

1. OLGA BUROWA (RUS)	67,40
2. DANIELA COSTIAN (AUS)	65,36
3. MIN CHUNFENG (CHN)	65,26
4. MARITZA MARTÉN (CUB)	64,62
5. ANJA GÜNDLER (GER)	62,92
6. BÁRBARA ECHEVARRÍA (CUB)	62,52
7. NICOLETA GRASU (ROM)	62,10
8. FRANKA DIETZSCH (GER)	62,06

Speerwerfen

1. TRINE HATTESTAD (NOR)	69,18
2. KAREN FORKEL (GER)	65,80
3. NATALJA SCHIKOLENKO (BLR)	65,64
4. TATJANA SCHIKOLENKO (BLR)	65,18
5. JEKATARINA IWAKINA (RUS)	65,12
6. SILKE RENK (GER)	64,00
7. CLAUDIA ISAILA (ROM)	61,54
8. FELICIA TILEA (ROM)	61,24

Siebenkampf

1. JACKIE JOYNER-KERSEE (USA)	6837
2. SABINE BRAUN (GER)	6797
3. SWETLANA BURAGA (BLR)	6635
4. SWETLA DIMITROWA (BUL)	6508
5. URSZULA WLODARCZYK (POL)	6394
6. KYM CARTER (USA)	6357
7. JANE FLEMMING (AUS)	6343
8. BIRGIT CLARIUS (GER)	6341

WM 1993 in Stuttgart: Freistempel des Organisationskomitees

GÖTEBORG 1995

MÄNNER

100 m	
1. DONOVAN BAILEY (CAN)	9,97
2. BRUNY SURIN (CAN)	10,03
3. ATO BOLDON (TRI)	10,03
4. FRANK FREDERICKS (NAM)	10,07
5. MIKE MARSH (USA)	10,10
6. LINFORD CHRISTIE (GBR)	10,12
7. OLAPADE ADENIKEN (NGR)	10,20
8. RAY STEWART (JAM)	10,29

200 m	
1. MICHAEL JOHNSON (USA)	19,79
2. FRANK FREDERICKS (NAM)	20,12
3. JEFF WILLIAMS (USA)	20,18
4. ROBSON CAETANO DA SILVA (BRA)	20,21
5. CLAUDINEI DA SILVA (BRA)	20,40
6. GEIR MOEN (NOR)	20,51
7. JOHN REGIS (GBR)	20,67
8. IVAN GARCÍA (CUB)	20,77

400 m	
1. MICHAEL JOHNSON (USA)	43,39
2. HARRY REYNOLDS (USA)	44,22
3. GREG HAUGHTON (JAM)	44,56
4. SAMSON KITUR (KEN)	44,71
5. MARK RICHARDSON (GBR)	44,81
6. DARNELL HALL (USA)	44,83
7. ROGER BLACK (GBR)	45,28
8. SUNDAY BADA (NGR)	45,50

800 m	
1. WILSON KIPKETER (DEN)	1:45,08
2. ARTHEMON HATUNGIMANA (BUR)	1:45,64
3: VEBJØRN RODAL (NOR)	1:45,68
4. NICO MOTCHEBON (GER)	1:45,97
5. BRANDON ROCK (USA)	1:46,42
6. JOSE PARRILLA (USA)	1:46,44
7. ANDREA GIOCONDI (ITA)	1:47,78
8. MARK EVERETT (USA)	1:53,12

1500 m	
1. NOUREDDINE MORCELI (ALG)	3:33,73
2. HICHAM EL GUERROUJ (MAR)	3:35,28
3. VENUSTE NIYONGABO (BUR)	3:35,56
4. RACHID EL BASIR (MAR)	3:35,96
5. KEVIN SULLIVAN (CAN)	3:36,73
6. ABDELKADER CHEKHEMANI (FRA)	3:36,90
7. MOHAMED SULEIMAN (QAT)	3:36,96
8. FERMÍN CACHO (ESP)	3:37,02

5000 m	
1. ISMAEL KIRUI (KEN)	13:16,77
2. KHALID BOULAMI (MAR)	13:17,15
3. SHEM KORORIA (KEN)	13:17,59
4. SMAIL SGHIR (MAR)	13:17,86
5. BRAHIM LAHLAFI (MAR)	13:18,89
6. WORKU BIKILA (ETH)	13:20,12
7. BOB KENNEDY (USA)	13:32,10
8. FITA BAYISSA (ETH)	13:34,52

10 000 m	
1. HAILE GEBRSELASSIE (ETH)	27:12,95
2. KHALID SKAH (MAR)	27:14,53
3. PAUL TERGAT (KEN)	27:14,70
4. SALAH HISSOU (MAR)	27:19,30
5. JOSEPHAT MACHUKA (KEN)	27:23,72
6. JOSEPH KIMANI (KEN)	27:30,02
7. STÉPHANE FRANKE (GER)	27:48,88
8. PAULO GUERRA (POR)	27:52,55

Marathon	
1. MARTIN FIZ (ESP)	2:11:41
2. DIONISIO CERÓN (MEX)	2:12:13
3. LUIZ DOS SANTOS (BRA)	2:12:49
4. PETER WHITEHEAD (GBR)	2:14:08
5. ALBERTO JUZDADO (ESP)	2:15:29
6. DIEGO GARCÍA (ESP)	2:15:34
7. RICHARD NERURKAR (GBR)	2:15:47
8. STEVE MONEGHETTI (AUS)	2:16:13

110 m Hürden	
1. ALLEN JOHNSON (USA)	13,00
2. TONY JARRETT (GBR)	13,04
3. ROGER KINGDOM (USA)	13,19
4. JACK PIERCE (USA)	13,27
5. KYLE VANDER-KUYP (AUS)	13,30
6. DAN PHILIBERT (FRA)	13,34
7. ERIK BATTE (CUB)	13,38
8. EMILIO VALLE (CUB)	13,43

400 m Hürden	
1. DERRICK ADKINS (USA)	47.98
2. SAMUEL MATETE (ZAM)	48,03
3. STÉPHANE DIAGANA (FRA)	48,14
4. RUSLAN MASCHTSCHENKO (RUS)	48,83
5. SVEN NYLANDER (SWE)	48,84
6. KEN HARNDEN (ZIM)	48,89
7. KAZUHIKO YAMAZAKI (JPN)	49,22
8. ERONILDE NUNES DE ARAÚJO (BRA)	49,86

3000 m Hindernis	
1. MOSES KIPTANUI (KEN)	8:04,16
2. CHRISTOPHER KOSKEI (KEN)	8:09,30
3. SA'AD SHADDAD AL-ASMARI (SAU)	8:12,95
4. STEFFEN BRAND (GER)	8:14,37
5. ANGELO CAROSI (ITA)	8:14,85
6. FLORIN IONESCU (ROM)	8:15,44
7. WLADIMIR PRONIN (RUS)	8:16,59
8. MARTIN STREGE (GER)	8:18,57

20 km Gehen	
1. MICHELE DIDONI (ITA)	1:19:59
2. VALENTÍN MASSANA (ESP)	1:20:23
3. JEWGENI MISJULJA (BLR)	1:20:48
4. ILJA MARKOW (RUS)	1:21:28
5. LI ZEWEN (CHN)	1:21:39
6. MICHAIL SCHTSCHENNIKOW (RUS)	1:22:16
7. DENIS LANGLOIS (FRA)	1:22:21
8. IGOR KOLLÁR (SVK)	1:22:30

50 km Gehen	
1. VALENTIN KONONEN (FIN)	3:43:42
2. GIOVANNI PERRICELLI (ITA)	3:45:11
3. ROBERT KORZENIOWSKI (POL)	3:45:57
4. MIGUEL RODRIGUEZ (MEX)	3:46:34
5. JESUS ANGEL GARCÍA (ESP)	3:48:05
6. ALEKSANDAR RAKOVIĆ (YUG)	3:49:35
7. ARTURO DI MEZZA (ITA)	3:49:46
8. RENÉ PILLER (FRA)	3:49:47

4x100 m	
1. CAN *(Robert Esmie, Glenroy Gilbert, Bruny Surin, Donovan Bailey)*	38,31
2. AUS *(Paul Henderson, Tim Jackson, Steve Brimacombe, Damien Marsh)*	38,50
3. ITA *(Giovanni Puggioni, Ezio Madonia, Angelo Cipolloni, Sandro Floris)*	39,07
4. JAM *(James Beckford, Michael Green, Leon Gordon, Ray Stewart)*	39,10
5. JPN *(Hisatsugu Suzuki, Koji Ito, Satoru Inoue, Yoshitaka Ito)*	39,33
6. BRA *(André da Silva, Sidnei Tell de Souza, Edson Ribeiro, Robson Caetano da Silva)*	39,35
7. UKR *(Alexej Tschichatschow,, Dmitri Wanjajkin, Oleg Chramarenko, Sergej Osowitsch)*	39,39
DQ: SWE *(Peter Karlsson, Mattias Ghansah, Lars Hedner, Tobias Karlsson)*	

Sonntags nie! - Bei der WM 1991 verzichtete der strenggläubige Dreispringer Jonathan Edwards (GBR) deswegen auf die Teilnahme. 1993 wurde er Dritter und 1995 Weltmeister - mit 18,16 und 18,29 m sprang er zweimal Weltrekord.

4x400 m	
1. USA	2:57,32
(Marlon Ramsey, Derek Mills, Harry Reynolds, Michael Johnson)	
2. JAM	2:59,88
(Michael McDonald, Davian Clarke, Danny McFarlane, Greg Haughton)	
3. NGR	3:03,18
(Udeme Ekpeyong, Kunie Adejuyigbe, Jude Monye, Sunday Bada)	
4. GBR	3:03,75
(David McKenzie, Mark Hylton, Adrian Patrick, Roger Black)	
5. POL	3:03,84
(Piotr Rysiukiewicz, Pawel Januszewski, Robert Mackowiak, Tomasz Jedrusik)	
6. CUB	3:07,65
(José Perez, Jorge Crusellas, Omar Mena, Norberto Tellez)	
DQ: GER	
(Uwe Jahn, Karsten Just, Kai Karsten, Rico Lieder)	
KEN	
(Samson Kitur, Julius Chepkwony, Kennedy Ochieng, Charles Gitonga)	

Hochsprung	
1. TROY KEMP (BAH)	2,37
2. JAVIER SOTOMAYOR (CUB)	2,37
3. ARTUR PARTYKA (POL)	2,35
4. STEVE SMITH (GBR)	2,35
STEINAR HOEN (NOR)	2,35
6. PATRIK SJÖBERG (SWE)	2,32
7. TONY BARTON (USA)	2,29
8. TIM FORSYTH (AUS)	2,25
DRAGUTIN TOPIĆ (YUG)	2,25
JAROSLAW KOTEWICZ (POL)	2,25

Stabhochsprung	
1. SERGEJ BUBKA (UKR)	5,92
2. MAXIM TARASSOW (RUS)	5,86
3. JEAN GALFIONE (FRA)	5,86
4. OKKERT BRITS (RSA)	5,80
5. RADION GATAULLIN (RUS)	5,70
6. SCOTT HUFFMAN (USA)	5,70
7. IGOR TRANDENKOW (RUS)	5,70
8. DEAN STARKEY (USA)	5,60

Weitsprung	
1. IVAN PEDROSO (CUB)	8,70
2. JAMES BECKFORD (JAM)	8,30
3. MIKE POWELL (USA)	8,29
4. GEORG ACKERMANN (GER)	8,14
5. BOGDAN TUDOR (ROM)	8,01
6. KOSTAS KOUKODIMOS (GRE)	8,00
7. HUANG GENG (CHN)	7,94
8. IWAILO MLADENOW (BUL)	7,93

Dreisprung	
1. JONATHAN EDWARDS (GBR)	*18,29
2. BRIAN WELLMAN (BER)	17,62
3. JEROME ROMAIN (DMN)	17,59
4. YOELVIS QUESADA (CUB)	17,59
5. JOEL GARCÍA (CUB)	17,16
6. JAMES BECKFORD (JAM)	17,13
7. MIKE CONLEY (USA)	16,96
8. GALIN GEORGIJEW (BUL)	16,93

Kugelstoßen	
1. JOHN GODINA (USA)	21,47
2. MIKA HALVARI (FIN)	20,93
3. RANDY BARNES (USA)	20,41
4. ALEXANDER BAGATSCH (UKR)	20,38
5. BRENT NOON (USA)	20,13
6. OLIVER-SVEN BUDER (GER)	20,11
7. ROMAN WIRASTJUK (UKR)	19,66
8. DMITRI GONTSCHARUK (BLR)	19,38

Diskuswerfen	
1. LARS RIEDEL (GER)	68,76
2. WLADIMIR DUBROWSCHTSCHIK (BLR)	65,98
3. WASSILI KAPTJUCH (BLR)	65,88
4. ATTILA HORVÁTH (HUN)	65,72
5. JÜRGEN SCHULT (GER)	64,44
6. ADEWALE OLUKOJU (NGR)	63,66
7. ALEXIS ELIZALDE (CUB)	63,28
8. DMITRI SCHEWTSCHENKO (RUS)	63,18

Hammerwerfen	
1. ANDREJ ABDUWALIJEW (TJK)	81,56
2. IGOR ASTAPKOWITSCH (BLR)	81,10
3. TIBOR GÉCSEK (HUN)	80,98
4. BALASZ KISS (HUN)	79,02
5. LANCE DEAL (USA)	78,66
6. SERGEJ ALAY (BLR)	76,66
7. ILJA KONOWALOW (RUS)	76,50
8. ALEXANDER SELESNJOW (RUS)	76,18

Speerwerfen	
1. JAN ZELEZNY (CZE)	89,58
2. STEVE BACKLEY (GBR)	86,30
3. BORIS HENRY (GER)	86,08
4. RAYMOND HECHT (GER)	83,30
5. DAG WENNLUND (SWE)	82,04
6. MICK HILL (GBR)	81,06
7. JURI RYBIN (RUS)	81,00
8. ANDREAS LINDEN (GER)	80,76

Zehnkampf	
1. DAN O'BRIEN (USA)	8695
2. EDUARD HÄMÄLÄINEN (BLR)	8489
3. MIKE SMITH (CAN)	8419
4. ERKI NOOL (EST)	8268
5. TOMAS DVORÁK (CZE)	8236
6. CHRISTIAN PLAZIAT (FRA)	8206
7. LEW LOBODIN (UKR)	8196
8. CHRIS HUFFINS (USA)	8193

FRAUEN

100 m	
1. GWEN TORRENCE (USA)	10,85
2. MERLENE OTTEY (JAM)	10,94
3. IRINA PRIWALOWA (RUS)	10,96
4. CARLETTE GUIDRY (USA)	11,07
5. SCHANNA PINTUSEWITSCH (UKR)	11,07
6. MELANIE PASCHKE (GER)	11,10
7. MARY ONYALI (NGR)	11,15
8. JULIET CUTHBERT (JAM)	11,44

200 m	
1. MERLENE OTTEY (JAM)	22,12
2. IRINA PRIWALOWA (RUS)	22,12
3. GALINA MALTSCHUGINA (RUS)	22,37
4. MELANIE PASCHKE (GER)	22,60
5. SILKE-BEATE KNOLL (GER)	22,66
6. MARY ONYALI (NGR)	22,71
7. MARINA TRANDENKOWA (RUS)	22,84
DQ: GWEN TORRENCE (USA)	(21,77)

400 m	
1. MARIE-JOSÉ PÉREC (FRA)	49,28
2. PAULINE DAVIS (BAH)	49,96
3. JEARL MILES (USA)	50,00
4. CATHY FREEMAN (AUS)	50,60
5. FATIMA YUSUF (NGR)	50,70
6. FALILAT OGUNKOYA (NGR)	50,77
7. MAICEL MALONE (USA)	50,99
8. SANDIE RICHARDS (JAM)	51,13

800 m	
1. ANA FIDELIA QUIROT (CUB)	1:56,11
2. LETITIA VRIESDE (SUR)	1:56,68
3. KELLY HOLMES (GBR)	1:56,95
4. PATRICIA DJATÉ (FRA)	1:57,04
5. MEREDITH RAINEY (USA)	1:58,20
6. ELLY VAN LANGEN (NED)	1:58,98
7. LJUBOW GURINA (RUS)	1:59,16
8. TATJANA GRIGORJEWA (RUS)	2:05,55

1500 m	
1. HASSIBA BOULMERKA (ALG)	4:02,42
2. KELLY HOLMES (GBR)	4:03,04
3. CARLA SACRAMENTO (POR)	4:03,79
4. ANGELA CHALMERS (CAN)	4:04,74
5. LUDMILLA BORISSOWA (RUS)	4:04,78
6. ANNA BRZEZINSKA (POL)	4:05,65
7. RUTH WYSOCKI (USA)	4:07,08
8. MAYTE ZUÑIGA (ESP)	4:07,27

Göteborg '95: Sondermarken und -stempel

5000 m	
1. SONIA O'SULLIVAN (IRL)	14:46,47
2. FERNANDA RIBEIRO (POR)	14:48,54
3. ZOHRA QUAZIZ (MAR)	14:53,77
4. GABRIELA SZABO (ROM)	14:56,57
5. PAULA RADCLIFFE (GBR)	14:57,02
6. MARIJA PANTJUCHOWA (RUS)	15:01,23
7. ROSE CHERUIYOT (KEN)	15:02,45
8. GWEN GRIFFITHS (RSA)	15:08,05

10 000 m	
1. FERNANDA RIBEIRO (POR)	31:04,99
2. DERARTU TULU (ETH)	31:08,10
3. TECLA LORUPE (KEN)	31:17,66
4. MARIA GUIDA (ITA)	31:27,82
5. ELANA MEYER (RSA)	31:31,96
6. LIZ McCOLGAN (GBR)	31:40,14
7. ALLA SCHILJAJEWA (RUS)	31:52,15
8. HIROMI SUZUKI (JPN)	31:54,01

Marathon	
1. MANUELA MACHADO (POR)	2:25:39
2. ANUTA CATUNA (ROM)	2:26:25
3. ORNELLA FERRARA (ITA)	2:30:11
4. MALGORZATA SOBANSKA (POL)	2:31:10
5. RITVA LEMETTINEN (FIN)	2:31:19
6. MONICA PONT (ESP)	2:31:53
7. LINDA SOMERS (USA)	2:32:12
8. SONJA KROLIK (GER)	2:32:17

100 m Hürden	
1. GAIL DEVERS (USA)	12,68
2. OLGA SCHISCHIGINA (KZK)	12,80
3. JULIJA GRAUDYN (RUS)	12,85
4. TATJANA RESCHETNIKOWA (RUS)	12,87
5. JULIE BAUMANN (SUI)	12,95
6. GILLIAN RUSSELL (JAM)	12,96
7. DIONNE ROSE (JAM)	12,98
8. BRIGITA BUKOVEĆ (SLO)	13,02

400 m Hürden	
1. KIM BATTEN (USA)	*52,61
2. TONJA BUFORD (USA)	52,62
3. DEON HEMMINGS (JAM)	53,48
4. HEIKE MEISSNER (GER)	54,86
5. TATJANA TERESCHTSCHUK (UKR)	54,94
6. SILVIA RIEGER (GER)	55,01
7. IONELA TIRLEA (ROM)	55,46
8. NATALJA TORSCHINA (KZK)	56,75

Der Hat-Trick über 3000 m Hindernis: Moses Kiptanui (KEN). Oben: Erinnerungsplakette von Göteborg

10 km Gehen	
1. IRINA STANKINA (RUS)	42:13
2. ELISABETTA PERRONE (ITA)	42:16
3. JELENA NIKOLAJEWA (RUS)	42:20
4. SARI ESSAYAH (FIN)	42:20
5. LARISSA RAMASANOWA (RUS)	42:25
6. ROSSELLA GIORDANO (ITA)	42:26
7. MARIA URBANIK (HUN)	42:34
8. LIU HONGYU (CHN)	42:46

4x100 m	
1. USA	42,12
(Celena Mondie-Milner, Carlette Guidry, Chryste Gaines, Gwen Torrence)	
2. JAM	42,25
(Dahlia Duhaney, Juliet Cuthbert, Beverly McDonald, Merlene Ottey)	
3. GER	43,01
(Melanie Paschke, Silke Lichtenhagen, Silke-Beate Knoll, Gabriele Becker)	
4. BAH	43,14
(Eldece Clarke, Debbie Ferguson, Savatheda Fynes, Pauline Davis)	
5. FRA	43,35
(Odile Singa, Frederique Bangue, Patricia Girard, Delphine Combe)	
6. FIN	44,46
(Jutta Kemila, Sanna Hernesniemi, Heidi Suomi, Heli Koivula)	
7. COL	44,61
(Elia Manuela Mera, Felipa Palacios, Patricia Rodriguez, Mirtha Brock)	
DNF: RUS	
(Natalja Woronowa, Galina Maltschugina, Marina Trandenkowa, Jekatarina Leschtschowa)	

4x400 m	
1. USA	3:22,39
Kim Graham, Rochelle Stevens, Camara Jones, Jearl Miles)	
2. RUS	3:23,98
(Tatjana Tschebykina, Swetlana Gontscharenko, Julija Sotnikowa, Jelena Andrejewa)	
3. AUS	3:25,88
(Lee Naylor, Renee Poetschka, Melinda Gainsford, Cathy Freeman)	
4. GER	3:26,10
(Karin Janke, Silke-Beate Knoll, Linda Kisabaka, Ute Rohländer)	
5. GBR	3:26,89
(Melanie Neef, Stephanie Llewellyn, Lorraine Hanson, Georgina Oladapo)	
6. NGR	3:27,85
(Olabisi Afolabi, Falilat Ogunkoya, Lade Akinremi, Fatima Yusuf)	
7. CUB	3:29,27
(Idalmis Bonne, Ana Fidelia Quirot, Nancy McLeon, Julia Duporty)	
DQ: JAM	
(Revoli Campbell, Merlene Frazer, Sandie Richards, Deon Hemmings)	

Hochsprung	
1. STEFKA KOSTADINOWA (BUL)	2,01
2. ALINA ASTAFEI (GER)	1,99
3. INGA BABAKOWA (RUS)	1,99
4. TATJANA MOTKOWA (RUS)	1,96
5. TATJANA SCHEWTSCHIK (BLR)	1,96
6. HANNE HAUGLAND (NOR)	1,96
7. SWETLANA LESSEWA (BUL)	1,93
8. AMY ACUFF (USA)	1,93

Weitsprung	
1. FIONA MAY (ITA)	6,98
2. NIURKA MONTALVO (CUB)	6,86
3. IRINA MUSCHAILOWA (RUS)	6,83
4. OLGA RUBLJOWA (RUS)	6,78
5. VALENTINA UCCHEDDU (ITA)	6,76
6. JACKIE JOYNER-KERSEE (USA)	6,74
7. AGATA KARCZMAREK (POL)	6,71
8. WIKTORIJA WERSCHININA (UKR)	6,66

Dreisprung	
1. INESSA KRAWEZ (UKR)	*15,50
2. IWA PRANDSCHEWA (BUL)	15,18
3. ANNA BIRJUKOWA (RUS)	15,08
4. INNA LASSOWSKAJA (RUS)	14,90
5. RODICA PETRESCU (ROM)	14,82
6. REN RUIPING (CHN)	14,25
7. SCHANNA GUREJEWA (BLR)	14,22
8. BARBARA LAH (ITA)	14,18

Kugelstoßen	
1. ASTRID KUMBERNUSS (GER)	21,22
2. HUANG ZHIHONG (CHN)	20,04
3. SWETLA MITKOWA (BUL)	19,56
4. KATHRIN NEIMKE (GER)	19,30
5. SUI XINMEI (CHN)	19,09
6. ZHANG LIUHONG (CHN)	19,07
7. RAMONA PAGEL (USA)	18,81
8. STEPHANIE STORP (GER)	18,81

Diskuswerfen	
1. JELINA ZWEREWA (BLR)	68,64
2. ILKE WYLUDDA (GER)	67,20
3. OLGA TSCHERNJAWSKA (RUS)	66,86
4. MARITZA MARTEN (CUB)	64,36
5. NATALJA SADOWA (RUS)	62,60
6. METTE BERGMANN (NOR)	62,48
7. FRANKA DIETZSCH (GER)	61,28
8. LUDMILLA FILIMONOWA (BLR)	61,16

Speerwerfen	
1. TATJANA SCHIKOLENKO (BLR)	67,56
2. FELICIA TILEA (ROM)	65,22
3. MIKALEA INGBERG (FIN)	65,16
4. HELI RANTANEN (FIN)	65,04
5. JOANNA STONE (AUS)	63,74
6. TANJA DAMASKE (GER)	62,32
7. ISEL LOPEZ (CUB)	60,80
8. JEKATERINA IWAKINA (RUS)	59,82

Siebenkampf	
1. GHADA SHOUAA (SYR)	6651
2. SWETLANA MOSKALEZ (RUS)	6575
3. RITA INÁNCSI (HUN)	6522
4. EUNICE BARBER (SLE)	6340
5. KYM CARTER (USA)	6329
6. REGLA CARDENAS (CUB)	6306
7. DENISE LEWIS (GBR)	6299
8. DEDE NATHAN (USA)	6258

ATHEN 1997

100 m

1. MAURICE GREENE (USA)	9,86
2. DONOVAN BAILEY (CAN)	9,91
3. TIM MONTGOMERY (USA)	9,94
4. FRANK FREDERICKS (NAM)	9,95
5. ATO BOLDON (TRI)	10,02
6. DAVIDSON EZINWA (NGR)	10,10
7. BRUNY SURIN (CAN)	10,12
8. MIKE MARSH (USA)	10,29

200 m

1. ATO BOLDON (TRI)	20,04
2. FRANK FREDERICKS (NAM)	20,23
3. CLAUDINEI DA SILVA (BRA)	20,26
4. IVAN GARICA (CUB)	20,31
5. GIORGIOS PANAGIOTOPOULOS (GRE)	20,32
6. OBADELE THOMPSON (BAR)	20,37
7. JON DRUMMOND (USA)	20,44
8. PATRICK STEVENS (BEL)	20,44

400 m

1. MICHAEL JOHNSON (USA)	44,12
2. DAVIS KAMOGA (UGA)	44,37
3. TYREE WASHINGTON (USA)	44,39
4. MARK RICHARDSON (GBR)	44,47
5. JEROME YOUNG (USA)	44,51
6. IWAN THOMAS (GBR)	44,52
7. ANTONIO PETTIGREW (USA)	44,57
8. JAMES BAULCH (GBR)	45,22

800 m

1. WILSON KIPKETER (DEN)	1:43,38
2. NORBERTO TELLEZ (CUB)	1:44,00
3. RICH KENAH (USA)	1:44,25
4. PATRICK KONCHELLAH (KEN)	1:44,26
5. VEBJÖRN RODAL (NOR)	1:44,53
6. MARKO KOERS (NED)	1:44,85
7. PATRICK NDURURI (KEN)	1:45,24
8. MARK EVERETT (USA)	1:49,02

1500 m

1. HICHAM EL GUERROUJ (MAR)	3:35,83
2. FERMIN CACHO (ESP)	3:36,63
3. REYES ESTEVEZ (ESP)	3.37,26
4. NOUREDDINE MORCELI (ALG)	3.37,37
5. ALI HAKIMI (TUN)	3.37,51
6. MOHAMED SULEIMAN (QAT)	3:37,53
7. GRAHAM HOOD (CAN)	3:37,55
8. ROBERT K. ANDERSEN (DEN)	3:37,66
10. Rüdiger Stenzel (GER)	*3:38,82*

5000 m

1. DANIEL KOMEN (KEN)	13:07,38
2. KHALID BOULAMI (MAR)	13.09,34
3. TOM NYARIKI (KEN)	13:11,09
4. ISMAIL SGHYR (MAR)	13:17,45
5. DIETER BAUMANN (GER)	13:17,64
6. BOB KENNEDY (USA)	13:19,45
7. EL HASSAN LAHSSINI (MAR)	13:20,52
8. ENRIQUE MOLINA (ESP)	13:24,54

10 000 m

1. HAILE GEBRSELASSIE (ETH)	27:24,58
2. PAUL TERGAT (KEN)	27:25,62
3. SALAH HISSOU (MAR)	27:28,67
4. PAUL KOECH (KEN)	27:30,39
5. ASSEFA MEZEGEBU (ETH)	27:32,48
6. DOMINGOS CASTRO (POR)	27:36,52
7. HABTE JIFAR (ETH)	28:00,29
8. JULIO REY (ESP)	28:07,06
16. Carsten Eich (GER)	*28:59,34*

Marathon

1. ABEL ANTON (ESP)	2:13:16
2. MARTIN FIZ (ESP)	2:13:21
3. STEPHEN MONEGHETTI (AUS)	2:14:16
4. DANILO GOFFI (ITA)	2:14:47
5. LUIZ A. DOS SANTOS (BRA)	2:15:31
6. FABIAN RONCERO (ESP)	2:16:53
7. GIACOMO LEONE (ITA)	2:17:16
8. AZZEDINE SAKHRI (ALG)	2:17:44
31. Stéphane Franke (GER)	*2:23:5[illegible]*

110 m Hürden

1. ALLEN JOHNSON (USA)	12,93
2. COLIN JACKSON (GBR)	13,05
3. IGOR KOVAC (SVK)	13,18
4. FLORIAN SCHWARTHOFF (GER)	13,20
5. DAN PHILBERT (FRA)	13,26
6. TERRY REESE (USA)	13,30
7. MARK CREAR (USA)	13,55
DNS: Artur Kohutek (POL)	
DNQ: Falk Balzer (GER) 8. Semifinale	*(14,06*
Mike Fenner (GER) 4. Zwischenlauf	*(13,50*

400 m Hürden

1. STÉPHANE DIAGANA (FRA)	47,70
2. HERBERT LLEWELLYN (RSA)	47,86
3. BRYAN BRONSON (USA)	47,88
4. FABRIZIO MORI (ITA)	48,05
5. SAMUEL MATETE (ZAM)	48,1[illegible]
6. RUSLAN MASCHTSCHENKO (RUS)	48,62
7. DINSDALE MORGAN (JAM)	49,06
8. JIRI MUZIK (CZE)	49,5[illegible]

3000 m Hindernis

1. WILSON BOIT KIPKETER (KEN)	8:05,84
2. MOSES KIPTANUI (KEN)	8:06,04
3. BERNARD BARMASAI (KEN)	8:06,04
4. SAAD S. AL ASMARI (SAU)	8:13,87
5. HICHAM BOUAOUICHE (MAR)	8:14,04
6. MARK CROGHAN (USA)	8:14,09
7. JIM SVENOEY (NOR)	8:14,80
8. ANGELO CAROSI (ITA)	8:16,01
9. Mark Ostendarp (GER)	*8:18,49*

20 km Gehen

1. DANIEL GARCÍA (MEX)	1:21:43
2. MICHAIL SCHTSCHENNIKOW (RUS)	1:21:53
3. MICHAIL CHMELNITZKI (BLR)	1:22:01
4. YU GUOHUI (CHN)	1:22:57
5. LI ZEWEN (CHN)	1:23:03
6. JEWGENI MISJULJA (BLR)	1:23:10
7. MICHELE DIDONI (ITA)	1:23:14
8. GIOVANNI DE BENEDICTIS (ITA)	1:23:33
11. Robert Ihly (GER)	*1:24:12*
DQ: Andreas Erm (GER)	

50 km Gehen

1. ROBERT KORZENIOWSKI (POL)	3:44:46
2. JESUS ANGEL GARCÍA (ESP)	3:44:59
3. MIGUEL A. RODRIGUEZ (MEX)	3:48:30
4. OLEG ISCHUTKIN (RUS)	3:50:04
5. TOMASZ LIPIEC (POL)	3:50:14
6. FUMIO IMAMURA (JPN)	3:50:27
7. SYLVAIN CAUDRON (FRA)	3:51:17
8. ARTURO DI MEZZA (ITA)	3:51:33
16. Axel Noack (GER)	*3:59:29*
24. Peter Zanner (GER)	*4:07:38*
DQ: Thomas Wallstab (GER)	

4x100 m

1. CAN	37,86
(Robert Esmie, Glnroy Gilbert, Bruny Surin, Donovan Bailey)	
2. NGR	38,07
(Osmond Ezinwa, Olapade Adeniken, Francis Obikwelu, Davidson Ezinwa)	
3. GBR	38,14
(Darren Braithwaite, Darren Campbell, D. Walker, Julian Golding)	
4. CUB	38,15
(Al. Garcia, M. Ortiz, Ivan Garcia, Luis A. Perez Rionda)	
5. GHA	38,26
(Abu Dua, Eric Nkansah, Abdul Zakari, Emmanuel Tuffour)	
6. BRA	38,48
(V. de Lima, Claudinei da Silva, Robson da Silva, Edson Ribeiro)	
7. ESP	38,72
(Frutos Feo, Venancia Jose, Jordi Mayoral, C. Berlanga)	
DQ: FRA	
(Emamuel Bangué, F. Krantz, Quehenerve, S. Cali)	

4x400 m

1. USA	2:56,47
(Jerome Young, Antonio Pettigrew, Chris Jones, Tyree Washington)	
2. GBR	2:56,65
(Iwan Thomas, Roger Black, James Baulch, Mark Richardson)	
3. JAM	2:56,75
(Michael McDonald, Greg Haughton, Dany McFarlane, Davian Clarke)	
4. POL	3:00,26
(Tomasz Czubak, P. Rysiukiewicz, Piotr Haczek, Robert Mackowiak)	
5. RSA	3:00,26
(Arnaud Malherbe, Hezekiel Sepeng, H. Mokganyetsi, Llewellyn Herbert)	
6. FRA	3:01,06
(Jean Rapnouil, Marc Foucan, Fred Mango, Stéphane Diagana)	
7. ZIM	3:01,43
(Tawanda Chiwira, Philip Mukomana, Savieri Ngidhi, Keneth Harnden)	
8. ITA	3:01,52
(Ashraf Saber, Marco Vaccari, Andrea Nuti, Fabrizio Mori)	

Medaillenspiegel

1.	USA	7	3	8
2.	Deutschland	5	1	4
3.	Kuba	4	1	1
4.	Kenia	3	2	2
5.	Ukraine	2	4	1
6.	Marokko	2	1	1
7.	Tschechien	2	0	0
8.	Norwegen	2	0	0
9.	Rußland	1	4	3
10.	Spanien	1	3	1
11.	Portugal	1	2	1
12.	Australien	1	1	2
13.	Italien	1	1	1
	Rumänien	1	1	1
15.	Kanada	1	1	0
	Polen	1	1	0
	Südafrika	1	1	0
18.	Frankreich	1	0	1
	Japan	1	0	1
	Mexiko	1	0	1
21.	Dänemark	1	0	0
	Äthiopien	1	0	0
	Neuseeland	1	0	0
	Schweden	1	0	0
	Trinidad	1	0	0
26.	Großbritannien	0	5	1
27.	Jamaika	0	3	4
28.	Weißrußland	0	2	2
29.	Griechenland	0	1	1
	Litauen	0	1	1
31.	Bulgarien	0	1	0
	Finnland	0	1	0
	Namibia	0	1	0
	Nigeria	0	1	0
	Sri Lanka	0	1	0
	Uganda	0	1	0
37.	Bahamas	0	0	1
	Brasilien	0	0	1
	Mocambique	0	0	1
	Slowakei	0	0	1
	Schweiz	0	0	1

Die WM-Medaillensammler:

14	Merlene Ottey (JAM)	1983-97	3	4	7	100 m, 200 m, 4x100 m
10	Carl Lewis (USA)	1983-93	8	1	1	100 m, 200 m, Weit, 4x100 m
8	Gwen Torrence (USA)	1991-95	3	4	1	100 m, 200 m, 4x100 m, 4x400 m
7	Michael Johnson (USA)	1991-97	7	0	0	200 m, 400 m, 4x400 m
6	Sergej Bubka (URS/UKR)	1983-97	6	0	0	Stabhochsprung
6	Gail Devers (USA)	1991-97	4	2	0	100 m, 100 m Hürden, 4x100 m
6	Heike Drechsler (GDR/GER)	1983-97	2	3	1	100 m, Weit, 4x100 m
6	Harry Reynolds (USA)	1987-95	3	2	1	400 m, 4x400 m
6	Irina Priwalowa (RUS)	1991-95	1	3	2	100 m, 200 m, 4x100 m, 4x400 m
5	Tony Jarrett (GBR)	1991-97	0	3	2	110 Hürden, 4x100 m
5	Jearl Miles (USA)	1991-97	3	1	1	400 m 4x400 m
5	John Regis (GBR)	1987-93	1	2	2	200 m, 4x100 m, 4x400 m

Hochsprung

1. JAVIER SOTOMAYOR (CUB)	2,37
2. ARTUR PARTYKA (POL)	2,35
3. TIMOTHY FORSYTH (AUS)	2,35
4. STEINAR HOEN (NOR)	2,32
DALTON GRANT (GBR)	2,32
6. LAMBROS PAPAKOSTAS (GRE)	2,32
7. CONSTANTIN MATUSEWITSCH (ISR)	2,29
LEE JIU-TAEK (KOR)	2,29
9. Martin Buss (GER)	2,29

Stabhochsprung

1. SERGEJ BUBKA (UKR)	6,01
2. MAXIM TARASSOW (RUS)	5,96
3. DEAN STARKEY (USA)	5,91
4. TIM LOBINGER (GER)	5,80
5. NICHOLAS BUCKFIELD (GBR)	5,70
6. PAT MANSON (USA)	5,70
7. WADIM STROGALJOW (RUS)	5,70
8. JEWGENI SMIRJAGIN (RUS)	5,70
DNQ: Andrej Tiwontschik (GER)	5,60
Michael Stolle (GER)	5,60

Weitsprung

1. IVAN PEDROSO (CUB)	8,42
2. ERICK WALDER (USA)	8,38
3. KIRILL SOSUNOW (RUS)	8,18
4. JAMES BECKFORD (JAM)	8,14
5. NELSON FERREIRA, JR. (BRA)	8,04
6. ALEXANDER GLAWAZKI (BLR)	8,03
7. CHEIKH TOURE (SEN)	7,98
8. KEVIN DILWORTH (USA)	7,88

Dreisprung

1. YOELVIS QUESADA (CUB)	17,85
2. JONATHAN EDWARDS (GBR)	17,69
3. ALIECER URRUTIA (CUB)	17,64
4. DENIS KAPUSTIN (RUS)	17,59
5. BRIAN WELLMAN (BER)	17,22
6. JEROME ROMAIN (DMN)	17,17
7. CHRISTOS MELETOGLOU (GRE)	17,12
8. ANDREW OWUSU (GHA)	17,11
11. Charles Friedek (GER)	16,86

Kugelstoßen

1. JOHN GODINA (USA)	21,44
2. OLIVER-SVEN BUDER (GER)	21,24
3. C.J. HUNTER (USA)	20,33
4. JURI BELONOG (UKR)	20,26
5. MIKA HALVARI (FIN)	20,13
6. ROMAN WIRASTJUK (UKR)	20,12
7. KEVIN TOTH (USA)	20,02
8. MICHAEL MERTENS (GER)	19,91
DQ: Alexander Bagatsch (UKR)	(21,47)

Diskuswerfen

1. LARS RIEDEL (GER)	68,54
2. VIRGILIJUS ALEKNA (LIT)	66,70
3. JÜRGEN SCHULT (GER)	66,14
4. WLADIMIR DUBROWSCHTSCHIK (BLR)	66,12
5. JOHN GODINA (USA)	65,40
6. ANDREAS SEELIG (GER)	64,48
7. ADAM SETLIFF (USA)	63,44
8. ROBERT WEIR (GBR)	63,06

Hammerwerfen

1. HEINZ WEIS (GER)	81,78
2. ANDREJ SWARUK (UKR)	81,46
3. WASSILI SIDORENKO (RUS)	80,76
4. BALAZS KISS (HUN)	79,96
5. IGOR ASTAPKOWITSCH (BLR)	79,70
6. ILJA KONOWALOW (RUS)	78,68
7. WADIM CHERSONZEW (RUS)	77,42
8. ALEXEJ KRYKUN (UKR)	77,14
9. Karsten Kobs (GER)	76,12
DNQ: Holger Klose (GER)	(75,16)

Speerwerfen

1. MARIUS CORBETT (RSA)	88,40
2. STEVE BACKLEY (GBR)	86,80
3. KOSTAS GATZIOUDIS (GRE)	86,64
4. MICK HILL (GBR)	86,54
5. SERGEJ MAKAROW (RUS)	86,32
6. BORIS HENRY (GER)	84,54
7. EMETERIO GONZÁLEZ (CUB)	83,56
8. AKI PARVIAINEN (FIN)	82,80
DNQ: Raymond Hecht (GER)	(79,38)
Andreas Linden (GER)	(75,90)

Zehnkampf

1. TOMÁS DVORÁK (CZE)	8837
2. EDUARD HÄMÄLÄINEN (FIN)	8730
3. FRANK BUSEMANN (GER)	8652
4. STEVE FRITZ (USA)	8463
5. RAMIL GANIJEW (UZB)	8445
6. ERKI NOOL (EST)	8413
7. STEFAN SCHMID (GER)	8360
8. MICHAEL SMITH (CAN)	8307
10. Klaus Isekenmeier (GER)	8180

FRAUEN

100 m

1. MARION JONES (USA)	10,83
2. SHANNA PINTUSSEWITSCH (UKR)	10,85
3. SEVATHEDA FYNES (BAH)	11,03
4. CHRISTINE ARRON (FRA)	11,05
5. INGER MILLER (USA)	11,18
6. MELANIE PASCHKE (GER)	11,19
7. MERLENE OTTEY (JAM)	11,29
8. CHRYSTE GAINES (USA)	11,32
DNQ: Andrea Philipp (GER) 8. Semifinale	(11,40)
Esther Möller (GER) 7. Zwischenlauf	(11,42)

200 m

1. SHANNA PINTUSSEWITSCH (UKR)	22,32
2. SUSANTHIKA JAYASINGHE (SRI)	22,39
3. MERLENE OTTEY (JAM)	22,40
4. JEKATARINA LESCHTSCHOWA (RUS)	22,50
5. INGER MILLER (USA)	22,52
6. MARINA TRANDENKOWA (RUS)	22,65
7. MELINDA GAINSFORD-TAYLOR (AUS)	22,73
8. SYLVAINNE FÉLIX (FRA)	22,81
DNQ: Melanie Paschke (GER) 5. Zwischenlauf	(23,22)
Shanta Ghosh (GER) 8. Zwischenlauf	(23,62)
Gabriele Rockmeier (GER) 6. Vorlauf	(23,22)

400 m

1. CATHERINE FREEMAN (AUS)	49,77
2. SANDIE RICHARDS (JAM)	49,79
3. JEARL MILES-CLARK (USA)	49,90
4. GRIT BREUER (GER)	50,06
5. FALILAT OGUNKOJA (NGR)	50,27
6. HELENA FUCHSOVÁ (CZE)	50,66
7. PAULINE DAVIS (BAH)	50,68
8. TATJANA ALEXEJEWA (RUS)	51,37
DNQ: Anja Rücker (GER) 7. Semifinale	(51,94)

800 m

1. ANA FIDELIA QUIROT (CUB)	1:57,14
2. JELENA AFANASJEWA (RUS)	1:57,56
3. MARIA MUTOLA (MOZ)	1:57,59
4. LETITIA VRIESDE (SUR)	1:58,12
5. LUDMILLA FORMANOVÁ (CZE)	1:59,52
6. TONI HODGKINSON (NZL)	2:00,40
7. JOETTA CLARK (USA)	2:02,05
8. STELLA JONGMANS (NED)	2:05,50
DNQ: Linda Kisabaka (GER) 3. Vorlauf	(2:03,22)

1500 m

1. CARLA SACRAMENTO (POR)	4:04,24
2. REGINA JACOBS (USA)	4:04,63
3. ANITA WEYERMANN (SUI)	4:04,70
4. MAITE ZUNIGA (ESP)	4.04,80
5. LEAH PELLS (CAN)	4:06,18
6. ANDREA SULDESOVÁ (CZE)	4:06,33
7. OLGA NELJUBOWA (RUS)	4:07,34
8. SONIA O'SULLIVAN (IRL)	4.07,81
DNQ: Carmen Wüstenhagen (GER) 12. Semifinale	(4:15,08)
Sylvia Kühnemund (GER) 10. Vorlauf	(4:11,21)

5000 m

1. GABRIELA SZABO (ROM)	14:57,14
2. ROBERTA BRUNET (ITA)	14:58,29
3. FERNANDA RIBEIRO (POR)	14:58,85
4. PAULA RADCLIFFE (GBR)	15:01,74
5. LYDIA CHEROMEI (KEN)	15:07,88
6. JIANYING (CHN)	15:10,65
7. HICKMAN (USA)	15:11,15
8. HIROYAMA (JPN)	15:21,19

10 000 m

1. SALLY BARSOSIO (KEN)	31:32,92
2. FERNANDA RIBEIRO (POR)	31:39,15
3. MASAKO CHIBA (JPN)	31:41,93
4. BERHANE ADERE (ETH)	31:48,95
5. REN XIUJUAN (CHN)	31:50,63
6. TEGLA LOROUPE (KEN)	32:00,93
7. YANG SIJU (CHN)	32:01,61
8. COLLEEN DE REUCK (RSA)	32:03,81

Marathon

1. HIROMI SUZUKI (JPN)	2:29:48
2. MANUELA MACHADO (POR)	2:31:12
3. LIDIA SIMON (ROM)	2:31:55
4.TAKAKO TOBISE (JPN)	2:32:18
5. ORNELLA FERRARA (ITA)	2:33:10
6. IRIS BIBA (GER)	2:34:06
7. SONJA OBEREM (GER)	2:35:28
8. AZZEDINE SAHKRI (ALG)	2:37,41
32. Manuela Veith (GER)	*2:48:45*
DNF: Birgit Jerschabek	

100 m Hürden

1. LUDMILA ENGQUIST (SWE)	12,50
2. SWETLA DIMITROWA (BUL)	12,58
3. MICHELLE FREEMAN (JAM)	12,61
4. BRIGITA BUKOVEC (SLO)	12,69
5. DIONNE ROSE (JAM)	12,87
6. KATIE ANDERSON (CAN)	12,88
7. SWETLANA LAUCHOWA (RUS)	12,98
DQ: Patricia Girard (FRA)	
DNQ: Heike Blassneck (GER) 5. Semifinale	*(13,25)*

400 m Hürden

1. NEZHA BIDOUANE (MAR)	52,97
2. DEON HEMMINGS (JAM)	53,09
3. KIM BATTEN (USA)	53,52
4. TATJANA TERESCHTSCHUK (UKR)	53,81
5. DEBBIE PARRIS (JAM)	54,19
6. TONJA BUFORD-BAILEY (USA)	54,77
7. SUSAN SMITH (IRL)	55,25
8. ANDREA BLACKETT (BAR)	55,63
DNQ: Silvia Rieger (GER) 6. Semifinale	*(55,08)*

10 km Gehen

1. ANNARITA SIDOTI (ITA)	42:55,49
2. OLGA KARDOPOLZEWA (BLR)	43.30,20
3. WALENTINA ZYBULSKAJA (BLR)	43:49,24
4. LIU HONGYU (CHN)	43:56,86
5. ERICA ALFRIDI (ITA)	43:59,73
6. ANIKO SZEBENSZKY (HUN)	44:14,94
7. GU YAN (CHN)	44:24,17
8. ANITA LIEPINA (LAT)	45:00,56
DQ: Olimpiada Iwanowa (RUS)	*43:07,63*
DNF: Beate Gummelt (GER)	
DNQ: Kathrin Boyde (GER) 17. Vorkampf	*(48:01,28)*

4x100 m

1. USA	41,47
(Chryste Gaines, Marion Jones, Inger Miller, Gail Devers)	
2. JAM	42,10
(Beverly McDonald, Merlene Frazer, Juliet Cuthbert, Beverley Grant)	
3. FRA	42,21
(Patricia Girard-Leno, Christine Arron, Delphine Combe, Sylviane Félix)	
4. GER	42,44
(Melanie Paschke, Esther Möller, Birgit Rockmeier, Andrea Philipp)	
5. RUS	42,50
(Olga Powtarewa, Galina Maltschugina, Marina Trandenkowa, Jekatarina Leschtschowa)	
6. BAH	42,77
(Eldece Clarke, Sevatheda Fynes, Debbie Ferguson, Pauline Davis)	
7. NGR	43,27
(Beatrice Utondu-Okoye, Endurance Ojokolo, Angela Atede, Falilat Ogunkoya)	
8. CHN	43,32
(Pei Fang, Yan Jiankui, Liu Xiaomei, Li Xuemei)	

4x400 m

1. GER	3:20,92
(Anka Feller, Uta Rohländer, Anja Rücker, Grit Breuer	
2. USA	3:21,03
(Maicel Malone-Wallace, Kim Graham, Kim Batten, Jearl Miles-Clark)	
3. JAM	3:21,30
(Inez Turner, Lorraine Graham, Deon Hemmings, Sandie Richards)	
4. RUS	3:21,57
(Tatjana Schebykina, Olga Kotljarowa, Jekatarina Kulikowa, T. Alexejewa)	
5. CZE	3:23,73
(Nadezda Kostalová, Ludmilla Formanová, Hana Benesová, Helena Fuchsová)	
6. GBR	3:26,27
(Alison Curbisley, Michelle Pierre, Michelle Thomas, Donna Fraser)	
7. NGR	3:30,04
(Olabisi Afolabi, Fatima Yusuf, Doris Jacob, F. Ogunkoya)	
8. ITA	3:30,63
(Patrizia Spuri, F. Carbone, Carla Barbarino, Virna De Angeli)	

Hochsprung

1. HANNE HAUGLAND (NOR)	1,99
2. OLGA LAITURINA (RUS)	1,96
INGA BABAKOWA (UKR)	1,96
4. JULIA LJACHOWA (RUS)	1,96
5. TATJANA MOTKOWA (RUS)	1,93
6. KAJSA BERGQVIST (SWE)	1,93
7. ALINA ASTAFEI (GER)	1,93
BRITTA BILAC (SLO)	1,93
10. Heike Balck (GER)	*1,90*

Weitsprung

1. LUDMILLA GALKINA (RUS)	7,05
2. NIKI XANTHOU (GRE)	6,94
3. FIONA MAY (ITA)	6,91
4. HEIKE DRECHSLER (GER)	6,89
5. JACKIE JOYNER-KERSEE (USA)	6,79
6. SUSAN TIEDTKE-GREENE (GER)	6,78
7. WIKTORIA WERSCHININA (UKR)	6,71
8. ERICA JOHANSSON (SWE)	6,64
DNQ: Sabine Braun (GER)	*(6,20)*

Dreisprung

1. SARKA KASPARKOVÁ (CZE)	15,20
2. RODICA MATEESCU (ROM)	15,16
3. JELENA GOWOROWA (UKR)	14,67
4. OLGA VASDEKI (GRE)	14,62
5. ASHIA HANSEN (GBR)	14,49
6. TEREZA MARINOWA (BUL)	14,34
7. JELENA BLAZEVICA (LAT)	14,06
8. BETTY LISE (FRA)	14,03
10. Petra Lobinger (GER)	*13,86*

Kugelstoßen

1. ASTRID KUMBERNUSS (GER)	20,71
2. WITA PAWLITSCH (UKR)	20,66
3. STEPHANIE STORP (GER)	19,22
4. HUANG ZHIHONG (CHN)	19,15
5. CONNIE PRICE-SMITH (USA)	19,00
6. LI MEISU (CHN)	18,62
7. NADINE KLEINERT (GER)	18,42
8. KRYSTYNA DANILCZYK (POL)	17,83

Diskuswerfen

1. BEATRICE FAUMUINA (NZL)	66,82
2. JELLINA ZWEREWA (BLR)	65,90
3. NATALJA SADOWA (RUS)	65,14
4. LARISSA KOROTKEWITSCH (RUS)	63,02
5. IRINA JASCHTSCHENKO (BLR)	62,58
6. TERESA MACHADO (POR)	62,00
7. STELLA TSIKOUNA (GRE)	61,92
8. AGNESE MAFFEIS (ITA)	61,40
DNQ: Franka Dietzsch (GER)	

Speerwerfen

1. TRINE HATTESTAD (NOR)	68,78
2. JOANNA STONE (AUS)	68,64
3. TANJA DAMASKE (GER)	67,12
4. MIKAELA INGBERG (FIN)	66,00
5. FELICIA TILEA (ROM)	64,90
6. SONIA BISSET (CUB)	63,80
7. OSLEIDIS MENENDEZ (CUB)	63,76
8. TATJANA SCHIKOLENKO (RUS)	63,76
DNQ: Silke Renk (GER)	*(60,72)*
Karen Forkel (GER)	*(60,70)*

Siebenkampf

1. SABINE BRAUN (GER)	6739
2. DENISE LEWIS (GBR)	6654
3. REMIGIJA NAZAROVIENÉ (LIT)	6566
4. URSULA WLODARCZYK (POL)	6542
5. NATALJA SASSANOWITSCH (BLR)	6428
6. MONA STEIGAUF (GER)	6406
7. DEDEE NATHAN (USA)	6298
8. IRINA WOSTRIKOWA (RUS)	6277
9. Peggy Beer (GER)	*6259*

IAAF-MITGLIEDSLÄNDER

AFG Afghanistan
AHO Niederländische Antillen
ALB Albanien
ALG Algerien
AMS Amerikanisch-Samoa
AND Andorra
ANG Anguilla
ANO Angola
ANT Antigua und Barbuda
ARG Argentinien
ARM Armenien
ARU Aruba
AUS Australien
AUT Österreich
AZE Aserbaidschan
BAH Bahamas
BAN Bangladesh
BAR Barbados
BEL Belgien
BEN Benin
BER Bermudas
BHR Bahrain
BHU Bhutan
BIZ Belize
BKF Burkina Faso
BLR Beloroußland
BOL Bolivien
BOT Botswana
BRA Brasilien
BRU Brunei
BSH Bosnien-Herzegowina
BUL Bulgarien
BUR Burundi
BVI Britische Jungferninseln
CAF Zentralafrikanische Republik
CAN Kanada
CAY Cayman-Inseln
CGO VR Kongo
CHA Tschad
CHI Chile
CHN VR China
CIV Elfenbeinküste
CKI Cook-Inseln
CMR Kamerun
COL Kolumbien
COM Komoren
CRC Kostarika
CRO Kroatien
CUB Kuba
CVD Kapverdische Inseln
CYP Zypern
CZE Tschechien (seit 1993, vorher ČSSR bzw ČSFR)
DEN Dänemark
DJI Dschibuti
DMN Dominica
DOM Dominikanische Republik
DR Kongo (Zaïre)
ECU Ekuador
EGY Ägypten
ERI Erithrea
ESA El Salvador
ESP Spanien
EST Estland
ETH Äthiopien
FIJ Fidschi-Inseln
FIN Finnland
FRA Frankreich
GAB Gabun
GAM Gambia
GBR Großbritannien und Nordirland
GBS Guinea Bisseau
GEO Georgien
GEQ Äquatorial-Guinea
GER Deutschland
GHA Ghana
GIB Gibraltar
GRE Griechenland
GRN Grenada
GUA Guatemala
GUI Guinea
GUM Guam
GUY Guyana
HAI Haiti
HGK Hongkong
HON Honduras
HUN Ungarn
INA Indonesien
IND Indien
IRL Irland
IRN Iran
IRQ Irak
ISL Island
ISR Israel
ISV Jungferninseln
ITA Italien
JAM Jamaika
JOR Jordanien
JPN Japan
KEN Kenia
KGZ Kirgisien
KHM Kambodscha
KOR Republik Korea
KUW Kuweit
KZK Kasachstan
LAO Laotische VR
LAT Lettland
LBA Lybische Arabische Jamahiriya
LBR Liberia
LES Lesotho
LIB Libanon
LIE Liechtenstein
LIT Litauen
LUX Luxemburg
MAC Macao
MAD Madagaskar
MAR Marokko
MAS Malaysia
MAW Malawi
MEX Mexiko
MGL Mongolei
MKD frühere Jugoslawische Republik von Mazedonien
MLD Malediven
MLI Mali
MLT Malta
MNT Montserrat
MOL Moldava
MON Monaco
MOZ Moçambique
MRI Mauritius
MSH Marschallinseln
MTN Mauritanien
MYA Myanmar
NAM Namibia
NAU Nauru
NCA Nikaragua
NED Niederlande
NEP Nepal
NFI Norfolkinseln
NGR Nigeria
NGU Papua-Neuguinea
NIG Niger
NMA Nord-Marianen-Inseln
NOR Norwegen
NZL Neuseeland
OMN Oman
PAK Pakistan
PAL Palästina
PAN Panama
PAR Paraguay
PER Peru
PHI Philippinen
PLW Palau
POL Polen
POR Portugal
PRK Demokratische Volksrepublik Korea
PUR Puerto Rico
QAT Katar
ROM Rumänien
RSA Südafrika
RUS Russische Föderation
RWA Ruanda
SAM Westsamoa
SAU Saudi-Arabien
SEN Senegal
SEY Seychellen
SIN Singapore
SLE Sierra Leone
SLO Slowenien
SMR San Marino
SOL Solomon-Inseln
SOM Somalia
SRI Sri Lanka
STK Saint Kitts und Principé
STP Sao Tomé und Principe
STV Saint Vincent und die Grenadines
SUD Sudan
SUI Schweiz
SUR Surinam
SVK Slowakei
SWE Schweden
SWZ Swaziland
SYR Syrische Arabische Republik
TAH Tahiti
TAN Vereinigte Republik von Tansania
THA Thailand
TJK Tadschikistan
TKM Turkmenien
TOG Togo
TON Tonga
TPE Chinesisches Taipei
TRI Trinidad und Tobago
TUN Tunesien
TUR Türkei
UAE Vereinigte Arabische Emirate
UGA Uganda
UKR Ukraine
URU Uruguay
USA Vereinigte Staaten von Amerika
UZB Usbekistan
VAN Vanuatu
VEN Venezuela
VIE Vietnam
YEM Jemen
YUG Jugoslawien
ZAM Sambia
ZIM Simbabwe

WEITERE ABKÜRZUNGEN:
FRG Bundesrepublik Deutschland
GDR Deutsche Demokratische Republik
IWP Unabhängige Weltmeisterschafts teilnehmer
URS Union der Sozialistischen Sowjetrepubliken
DNF aufgegeben
DQ disqualifiziert
DNQ nicht im Finale

Leichtathletik international

Wassermann –
das SPORTFOTO DES JAHRES 1996 von Laci Perenyi.

Mark Davis (USA), nachdem er sich in Atlanta überraschend für das olympische Finale über 3000 m Hindernis qualifizierte.

47

Der lange Abschied des Carl Lewis

Anita Verschoth

Anfangs wollte er Jesse Owens nacheifern, der 1936 viermal Olympiasieger geworden war. Doch ihn hatte Carl Lewis bereits 1984 erreicht, und inzwischen besitzt er fünf Goldmedaillen mehr. Nach 23 Wettkampfjahren will „Carl der Große" nun endgültig Abschied nehmen von der Leichtathletik. Sie verdankt ihm viel.

Am 24. Juli 1982, als Carl Lewis gerade 21 Jahre alt war und am Olympic Festival in Indianapolis, einer Art Spartakiade, teilnahm, landete er im Weitsprung bei der 30-Fuß-Marke. Diese Weite, etwa 9,15 m, hätte Weltrekord bedeutet, denn Lewis sprang 25 Zentimeter über die von Bob Beamon seit 14 Jahren gehaltenen Bestmarke hinaus. Es gibt viele Zeugen, vor allem Journalisten, die den Wettkampf aus nächster Nähe verfolgten, und sie erinnern sich noch heute gern an diesen fabelhaften Sprung. Doch ein voreiliger Offizieller rief „ungültig" und verwischte schnell Carls Abdrücke im Sand. Er hätte mit einem Zeh übergetreten, hieß die Erklärung. Auf dem Plastilinstreifen wurde aber keine Spur gefunden.

So sollte der größte Weitspringer aller Zeiten in dieser Disziplin niemals den Freiluft-Weltrekord besitzen. Doch mit diesem Satz begann die einmalige, 15 Jahre dauernde Karriere des großen Talentes Carl Lewis, eine Karriere, die er mutig und zielbewußt verfolgte, die sowohl von Glück als auch von Pech charakterisiert war. Neben dem süßen Wein mußte Carl Lewis immer auch den bitteren Tropfen schlucken.

Noch einmal dreht der nun 36jährige eine Ehrenrunde um die Welt. Während des US-Championats im Juni, das als Ausscheidung für die Weltmeisterschaften in Athen diente, trainierte Lewis in Houston, Texas für seine letzten Aufritte. An der Weltmeisterschaft wollte er nicht teilnehmen, es sei denn, Primo Nebiolo hätte ihn mit einer „wild card" direkt ins 100-m-Finale gelockt. „Dieses Jahr laufe ich nur noch zum Spaß," kommentierte Carl Lewis diesen Entschluß. „Ich möchte mich meinem Publikum noch einmal vorstellen."

Seit seinem Olympiasieg im Weitsprung von Atlanta - seiner insgesamt neunten Goldmedaille - springt er nicht mehr. Und die 100 m kann er wohl auch nicht mehr unter 10 Sekunden laufen. Aber er wird überall noch so gefeiert wie der „King Carl" von einst. Bei einem Start in den Mt. SAC Relays in Kalifornien im April 1997 gewann er als Schlußläufer mit seiner Mannschaft, dem Santa Monica Track Club, die 4 x 100-m-Staffel gegen eine starke Truppe, zu der Ato Boldon und Jon Drummond gehörten. Er erntete so stürmischen Beifall, daß er immer wieder zu einer neuen Ehrenrunde ansetzte.

Carl Lewis hatte immer Charisma. Er brillierte nicht nur durch seine Leistungen, seine bilderbuchschöne, ja, anmutige Technik im Sprung wie im Sprint, er war auch einer der ersten Leichtathleten, die erkannten, daß Sport Unterhaltung sein muß. Auch als Athlet, als Mann, war er stets eine Augenweide. Seine Erscheinung, seine modischen Outfits, seine Frisur, immer wieder anders, zogen die Blicke der Zuschauer an. Da war der weiße Trainer, den Rücken mit dem Titel „King Carl" verziert. Und da war der Heckenhaarschnitt à la Grace Jones, der Pferdeschwanz à la Karl Lagerfeld. Noch vor kurzem überraschte uns Carl mit einer Dreadlocks-Perücke (lauter baumelnde Zöpfchen).

In Europa und dem Fernen Osten war Lewis stets ein Superstar, der sich auch so benehmen durfte. Seine Fans - gleich denkt man an die Stehtribünen in Zürich - schrien im Chor nach ihm, bis er vor ihnen erschien und wie ein Dirigent mit seinen Armen im Takt mitschwang. In den USA dagegen hatte er wohl ebenso viele Kritiker wie Bewunderer. Sein Hang zum extravagant Modischen wurde vor allem vom typisch amerikanischen männlichen Spießbürger kritisiert. Dem Argument, wonach Lewis viel für seinen Sport getan hat, indem er dazu beitrug, daß Leichtathleten heute wie Profis behandelt und dementsprechend bezahlt werden,

Carl Lewis
geb. 1. Juli 1961 in Birmingham, Alabama
1,88 m groß, 80 kg schwer
Verein: Santa Monica TC

wird oft entgegengehalten, daß Lewis hauptsächlich für sein eigenes Bankkonto gesorgt habe.

Nein, Carl Lewis ist in den USA keine Legende, was auch daran liegt, daß er es nie verstanden hat, die wichtigsten Presseleute auf seine Seite zu bringen. Er liebte vielmehr riesige Pressekonferenzen, in denen er oft lang und vor allem langweilig redete. Demzufolge brachten ihm die amerikanischen Fans immer nur eine Art Haßliebe entgegen, welche, so glauben viele, während der Olympischen Spiele von 1984 in Los Angeles begann.

Nachdem Lewis damals die 100 m mit einem phantastischen Finish in 9,99 s gewonnen hatte, erreichte er im Weitsprung-Finale mit seinem ersten Versuch 8,54 m. Nach dem zweiten, einem ungültigen Durchgang verzichtete er auf seine restlichen vier Sprünge, was ihm zu seiner Enttäuschung Schmährufe vom Publikum einbrachte. Die Leute legten seinen Verzicht als Überheblichkeit aus, und sie wollten etwas für ihr Geld sehen. Einen Weltrekord womöglich, aber Lewis wußte, daß der starke Gegenwind keinen Rekord zuließ.

Außerdem hatte Lewis eine Mission: Elf Jahre zuvor, als Junge, hatte er Jesse Owens kennengelert, und seither verehrte er den

Viermal Olympiasieger, dreimal Weltmeister - Carl Lewis ist der größte Weitspringer aller Zeiten, der nie Weltrekord sprang. Bei den WM 1991 in Tokio übertraf er mit 8,91 m Bob Beamon um einen Zentimeter, doch es herrschte mit 2,9 m/s zu starker Rückenwind. Wenig später folgte Mike Powell mit regulären 8,95 m.

Die Erfolgsbilanz

OLYMPISCHE SPIELE
Gold 9, Silber 1

1984		
100 m	Gold	9,99
200 m	Gold	19,80
4x100 m	Gold	37,83
Weitsprung	Gold	8,54
1988		
100 m	Gold	9,92
Weitsprung	Gold	8,72
200 m	Silber	19,79
1992		
4x100 m	Gold	37,40
Weitsprung	Gold	8,67
1996		
Weitsprung	Gold	8,50

WELTMEISTERSCHAFTEN
Gold 8, Silber 1, Bronze 1

1983		
100 m	Gold	10,07
4x100 m	Gold	37,86
Weitsprung	Gold	8,55
1987		
100 m	Gold	9,93
4x100 m	Gold	37,90
Weitsprung	Gold	8,67
1991		
100 m	Gold	9,86
4x100 m	Gold	37,50
Weitsprung	Silber	8,91
1993		
200 m	Bronze	19,99

WELTREKORDE
Einzel 2, Staffel 6

100 m		
9,92	Seoul	24.9.1988
9,86	Tokio	25.8.1991
4x100 m		
37,86	Helsinki	10.8.1983
37,83	Los Angeles	11.8.1984
37,79	Monte Carlo	3.8.1991
37,67	Zürich	7.8.1991
37,50	Tokio	1.9.1991
37,40	Barcelona	8.8.1992

vierfachen Olympiasieger von 1936. Nun wollte er, vier Jahre nach Owens' Tod, seinem Idol nachstreben und viermal Gold in den gleichen Disziplinen gewinnen, in denen sein Vorbild in Berlin triumphiert hatte. Deshalb wollte er im Weitsprung Kräfte sparen für seine letzten zwei Runden - über 200 m und als Schlußläufer in der 4 x 100-m-Staffel. Der Plan ging auf, aber Lewis wurde nie ein unumstrittener Publikumsliebling in den Vereinigten Staaten.

In 1988 in Seoul wollte er seinen Erfolg von Los Angeles wiederholen, aber wieder gab es Enttäuschungen. Er lief über 100 m die damals schnellste Zeit seines Lebens, 9,92 s, doch er wurde von dem Kanadier Ben Johnson in unglaublichen 9,79 s überflügelt. Drei Tage später, nachdem Lewis den Weitsprung gewonnen hatte, machte Johnsons positiver Dopingtest Schlagzeilen. Lewis war nun der Sieger der 100 m, aber ihm war nicht vergönnt gewesen, auf dem obersten Treppchen seine Goldmedaille zu empfangen. Da die Siegerehrung vorbei war und keine neue eingesetzt wurde, erhielt er sie in einem Hinterzimmer.

Über 200 m schlug ihn dann noch sein Freund und Trainingspartner Joe DeLoach, und im 4 x 100-Finale kam er gar nicht erst zum Einsatz, weil seine Mannschaftskameraden im Vorlauf disqualifiziert worden waren.

Und wieder hatte Lewis Pech - im Weitsprung bei der Weltmeisterschaft von 1991 in Tokio. Bis dahin war er in 65 Wettkämpfen ungeschlagen, und in einem spannenden Duell mit Mike Powell sprang er 8,91 m im dritten Durchgang, einen Zentimeter weiter als Bob Beamon bei seinem Weltrekord 1968 in Mexiko-Stadt. Doch sein Sprung wurde von einem unerlaubt starken Rükkenwind begünstigt. Powell konterte mit 8,95 m und kassierte die Goldmedaille und den Weltrekord. Lewis schmerzlindernde Pille: sein Weltrekord von 9,86 s im 100-m-Finale.

Aber auch ohne den Weitsprungrekord war Carl Lewis der dominierende Athlet in dieser Disziplin. Kein anderer hat vier Goldmedaillen bei vier Olympischen Spielen - von 1984 bis 1996 - gewonnen. Insgesamt wurde er neunmal Olympiasieger, so oft wie der finnische Läufer Paavo Nurmi, die sowjetische Turnerin Larissa Latynina und der amerikanische Schwimmer Mark Spitz. Nur einer erreichte einen olympischen Sieg mehr: das US-Sprungwunder Ray Ewry, dank der zusätzlichen Spiele von 1906. Seine letzte Goldmedaille im Weitsprung 1996 in Atlanta war für Carl Lewis die schönste, weil er sich, wie er sagte, am meisten für sie anstrengen mußte. Dabei hatte er ausnahmsweise mal Glück: Iván Pedroso, Weltmeister von 1995, fehlte wegen einer Verletzung. Doch auch mit dem starken Kubaner hätte wohl kaum einer gewettet, daß Carl Lewis sich nicht gesteigert hätte, schon allein um einer Herausforderung zu begegnen: Der Weitsprung war immer seine ganz große Liebe.

Nun dürfen wir ihn noch einmal erleben, und wen stört´s, wenn er mit seinen 36 Jahren nicht gewinnen sollte? Ob mit Heckenschnitt oder Dreadlocks, King Carl wird eine Show abgeben, die letzte in seiner Ära. Am 26. August 1997, so sieht es sein Plan vor, wird er seinen Abschied von Europa in Berlin feiern, über 100 m und als Schlußläufer einer Staffel. Das war's dann, oder auch nicht: Carl Lewis ist immer gut für Überraschungen.

Und wie möchte er uns in Erinnerung bleiben? Carl Lewis: „Viele Leute haben mir gesagt, ‚Du kannst das nicht, du kannst dich als Weltklasseathlet nicht so lange an der Spitze halten.'

Ich hoffe, anderen Athleten weiter eine Inspiration zu sein, damit auch sie leisten können, was man nicht für möglich hält." ■

Annie Leibovitz

at the Olympic Museum

The exhibition of photographs by
Annie Leibovitz, *"Olympic Portraits"*,
sponsored by Swatch, has been
donated to the Olympic Museum
'n Lausanne for exhibition to its
isitors and for travelling to those
es that request it.
exceptional series of portraits
erican athletes made by the
ble photographer was the
ne pavilion that Swatch set
Olympic Park Centennial
Atlanta Games which
by thousands.
graphic exhibition shows
nd swimmers, divers and
chers and fencers,
nd gymnasts, and
ny celebrated Olympians.
tz began taking pictures
ne *"Rolling Stone"*
e was a student
isco Art Institute.
she became the
photographer,
tive style of
recipient of the
of Magazine
Innovation in
ow photographs
addition to other
she became the
grapher
an ever –
hibited at the
ion's prestigious
llery in
is show,
rnational
y, became the
Leibovitz:
992.

Athletics. Carl Lewis.

Die besten Leistungen aller Zeiten im Weitsprung

8,95	MIKE POWELL (USA)	Tokio	30.8.1991
8,90	BOB BEAMON (USA)	Mexiko-Stadt	18.10.1968
8,87	CARL LEWIS (USA)	Tokio	30.8.1991
8,86	ROBERT EMMIJAN (URS)	Zachkadzor	22.5.1987
8,79	Lewis	Indianapolis	19.6.1983
8,79i	Lewis	New York	27.1.1984
8,76	Lewis	Indianapolis	24.7.1982
8,76	Lewis	Indianapolis	18.7.1988
8,75	Lewis	Indianapolis	16.8.1987
8,74	LARRY MYRICKS (USA)	Indianapolis	18.7.1988
8,74	ERICK WALDER (USA)	El Paso	2.4.1994
8,72	Lewis	Seoul	26.9.1988
8,71	Lewis	Westwood	13.5.1984
8,71	Lewis	Los Angeles	19.6.1984
8,71	IVÁN PEDROSO (CUB)	Salamanca	18.7.1995
8,70	Myricks	Houston	17.6.1989
8,70	Powell	Salamanca	27.7.1993
8,70	Pedroso	Göteborg	12.8.1995
8,68	Lewis	Barcelona	5.8.1992
8,68	Pedroso	Lissabon	17.6.1996
8,67	Lewis	Rom	5.9.1987
8,67	Lewis	Barcelona	6.8.1992
8,66	Lewis	Walnut	26.4.1987
8,66	Myricks	Tokio	23.9.1987
8,66	Powell	Villeneuve d'Ascq	29.6.1990
8,66	Lewis	Sestriere	31.7.1994
8,66	Pedroso	Linz	22.8.1995
8,65	Lewis	Brüssel	24.8.1984
8,65	Lewis	San José	26.6.1987
8,64	Lewis	New York	15.6.1991
8,64	Powell	Barcelona	6.8.1992

i - Halle

Oben: Carl Lewis aus der Sicht von Annie Leibovitz, deren Foto-Ausstellung „Olympic Portraits" im Olympischen Museum in Lausanne gezeigt wurde. Aus: OLYMPIC MAGAZINE, Nr. 12, Februar 1997.
Links: Die einzigen Einzel-Weltrekorde stellte Carl Lewis über 100 m auf. Seine Farewell-Tournee begann am 8. Juli 1997 in Stockholm in der 4x100-m-Staffel, und sie soll sich bis Februar '98 hinziehen. In Sydney will sich der 36jährige dann endgültig verabschieden.

Wir können auch anders

Volker Kluge

Es genügt völlig", hieß es 1885 in dem Lehrbuch „Die Turnübung für Mädchen", „wenn sie eine Höhe von 50 Zentimetern überspringen lernen." IOC-Gründer Pierre de Coubertin wollte das „schwache Geschlecht" auf die Rolle des Beifallsspenders für die „männliche Athletik" festlegen. Noch 1960 in Rom bestand die olympische Frauen-Leichtathletik aus nur zehn Disziplinen. Das WM-Programm von Athen '97 war doppelt so groß.

■ Als im Mai 1904 in Berlin das erste deutsche „Damen-Sportfest" stattfand, war anschließend darüber in der „Rad-Welt" folgendes zu lesen:

„Eine sehr deutliche Absage ist dem Sport-Club Komet am letzten Sonntag zuteil geworden. Zu dem mit großem Aufwand in Szene gesetzten Damen-Wettlaufen hatten sich noch nicht 2000 Personen eingefunden, ein Erfolg, der geradezu kläglich genannt werden muß, wenn man die Mittel in Betracht zieht, die dafür aufgewandt wurden. Glücklicherweise besaß das Publikum einen besseren Geschmack und hielt sich trotz des schönen Wetters von der Veranstaltung fern, so daß die deutschen Wettläuferinnen und die Midinettes* mit ihren Kollegen, den Amateur-Radfahrern, so ziemlich unter sich waren. Von den Siegerinnen verzeichnen wir hier nur die Vornamen. Getreu unserem Grundsatze, jeden Menschen solange für anständig zu halten, bis uns das Gegenteil bewiesen wird, nehmen wir an, daß wir es trotz des zweifelhaften Unternehmens mit anständigen Damen zu tun haben, deren Familien es unmöglich angenehm sein kann, wenn ihre Namen in dem Bericht öffentlich genannt werden. So registrieren wir denn nur, daß bei dem Wettlauf der Berlinerinnen ein Fräulein Hedwig Erste wurde, die Zweite Annie hieß, und die Dritte Marie. In dem Kampf gegen die Pariserinnen hieß die Erste Clara, die Zweite Elisabeth und die Dritte Gertrud. Die Französinnen kamen nicht auf die Beine, vielleicht deshalb, weil ihr Bestreben, schön und verführerisch zu sein, größer war als ihr Verlangen, den Sieg zu erringen. Eine der Damen soll sogar ohnmächtig geworden sein, weil sie ihre Taille zu fest geschnürt hatte. - Na, hilfreiche Hände werden ja genug zur Stelle gewesen sein!"

Von solcher männlicher Polemik war die Frauen-Leichtathletik von Anfang an begleitet, und jahrzehntelang galt der Mann als das Maß aller Dinge, eben 100 Prozent. Hingegen las sich die medizinische Einschätzung des Frauenkörpers wie eine einzige Mängelliste: kleiner, schwächer, geringer, niedriger, weniger, breiter, also leistungsminderer... Hartnäckig hielt sich das Vorurteil, Sport mache die Frauen männlicher, ja häßlich, sozusagen Körperkultur der zweiten Wahl. Und bis 1992 mußten sie sich sogar ihre Chromosomen vorzählen lassen, um überhaupt als „weiblich" zu gelten.

Erst als die Französin Alice Milliat 1921 in Monte-Carlo ein Frauen-Sportfestival veranstaltete und eine eigene Organisation gründete, begann der Internationale Leichtathletikverband notgedrungen, sich mit der weiblichen Konkurrenz zu beschäftigen. Es war 1928 in Amsterdam, als die Leichtathletinnen mit fünf Disziplinen gnädig aufgenommen wurden, doch schon der Anblick erschöpfter 800-m-Läuferinnen hinterm Ziel genügte Funktionären, um diesen Wettbewerb für 32 Jahre aus dem Olympischen Programm zu verbannen.

Angesichts dieses historischen Hintergrundes haben die Frauen kurz vor Ende des 20. Jahrhunderts eigentlich alles erreicht, was man erreichen kann. Und es wird nur noch einige Frage der Zeit sein, bis ihr Wettkampfprogramm endgültig „männliches" Niveau aufweisen wird.

Mit den 20 Disziplinen, die bei den Athener Weltmeisterschaften ausgeschrieben waren, hatten die Frauen gegenüber ihren Kollegen nur noch einen Rückstand von vier. Schon jetzt ist abzusehen, daß die Lücke kleiner wird, weil der Stabhochsprung und das Hammerwerfen für die EM 1998 in Budapest beschlossene Sache sind. Mit Sicherheit gibt es 1999 in Sevilla auch Weltmeisterinnen in beiden Disziplinen.

Auch die letzten beiden Schritte, um das Programm komplett zu

* *Putzmacherinnen*

Auch Frauen wollen hoch hinaus: Die Australierin Emma George (oben) hält mit 4,55 m den Stabhochsprung-Weltrekord, und sie hat gute Chancen, im Jahr 2000 zu Hause in Sydney um eine Olympiamedaille zu kämpfen. Diese Programmerweiterung kann die IAAF dem IOC aber nur vorschlagen.
Links: Deutsche Arbeiterturnerinnen 1913 beim Stabweitsprung.

machen (Es bliebe die Differenz von einer Disziplin, weil die Männer über zwei Strecken im Gehen verfügen), sind absehbar: Seit 1992 gibt es vor allem in den USA und in Rußland Versuche im 2000-m-Hindernislauf, doch nicht dieser, sondern die bei den Männern übliche 3000-m-Strecke soll eingeführt werden, weil „halbe Sachen" nach Ansicht von Ilse Bechthold, die seit 1981 Vorsitzende des IAAF-Frauenkomitees ist, keinen Sinn machen. Den Hindernisläuferinnen soll lediglich Erleichterung gewährt werden, indem die Länge des Wassergrabens um sechzig Zentimeter auf 3,06 m verkürzt wird.

Mit der Aufnahme von Frauen-Stabhochsprung ist die Umwandlung des Siebenkampfes in einen Zehnkampf nur noch eine Frage der Logik. Bereits am 20./21. September 1997 wollen die Frauen beim ersten offiziellen Zehnkampf der Welt, bei dem statt der 200 und 800 m wie bei den Männern 400 und 1500 m gelaufen werden, Nägel mit Köpfen machen. Schauplatz wird der Sportpark Nord in Ahlen sein.

Während Ilse Bechthold hofft, daß der Hindernislauf schon 2001 anerkannt ist, rechnet sie mit dem Zehnkampf etwa zwischen 2002 und 2004. Entscheidend für das Tempo ist, wie die Länder mitziehen, und sicherlich wird Europa eine Vorreiterrolle spielen müssen.

Allerdings vollzieht sich auch diese Entwicklung nicht im Selbstlauf. Zwar ist inzwischen kein offener Widerstand mehr zu spüren, doch das Desinteresse insbesondere bei solchen IAAF-Mitgliedsländern, die sich in diesen Disziplinen keine Hoffnungen auf vordere Plätze machen können, ist spürbar. Obwohl die Frauen-Leichtathletik heute nicht mehr um ihre Daseinsberechtigung streiten muß, so ist sie für Ilse Bechthold nach wie vor eine „zarte Pflanze". Wenn es Angriffe gibt, dann meist gegen den Frauensport.

Obwohl die Leichtathletik in Kürze zu fast 50 Prozent „weiblich" sein wird, wird sie unverändert von Männern beherrscht. Bei einem IAAF-Kongreß beispielsweise lassen sich unter den rund 400 Delegierten die wenigen Frauen gut und gerne an zwei Händen abzählen. In den Rat des Föderation gelangten die beiden einzigen Frauen, die marokkanische 400-m-Hürden-Olympiasiegerin von 1984, Nawal El Moutawakel, und die ehemalige kanadische Mittelstrecklerin Abby Hoffman, nur durch eine Quote; und das auch nur für den Zeitraum von vier Jahren. Hingegen besteht das wichtige Technische Komitee allein aus Männern, während die Damen in ihrem Komitee mittlerweile unter sich sind, was Ilse Bechthold, die anfangs von sehr kompetenten Männern, die ein Herz für die Frauen-Leichtathletik hatten, profitierte, auch wieder nicht für die Ideallösung hält.

IAAF-Frauen-Förderungsplan

1990:	*1992:*	*1993:*	*1994:*	*1997:*	*1998:*
Dreisprung: *erster Weltrekord (Li Huriong/CHN 14,54)*	***Dreisprung:*** *erste Hallen-Europameisterin (Inessa Krawez/GUS 14,15)*	***Dreisprung:*** *erste Weltmeisterin (Anna Birjukowa/RUS 15,09)*	***Stabhochsprung:*** *erster Weltrekord (Sun Caiyun/CHN 4,11)* ***Hammerwerfen:*** *erster Weltrekord (Olga Kusenkowa/RUS 66,84)*	***Stabhochsprung:*** *erste Hallen-Weltmeisterin (Stacy Dragila/USA 4,40)* ***Hammerwerfen:*** *erstmals Europapokalsiegerin (Olga Kusenkowa/RUS 73,10)*	***Stabhochsprung:*** *erste Europameisterin* ***Hammerwerfen:*** *erste Europameisterin*

Die Frankfurterin hofft nun, daß sie für die neuen Disziplinen Rükkenwind aus den zehn Regional Development Centers erhält, die im Rahmen der Olympischen Solidarität dazu beitragen, die Leichtathletik auf allen Kontinenten, vor allem in der „Dritten Welt", zu entwickeln. Außerdem hat die IAAF 1998 zum „Jahr der Frau in der Leichtathletik" erklärt. Wenn das kein Impuls ist?

1999:	2000:	2001:	2002-2004:
Stabhochsprung: *erste Weltmeisterin* ***Hammerwerfen:*** *erste Weltmeisterin* ***3000 m Hindernis:*** *erster Weltrekord (Stand 31.12.)*	***Stabhochsprung:*** *erste Olympiasiegerin (?)*	***3000 m Hindernis:*** *erste Weltmeisterin (?)*	***Zehnkampf (?)***

Damen-Wettlauf im langen Rock 1911 in England. Man beachtete: Einer Lady wurde sogar die Startpistole anvertraut.
Oben: Olga Kusenkowa (Rus) erzielte 1997 beim Europapokalfinale im Münchner Olympiastadion mit 73,10 m einen neuen Weltrekord im Hammerwerfen.

Jenseits von Afrika

Volker Kluge

Als „Beginn einer neuen Ära" bezeichnete IAAF-Präsident Primo Nebiolo die Hallen-WM vom 7. bis 9. März 1997 im Pariser Palais Omnisport. Dem Weltmeister winkten 50 000 Dollar, 20 000 gab es für Silber, 10 000 für Bronze. Ein Weltrekord wurde mit weiteren 50 000 belohnt.

■ Einer derjenigen, der diese Stimulation nicht benötigt hätte, war Wilson Kipketer. Der gebürtige Kenianer, der im November 1990 nach Dänemark übersiedelte und bisher vergeblich auf die dänische Staatsbürgerschaft wartete, lief über 800 m zweimal Weltrekord: den 1:43,96 min vom Vorlauf ließ er 1:42,67 min folgen. Sieg plus Weltrekord - macht 100 000 Dollar. Und am 7. Juli, 25 Tage vor Beginn der Athener WM, trat das Langerwartete ein: Kipketer egalisierte den Freiluft-Weltrekord über 800 m, der seit 1981 von dem Briten Sebastian Coe gehalten wird.

Ein Jahr vorher fehlte Kipketer bei den Olympischen Spielen in Atlanta, denn die Kenianer waren nicht bereit, ihn freizugeben; vielmehr boten sie ihm einen Platz in ihrem Team an. Doch Kipketer verzichtete, denn er ist keiner von denen, die nur wegen des höheren Lebensstandards das Land gewechselt haben. Kein Wort der Klage kam über seine Lippen, als die mehrfachen Verhandlungen von Niels Holst-Sørensen mit seinem kenianischen IOC-Kollegen Charles Mukora ergebnislos blieben.

Sicherlich, in erster Linie verdankt es Wilson Kipketer seinem Lauftalent, daß er als Austauschstudent nach Dänemark geschickt wurde, um dort Landwirtschaft zu studieren. Doch seit er mit seinem Freund Robert Kiplagat, der nach seiner Heirat mit einer Dänin Andersen heißt, in Kopenhagen anlandete, identifizierte er sich zunehmend mit seiner neuen Heimat.

Denn jenseits von Afrika schlug Wilson Kipketer, der inzwischen zum Elektronikstudium übergewechselt ist und nahezu akzentfrei dänisch spricht, auch privat Wurzeln. Er verlobte sich mit der früheren dänischen Sprinterin Pernille Falck, und beide wohnen zusammen in einer Kopenhagener Drei-Raum-Wohnung, obwohl sich Kipketer, der zu den Großverdienern der Leichtathletik zählt, durchaus Luxus gönnen könnte. Doch gerade seine Bescheidenheit ist es, weswegen er bei den Dänen so populär ist. Geradezu typisch war der Empfang von 1995 beim Kopenhagener Oberbürgermeister, als er am Rathaus mit dem Fahrrad vorfuhr, obwohl er Besitzer eines silberfarbenen Mercedes ist. Diesen gewann er als 800-m-Weltmeister von Göteborg, doch es dauerte bis 1997, ehe er die Luxuslimousine abholte. Bis dahin konnte Kipketer damit sowieso nichts anfangen, denn er besaß ja nicht einmal einen Führerschein. Beim erstmaligen Versuch, diesen zu erwerben, fiel er durch, und erst im Frühjahr '97 fand er Zeit, die Prüfung nachzuholen.

Kipketer wird von dem Polen Slawomir Nowak trainiert, der durch das „Team Denmark", ein Sponsoren-Pool, finanziert wird. Auch der Manager, Andrej Kowalski, ist ein Pole - er betreut zudem den ukrainischen Stabhochsprung-Weltrekordler Sergej Bubka. Das Problem dieser internationalen „Seilschaft" ist allerdings, daß Trainer und Athlet Schwierigkeiten haben, sich über das rein Sportliche hinaus auszutauschen. Nowak spricht sowohl Dänisch als auch Englisch nur gebrochen, und tiefgreifende Gespräche sind lediglich möglich, wenn seine Ehefrau Maria, die als Englisch-Dolmetscherin arbeitet, anwesend ist.

Obwohl Wilson Kipketer sehr viel für die dänische Leichtathletik, die vor ihm ihren letzten großen Erfolg mit dem EM-Titel von 1974 im Hochsprung durch Jesper Tørring feierte, getan hat, genießt er dafür keine Privilegien. Wie jeder andere ausländische Anwärter muß er sieben Jahre warten, ehe ihm die dänische Staatsangehörigkeit verliehen wird. Im November 1997 läuft die Frist ab, so daß er wahrscheinlich im Frühjahr '98 offiziell ein Däne sein wird. Früh genug, um 2000 in Sydney am Start zu sein. ■

Entwicklung des 800-m-Freiluft-Weltrekords

1:51,9	James Meredith (USA)	Stockholm	8.7.1912
1:51,6	Otto Peltzer (GER)	London	3.7.1926
1:50,6	Séraphin Martin (FRA)	Colombes	14.7.1928
1:49,8	Thomas Hampson (GBR)	Los Angeles	2.8.1932
1:49,8y	Benjamin Eastman (USA)	Princeton	16.6.1934
1:49,7	Glenn Cunningham (USA)	Stockholm	20.8.1936
1:49,6y	Elroy Robinson (USA)	New York	11.7.1937
1:48,4	Sydney Wooderson (GBR)	London	20.8.1938
1:46,6	Rudolf Harbig (GER)	Mailand	15.7.1939
1:45,7	Roger Moens (BEL)	Oslo	3.8.1955
1:44,3	Peter Snell (NZL)	Christchurch	3.2.1962
1:44,3	Ralph Doubell (AUS)	Mexiko-Stadt	15.10.1968
1:44,3	David Wottle (USA)	Eugene	1.7.1972
1:43,7	Marcello Fiasconaro (ITA)	Mailand	27.6.1973
1:43,5	Alberto Juantorena (CUB)	Montreal	25.7.1976
1:43,4	Alberto Juantorena (CUB)	Sofia	21.8.1977
1:42,33	Sebastian Coe (GBR)	Oslo	5.7.1979
1:41,73	Sebastian Coe (GBR)	Florenz	10.6.1981
1:41,73	Wilson Kipketer (DEN)	Stockholm	7.7.1997

y - über 880 y aufgestellt

Der Kenianer Wilson Kipketer wurde bei der Hallen-WM 1997 in Paris in Weltrekordzeit Weltmeister über 800 m für Dänemark, obwohl er noch nicht die dänische Staatsbürgerschaft besaß.
Darunter: Mit zwei Hallen-Titeln zeigte sich Griechenland für die Athener Freiluft-WM im August gut gerüstet: Ekaterina Koffa gewann den über 200 m.

Hallen-Weltrekorde

MÄNNER

50 m	5,56	Donovan Bailey (CAN)	Reno	9.2.1996
60 m	6,41	Andre Cason (USA)	Madrid	14.2.1992
2 00 m	19,92	Frank Fredericks (NAM)	Liévin	18.2.1996
400 m	44,63	Michael Johnson (USA)	Atlanta	4.3.1995
800 m	1:42,67	Wilson Kipketer (DEN)	Paris	9.3.1997
1000 m	2:15,26	Noureddine Morceli (ALG)	Birmingham	22.2.1992
1500 m	3:31,18	Hicham El Guerrouj (MAR)	Stuttgart	2.2.1997
Meile	3:49,78	Eamonn Coghlan (IRL)	East Rutherford	27.2.1983
3000 m	7:30,72	Haile Gebrselassie (ETH)	Stuttgart	4.2.1996
5000 m	13:10,98	Haile Gebrselassie (ETH)	Sindelfingen	27.1.1996
50 m Hürden	6,25	Mark McKoy (CAN)	Kobe	5.3.1986
60 m Hürden	7,30	Colin Jackson (GBR)	Sindelfingen	6.3.1994
Hochsprung	2,43	Javier Sotomayor (CUB)	Budapest	4.3.1989
Stabhochsprung	6,15	Sergej Bubka (UKR)	Donezk	21.2.1993
Weitsprung	8,79	Carl Lewis (USA)	New York	27.1.1984
Dreisprung	17,77	Leonid Woloschin (RUS)	Grenoble	6.2.1994
Kugelstoßen	22,66	Randy Barnes (USA)	Los Angeles	20.1.1989
Siebenkampf	6476	Dan O'Brien (USA)	Toronto	13./14.3.1993
5000 m Gehen	18:07,08	Michail Schtschennikow (RUS)	Moskau	14.2.1995
4x200 m	1:22,11	GBR (Linford Christie, Darren Braithwaite, Ade Mafe, John Regis)	Glasgow	3.3.1991
4x400 m	3:03,05	GER (Rico Lieder, Jens Carlowitz, Karsten Just, Thomas Schönlebe)	Sevilla	10.3.1991
4x800 m	7:17,8	URS (Waleri Taratynow, Stanislaw Meschtscherskich, Alexej Taranow, Wiktor Semjaschkin)	Sofia	14.3.1971

FRAUEN

50 m	5,96	Irina Priwalowa (RUS)	Madrid	9.2.1995
60 m	6,92	Irina Priwalowa (RUS)	Madrid	9.2.1995
	6,92	Irina Priwalowa (RUS)	Madrid	11.2.1993
200 m	21,97	Merlene Ottey (JAM)	Liévin	13.2.1993
400 m	49,59	Jarmila Kratochvilová (CZE)	Mailand	7.2.1982
800 m	1:56,40	Christine Wachtel (GDR)	Wien	13.2.1988
1000 m	2:31,23	Maria Mutola (MOZ)	Stockholm	25.2.1996
1500 m	4:00,27	Doina Melinte (ROM)	East Rutherford	9.2.1990
Meile	4:17,14	Doina Melinte (ROM)	East Rutherford	9.2.1990
3000 m	8:33,82	Elly van Hulst (NED)	Budapest	4.3.1989
5000 m	15:03,17	Liz McColgan (GBR)	Birmingham	22.2.1992
50 m Hürden	6,58	Cornelia Oschkenat (GDR)	Berlin	20.2.1988
60 m Hürden	7,69	Ludmilla Naroshilenko (URS)	Tscheljabinsk	4.2.1990
Stabhochsprung	4,40	Emma George (AUS)	Melbourne	10.2.1996
	4,40	Stacy Dragila (USA)	Paris	9.3.1997
Weitsprung	7,37	Heike Drechsler (GDR)	Wien	13.2.1988
Dreisprung	15,03	Jolanda Tschen (RUS)	Barcelona	11.3.1995
Kugelstoßen	22,50	Helene Fibingerová (CZE)	Jablonec	19.2.1977
Siebenkampf	4991	Irina Belowa (EUN)	Berlin	15.2.1992
3000 m Gehen	11:44,00	Alina Iwanowa (EUN)	Moskau	7.2.1992
4x200 m	1:32,55	SC Eintracht Hamm/FRG (Helga Arendt, Silke-Beate Knoll, Mechthild Kluth, Gisela Kinzel)	Dortmund	20.2.1988
4x400 m	3:27,22	GER (Sandra Seuser, Kathrin Schreiter, Annett Hesselbarth, Grit Breuer)	Sevilla	10.3.1991
4x800 m	8:18,71	RUS (Jelena Saizewa, Olga Kusnezowa, Jelena Afanasjewa, Jekaterina Podkopajewa)	Moskau	4.2.1994

Leichtathletik – leichtverderblich

Volker Kluge

Am Anfang dominierten Berufsathleten, die bald von den besten Amateuren überflügelt wurden, bis niemand mehr von den Profis sprach. Wer von den Amateuren die Hand aufhielt und sich dabei erwischen ließ, wurde von der IAAF über Jahrzehnte mit lebenslangen Sperren belegt, bis der Weltverband selbst eine Vorreiterrolle bei der Einführung des bezahlten Sports spielte.

■ Das Millionen-Duell hatte seinen Ausgangspunkt in Atlanta, als in einer Pressekonferenzen die so „bedeutsame" Frage aufgeworfen wurde, ob sich Kanadas 100-m-Olympiasieger Donovan Bailey oder aber US-Star Michael Johnson, der die 200 m in fabelhaften 19,32 s gesprintet war, „schnellster Mann der Welt" nennen darf. Nun, man hätte es ja durchaus dabei belassen können, daß es jeder von ihnen auf seiner Strecke ist, doch wenn man daraus noch eine Marktidee zu entwickeln vermag, um so besser. Und die IAAF gab ihren Segen zu dieser Rummelplatz-Athletik unter dem Namen „Challenge of champions", zu der noch andere Stars - darunter Heike Drechsler - in den SkyDome von Toronto geladen wurden. Der Bedarf der Zuschauer hielt sich in Grenzen: 25 000 kamen, doch 35 000 Plätze blieben frei, was den Promotern Budget-Probleme bescherte.

Die Show indes war allein auf die beiden Schnelläufer zugeschnitten, die sich auf einen Kompromiß geeinigt hatten: auf ein Mittelding von 100 und 200 m - 150 m, eine Strecke, die zu den „non-standard events" zählt, auf die die Welt auch verzichten könnte. Die Antwort auf diese „quälende Ungewißheit" war in weniger als 15 Sekunden gegeben: Bailey gewann in 14,99 s, was den Veranstaltern 500 000 Dollar Start- und eine Million Dollar Siegprämie wert war. Der unterlegene Michael Johnson, der sich nach etwa 100 m eine Oberschenkelzerrung eingehandelt hatte, mußte sich mit einer halben Million Antrittsgeld zufrieden geben. Der Tiefpunkt war erreicht, als Bailey anschließend seinen Konkurrenten mit Schmähungen überhäufte.

Doch das war nicht das einzige Zirkusrennen der Saison: Ende Mai bestritten der nigerianische Olympiasechste über 100 m, Davidson Ezinwa, und der Ex-Weltmeister der Profis im Bahnradsport, Michael Hübner, auf der Chemnitzer Kunststoffbahn ein Duell über 100 m, in dem der Läufer über den Radfahrer triumphierte.

Und einen Tag vor Toronto gab es in Hengelo über zwei Meilen das Millionen-Rennen zwischen zwei afrikanischen Olympiasiegern: Der Äthiopier Haile Gebrselassie, in Atlanta Goldmedaillengewinner über 10 000 m stellte mit 8:01,08 min auf einer unbedeutsamen Strecke einen Weltrekord auf, während der algerische 1500-m-Olympionike Noureddine Morceli das Rennen erschöpft aufgegeben hatte. Der Äthiopier verfehlte allerdings die Million: Er hätte unter acht Minuten laufen müssen.

Längst zählt es zur Geschichte, wie die IAAF über Jahrzehnte mit geradezu jesuitischem Eifer versuchte, das Amateurideal hochzuhalten. Die Liste derer, die wegen ihrer Verfehlungen mit lebenslangem Bann belegt wurden, reicht von Jim Thorpe über Charles Hoff, Paavo Nurmi, Jules Ladoumegue, Gunder Hägg, Taisto Mäki bis zu Dan Waern.

Der Widerstand erlahmte in der Amtszeit von IAAF-Präsident Marquess of Exeter, als sich die westlichen Sportschuhhersteller Rennställe zulegten, und als es sich ab Mitte der 60er Jahre bei den Sportfesten zwischen Oslo und Zürich einbürgerte, Athleten unter dem Tisch und am Finanzamt vorbei zu bezahlen.

Über den Versuchen des holländischen Weitspringers Henk Visser und des kalifornischen Rechtsanwalts Al Schallau, Ende der 60er Jahre offiziell die Profi-Leichtathletik einzuführen, kreiste schnell der Pleitegeier. Ernsthafte Gefahr für die IAAF drohte erst, als es dem ehemaligen US-Volleyball-Nationalspieler Michael O'Hara nach den Olympischen Spielen von 1972 gelang, die International Track Association (ITA) zu etablieren. O'Hara schaffte es, eine Reihe US-Medaillengewinner von

In 14,99 Sekunden gewann Donovan Bailey (CAN) anderthalb Millionen Dollar. Jeder Schritt war den Veranstaltern in Toronto 17 300 Mark wert. Konkurrent Michael Johnson humpelte mit einer Oberschenkelzerrung weit hinterher und mußte sich anschließend von dem Kanadier mit Schmähungen überhäufen lassen.

IAAF-Preisliste 1997-1999
(in Dollar)

FREILUFT-WM	
Einzel	
Gold	*60 000*
Silber	*30 000*
Bronze	*20 000*
Staffeln	
Gold	*80 000*
Silber	*40 000*
Bronze	*30 000*
Weltrekord-Zusatzprämie	*100 000*
HALLEN-WM	
Einzel	
Gold	*50 000*
Silber	*20 000*
Bronze	*10 000*
Staffeln	
Gold	*60 000*
Silber	*30 000*
Bronze	*16 000*
Weltrekord-Zusatzprämie	*50 000*
WELTCUP	
Einzel	
Gold	*50 000*
Silber	*20 000*
Bronze	*10 000*
Staffeln	
Gold	*60 000*
Silber	*20 000*
Bronze	*10 000*
Weltrekord-Zusatzprämie	*100 000*
CROSS-WM	
Einzel (Senioren)	
Gold	*40 000*
Silber	*20 000*
Bronze	*15 000*
4.	*10 000*
5.	*7 000*
6.	*5 000*
HALBMARATHON-WM	
Einzel	
Gold	*40 000*
Silber	*20 000*
Bronze	*15 000*
4.	*10 000*
5.	*7 000*
6.	*5 000*
STRASSENLAUF-WM	
Mannschaften	
Gold	*120 000*
Silber	*60 000*
Bronze	*30 000*
GEHER-WELTCUP	
Einzel	
Gold	*20 000*
Silber	*10 000*
Bronze	*7 500*
4.	*5 000*
5.	*3 500*
6.	*2 500*

In neu eingeführten Wettbewerben wird beim ersten Mal ein um 50 Prozent und beim zweiten Mal um 25 Prozent reduziertes Preisgeld vergeben. Voraussetzung für die Auszahlung ist ein negativer Dopingtest.

Mexiko-Stadt und München, darunter die Weltrekordler Jim Hines (100 m), Bob Beamon (Weitsprung) und Lee Evans (400 m), sowie den kenianischen Olympiasieger Kipchoge Keino unter Vertrag zu nehmen.

Die Hallen-Premiere des ITA-Zirkus Anfang 1973 vor 10 000 Zuschauern in Pocatello war ein Riesenerfolg, und nicht nur wegen der drei Hallen-Weltbestleistungen. Der Promoter bewies außerdem, wie man ein Hallenmeeting attraktiv aufziehen kann, wobei mit technischen Hilfsmitteln nicht gegeizt wurde. So konnten sich die Meilenläufer, unter denen Exweltrekordler Jim Ryun war, eines „Hasen" in Form eines elektrischen Lichtpunktes bedienen, der vorauseilte; und nicht weniger als 26 Ampeln auf der 146-m-Bahn informierten das Publikum, ob die Läufer auf Weltrekordkurs waren.

Doch die Leichtathletik, in der sich Weltrekorde nicht am Fließband produzieren lassen, erwies sich als leichtverderbliche Ware. Nach drei Saisonen war die ITA zu Ende, weil es einerseits nicht gelang, nach Montreal '76 die Truppe mit frischen Olympiasiegern aufzustocken, andererseits weil die „Amateure" angesichts eines ITA-Spitzenverdieners wie dem australischen Mittelstreckenläufer Chris Fisher, der 1974 als Bester auf 17 250 Dollar plus einem Bonus von 6000 gekommen war, nur müde lächeln konnten.

Der Schritt zur legalen Kommerzialisierung wurde Anfang der 80er Jahre mit den „goldenen" Wettbewerben, die mit dem Dubai-Dollar bezahlt wurden, und in den USA vollzogen. Dort machten die Straßenläufer den Beginn; gefolgt von einer Grand-Prix-Serie in der US-Hallensaison von 1981, die die Mobil Oil Corporation, die den Olympiasieger von 1948 und 1952 Harrison Dillard als Chefberater verpflichtet hatte, mit dem US-Leichtathletikverband (TAC) vereinbarte. Dieses Preisgeld-System war der Versuchsballon für den IAAF/Mobil Grand Prix ab 1985, der 1993 mit der Einführung der „Golden Four" noch eine Steigerung erfuhr.

Der Einstieg der IAAF war verbunden mit dem Amtsantritt des Turiner Anwalts Primo Nebiolo als Präsident. Doch auf dem Sonderkongreß von 1981 im römischen Hotel „Excelsior" scheute sich die IAAF noch, Nägel mit Köpfen zu machen; vielmehr überließ sie es dem Olympischen Kongreß von Baden-Baden und der folgenden IOC-Session, mit der Abschaffung des alten Amateurparagraphen vollendete Tatsachen zu schaffen. Der Drahtzieher, adidas-Chef Horst Dassler, blieb im Hintergrund.

Siebzig Jahre nach seiner Gründung, auf dem 34. Kongreß im Athener „Hilton"-Hotel, sanktionierte die IAAF die bezahlte Leichtathletik durch die Einführung der Regel 17 („Fonds für Athleten"), die vorsah, daß die Athleten Startgelder empfangen und Werbeverträge abschließen konnten. Der Text schien für alle annehmbar, denn die Zahlungen sollten nicht direkt an die Sportler, sondern an die nationalen Verbände erfolgen. Und diese wiederum sollten über die Verwendung entscheiden. Es hätte in ihrer Kompetenz gelegen, das Geld für die berufliche Ausbildung des Athleten oder aber für den Nachwuchssport auszugeben; in der Bundesrepublik war daran gedacht, damit den Sporthilfe-Topf aufzufüllen, aus dem auf solidarischer Grundlage die Kaderathleten aller olympischen Sportarten bedient werden.

Daß das nicht mehr als eine Idee war, dämmerte dem Ostblock erst Anfang 1983, woraufhin er bei der IOC-Session in Delhi Sturm gegen die neue Regelung lief. Und als dann die Athleten vornehmlich aus der DDR und der UdSSR im Sommer bei den großen Meetings fehlten, distanzierte sich der IAAF-Council von dem in Athen eingeführten Prämiensy-

stem; fortan sollten die Startgelder nicht mehr namentlich an die Athleten, sondern allgemein an Verbände gebunden sein, was freilich nicht mehr als eine Änderung der Terminologie war.

Mit dem Ende des Sozialismus verschwanden auch diese Bedenkenträger. Neue traten auf den Plan, von denen manche zuvor den Beginn der Kommerzialisierung mehr als euphorisch begrüßt hatten.

Mit der Leichtathletik ist es wie mit Goethes „Zauberlehrling". Der Besen, der jetzt wie wild fegt, läßt sich nicht so ohne weiters in die Ecke wünschen. 1993 wurde die IAAF schließlich selbst das Opfer der Athleten, die angesichts der enormen Umsätze, die sie bei den nunmehr alle zwei Jahre stattfindenden Weltmeisterschaften tätigt, ultimativ eine finanzielle Beteiligung verlangten oder andernfalls mit Boykott drohten. Damals gelang es noch, die Weltmeister mit einem silberfarbenen Mercedes abzuspeisen, und 1995 rettete sich Nebiolo mit 1000 Dollar pro teilnehmendem Athleten. Doch 1997 zahlt nun auch die IAAF erstmals ganz offiziell Preisgelder; es ist abzusehen, bis die Athleten auch an das IOC ihre Forderung richten werden. ■

Zirkusrennen kommen immer wieder: 1938 gewann der vierfache Olympiasieger von Berlin, Jesse Owens (USA), in San Mateo, Kalifornien gegen den Traber „The Ocean" mit 10 m Vorsprung (ganz oben). Darunter: Läufer kontra Radfahrer in Chemnitz. Das 100-m-Duell zwischen Davidson Ezinwa (NGR) und Michael Hübner diente einem guten Zweck. Das Geld kam geistigbehinderten Kindern zugute.

Weltbestleistungen - „non-standard events"

MÄNNER

60 m	6,41 Leroy Burrell (USA)	Tokio* 25.8.1991
	6,41 Ray Stewart (JAM)	Tokio* 25.8.1991
150 m	14,93 John Regis (GBR)	Stuttgart* 20.8.1993
300 m	31,48 Danny Everett (USA)	Jerez de la Frontera 3.9.1990
	31,48 Roberto Hernández (CUB)	Jerez de la Frontera 3.9.1990
500 m	1:00,08 Donato Sabia (ITA)	Busto Arsizio 26.5.1984
600 m	1:12,81 Johnny Gray (USA)	Santa Monica 24.5.1986
2 Meilen	8:01,08 Haile Gebreselassie (ETH)	Hengelo 31.5.1997
200 m Hürden	22,55 Laurent Ottoz (ITA)	Mailand 31.5.1995
300 m Hürden	34,6 David Hemery (GBR)	London 15.9.1972
2000 m Hindernis	5:14,43 Julius Kariuki (KEN)	Rovereto 21.8.1990
Gewichtwerfen	25,41 Lance Deal (USA)	Azusa 20.2.1993
Fünfkampf	4282 Bill Toomey (USA)	London 16.8.1969
Doppel-Zehnkampf	14 274 Indrek Kaseorg (EST)	Punkalaidun 12./13.9.1992

FRAUEN

60 m	6,95 Gail Devers (USA)	Stuttgart* 16.8.1993
150 m	16,10 Florence Griffith Joyner (USA)	Seoul* 29.9.1988
300 m	34,1 Marita Koch (GDR)	Canberra* 6.10.1985
500 m	1:05,9 Tatjana Kocembová (CZE)	Ostrava 2.8.1984
600 m	1:23,5 Doina Melinte (ROM)	Poiana Brasov 27.7.1986
2 Meilen	9:28,15i Lynn Jennings (USA)	New York 28.2.1986
200 m Hürden	25,7 Pamela Ryan (AUS)	Melbourne 25.11.1971
2000 m Hindernis	6:11,84 Marina Plushnikowa (RUS)	St. Petersburg 25.7.1994
Doppel-Siebenkampf	10824 Irina Stasenko (RUS)	Punkalaidun 12./13.9.1992

* als Zwischenzeiten aufgestellt   i Hallenleistung

Der „fliegende Finne" wurde 100

Volker Kluge

Kein anderer Sportler hat dieses Jahrhundert so geprägt wie der „fliegende Finne" Paavo Nurmi, der Läufer-König der 20er Jahre. Er wurde am 13. Juni 1897 in Turku geboren. Er starb am 2. Oktober 1973 in Helsinki als reicher, aber kranker und verbitterter Mann. Nurmis 100. Geburtstag wurde in seinem Heimatland feierlich begangen.

■ Es war eine gute Idee, Paavo Nurmi am Vorabend seines 100. Geburtstages - am 13. Juni 1997 - nicht mit einem Kranz, sondern laufend zu gedenken. Sein Verein, der Turun Urheiluliitto, dem er lebenslang die Treue hielt, hatte ins Stadion von Turku zum „Paavo Nurmi Challenge" eingeladen. Innerhalb einer Stunde mußten die Athleten die 1500 und die 5000 m laufen, was am besten einem Kenianer gelang. Paul Bitok, 1992 in Barcelona hinter Dieter Baumann olympischer Silbermedaillengewinner über 5000 m, lief zuerst 1500 m in 3:36,87 min. 55 Minuten später erreichte er mit 13:26,32 min auch über die 5000 m, die nach der bei den Nordisch-Kombinierten üblichen Gundersen-Methode gestartet wurden, die schnellste Zeit. Dafür kassierte Bitok eine Gesamtprämie von 5750 Dollar. Auch das war eines Nurmi würdig: Mit ihm - damals noch unterm Tisch - hatte die bezahlte Leichtathletik angefangen.

Entweder war die Prämie jedoch zu niedrig oder die heutige Sportler-Generation weiß mit Paavo Nurmi nichts mehr anzufangen, jedenfalls waren es nur wenige bekannte Läufer, die dem Ruf nach Turku folgten. Dabei hätten sie etwas ganz Außergewöhnliches erleben können, was der „fliegende Finne", wie Nurmi genannt wurde, 73 Jahre vorher in Helsinki erstmals praktizierte. Damals, am 19. Juni 1924, stellte er über 1500 m mit 3:52,6 min einen Weltrekord auf und wiederholte dieses Kunststück fünfzig Minuten später über 5000 m in 14:28,2 min, einer Zeit, die sechs Jahre in den Rekordlisten stand. Doch das war nur die Generalprobe für die Olympischen Spiele von Paris. Es war am 10. Juli 1924, als er im Stade de Colombes auf beiden Strecken Olympiasieger wurde und seine Weltrekorde von Helsinki nur knapp verfehlte. Zwischen dem Start über 1500 m und dem im 5000-m-Lauf lagen dreißig Minuten. Es wird unvergeßlich bleiben, wie Nurmi die 1500 m mit einer Stoppuhr in der Hand rannte, um sein Tempo besser kontrollieren zu können, und wie er diese dann zu Beginn der Zielgeraden wegwarf, um die Hände freizuhaben für den Endspurt. Nur der sich unbarmherzig vorwärtsbewegende Sekundenzeiger war sein einziger Gegner.

Niemals wieder gab es einen Athleten, der schon zu Lebzeiten so verehrt wurde wie Paavo Nurmi; keinem Sportler hat die Nachwelt solche Kränze geflochten wie ihm, vom dem man sagt, er hätte Finnland erst auf die Landkarte gelaufen. Schiffe, Flugzeuge, Pferde trugen seinen Namen. Nurmi schmückte das Olympiaplakat von Helsinki '52, sein Konterfei ziert einen finnischen 10-Markka-Schein, und anläßlich seines 100. Geburtstages wurde er durch sein Geburtsland mit einer weiteren Briefmarke und einer silbernen Gedenkmünze gewürdigt.

Doch die größte Ehre widerfuhr ihm schon im Herbst 1924, kurz nach den Olympischen Spielen von Paris, bei denen er nicht weniger als fünf Goldmedaillen gewonnen hatte. Damals beauftragte die finnische Regierung den jungen Wäinö Aaltonen, den damals 27jährigen Nurmi zu modellieren, und der Bildhauer schuf die Statue eines nackten Läufers, die zum Symbol für den hochleistenden Muskel schlechthin wurde. Das Denkmal war jahrelang im Ateneum von Helsinki aufgestellt, ehe es - um Umfeld der Olympischen Spiele von 1952 - ins Freie, vor das Olympiastadion, gerückt wurde. Es heißt, das Original - Nurmi wohnte ganz in der Nähe in einem der vom ihm errichteten Mietshäuser - wäre niemals davor stehengeblieben.

Jedenfalls hätte das zu Nurmi gepaßt, der die Bescheidenheit in Person war und der aus armen Verhältnissen stammte. Sein Vater

war Zimmermann und Eisenbahnarbeiter in Turku, und er starb, als Paavo 13 Jahre alt war. Von da an hatte er als ältester Sohn unter sechs Kindern Ernährerpflichten wahrzunehmen. Er begann als Laufjunge in einem Geschäft und arbeitete dann in einer Metallwerkstatt. Nach dem Militärdienst besuchte er von 1920 bis 1923 in Helsinki eine Industrieschule, die er als Mechaniker abschloß.

Sein erster offizieller Wettkampf war am 31. Mai 1914. Der noch nicht 17jährige gewann in Turku die 3000 m in 10:06,9 min. In den folgenden 20 Jahren - sein letztes Rennen war am 16. September 1934 in Viipuri über 10 000 m (31:39,2 min) - absolvierte der Finne nicht weniger als 310 Final-Wettkämpfe, von denen er 277 gewann. Es gibt überhaupt nur 19 Athleten, die sich vor Nurmi plazieren konnten, darunter als einziger Deutscher Dr. Otto Peltzer, der Nurmi im direkten Duell am 11. September 1926 auf dem alten BSC-Sportplatz nahe dem Funkturm von Berlin den Weltrekord über 1500 m (3:51,0) entriß.

Doch wirklich weh tat Nurmi nur eine Niederlage: der zweite Platz bei den Olympischen Spielen 1920 in Antwerpen über 5000 m hinter dem Franzosen Joseph Guillemot, dem er an diesem Tage taktisch unterlegen war.

IOC-Präsident Juan Antonio Samaranch hielt in der Helsinkier Finlandia-Halle die Festansprache zum 100. Geburtstag von Paavo Nurmi.
Oben: Das Helsinkier Postkartenmotiv: Denkmal vorm Olympiastadion. Nurmi schickte die Karte 1963 - auf der Vorderseite mit seinem Autogramm versehen - an den Autor.

Nur noch zweimal verlor er bei den Spielen: 1928 in Amsterdam wagte er sich über 3000 m Hindernis und wurde Zweiter hinter seinem Landsmann Toivo Loukola. Über 5000 m lief ihm sein alter Widersacher Wille Ritola, ein in den USA lebender Finne, in der letzten Runde so spielend weg, daß man später munkelte, er hätte ihn absichtlich auch einmal gewinnen lassen. Nurmis olympische Bilanz: neunmal Gold, dreimal Silber - kein anderer Leichtathlet gewann mehr Medaillen. Er lief 22 offizielle und 13 inoffizielle Weltrekorde.

Der Finne ließ Leistungen sprechen, während er selbst wortkarg blieb, was ihm den Beinamen „der große Schweiger" einbrachte. Professor Lauri Pihkala, der sein Berater war - einen Trainer hatte Nurmi nicht -, spottete einmal, man hätte ihn mit Greta Garbo, dem großen Star der Stummfilmzeit, verheiraten sollen. Pihkala war davon überzeugt, daß hinter der Maske der Unzugänglichkeit ein zutiefst unglücklicher Mensch steckte, der vom Ehrgeiz zerfressen war, den großen Hannes Kolehmainen, der als erster Finne Weltrekorde gelaufen und 1912 Olympiasieger über 5000 und 10 000 m geworden war, zu übertreffen. Ein Auftrag, den Pihkala ihm selbst gegeben hatte und den Nurmi schließlich auch erfolgreich erledigte.

Nurmis Ehe wurde früh geschieden, so daß sein 1932 geborener Sohn Matti bei der Mutter aufwuchs. Matti wurde ebenfalls Läufer, doch nur über 800 m war er 1958 schneller als der Vater. Niemals bekam er von ihm einen Rat, wie man besser trainieren könnte. Und dennoch war er wohl der einzige, zu dem Paavo Nurmi eine innere Beziehung aufbauen konnte. Doch seine privaten Angelegenheiten behielt er für sich; selbst gegenüber seinem Sohn.

Zu den Dingen, zu denen er sich niemals äußerte, zählte die Disqualifikation als Amateur durch den Internationalen Leichtathletikverband (IAAF), was ihn um sein Ziel brachte, 1932 in Los Angeles seine Karriere mit einem Marathon-Olympiasieg abzuschließen. Das belastende Material - überhöhte Spesenrechnungen, kam aus Deutschland - sein Widersacher aber war IAAF-Präsident Sigfrid Edström, ein Schwede und Verfechter des reinen Amateursport.

Nun, ein Unschuldslamm war Nurmi freilich nicht mehr, seit er im Winter 1924/25 eine Hallensaison in den USA bestritt. Der Dollar hatte ihn dort verdorben. Einen Sinn fürs Geschäftliche hatte Nurmi aber schon vorher. Matti Nurmi weiß, das sein Vater schon um 1920 an der Börse spekulierte. Von diesem Geld eröffnete er in Helsinki in der Mikonkatu 5 ein Konfektionsgeschäft, doch bald war das nur noch die Spitze des Eisbergs. Nurmi erwarb eine Schiffsreederei und stieg Mitte der 30er Jahre groß ins Baugeschäft ein. Es ärgerte ihn aber, daß er für die Öffentlichkeit immer nur der Läufer blieb, während sein beruflicher Erfolg gar nicht zur Kenntnis genommen wurde, obwohl er auf diesem Gebiet mit nicht weniger Hingabe arbeitete.

Seine letzten 15 Lebensjahre waren getrübt durch die Lähmung seiner Beine und einer Erblindung, was ihn zur Inaktivität verurteilte. Seinen Ärger über die Welt behielt er ausnahmsweise nicht für sich, und besonders verhaßt waren ihm die Ärzte, die ihm nicht einmal zu einem schmerzfreien Gehen verhelfen konnten. 1968 entschloß er sich, seine Millionen zur Erforschung von Herzkreislauf-Erkrankungen auszugeben - für die Paavo-Nurmi-Stiftung. Das Staatsbegräbnis im Oktober 1973 war der Schlußpunkt unter eine absolut unvergleichliche und unwiederholbare sportliche Karriere. ■

Zum „100." gab die finnische Post eine weitere Nurmi-Briefmarke heraus. Die erste erschien 1973 zu seinem Tode.

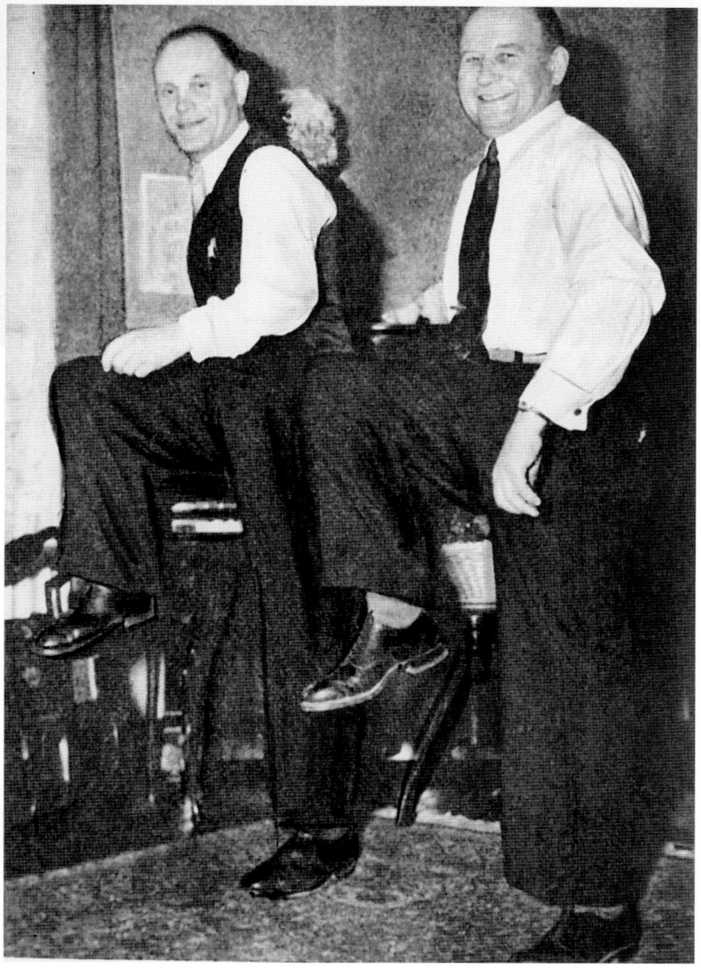

Bestleistungen

800 m	1:56,3	1923
1000 m	2:31,4	1923
1500 m	3:52,6	1924
Meile	4:10,4	1923
2000 m	5:22,4i	1927
3000 m	8:18,6i	1925
2 Meilen	8:58,2i	1925
3 Meilen	14:02,0	1924
5000 m	14:28,2	1924
4 Meilen	19:15,4	1924
5 Meilen	24:06,2	1924
10 000 m	30:06,2	1924
15 000 m	46:49,6	1928
10 Meilen	50:15,0	1928
20 000 m	1:04:38,4	1930
1 Stunde	19 210 m	1928
Marathon*	2:22:03,8	1932
3000 m Hindernis	9:31,2	1928

i - indoor (Halle),
* 40,2 km

Nurmis sportliche Erfolge

OLYMPISCHE SPIELE		
1920 Antwerpen:	Gold	10 000 m
	Gold	10 000-m-Geländelauf (Einzel)
	Gold	10 000-m-Geländelauf (Mannschaft)
	Silber	5000 m
1924 Paris:	Gold	1500 m
	Gold	5000 m
	Gold	10 000-m-Geländelauf (Einzel)
	Gold	10 000-m-Geländelauf (Mannschaft)
	Gold	3000-m-Mannschaftslaufen
1928 Amsterdam:	Gold	10 000 m
	Silber	5000 m
	Silber	3000 m Hindernis

FREILUFT-WELTREKORDE:			
1500 m	3:53,0	Stockholm	23.8.1923*
	3:52,6	Helsinki	19.6.1924
Meile	4:10,4	Stockholm	23.8.1923
2000 m	5:26,4	Tampere	4.9.1922
	5:24,6	Kuopio	18.6.1927
3000 m	8:28,4	Turku	27.8.1922
	8:27,8	Kopenhagen	10.9.1923*
	8:25,4	Berlin	24.5.1926
	8:20,4	Stockholm	13.7.1926
2 Meilen	8:59,6	Helsinki	24.7.1931
3 Meilen	14:14,4	Kokkola	10.8.1922*
	14:08,4	Stockholm	12.9.1922*
	14:11,2	Stockholm	24.8.1923
	14:02,0	Helsinki	19.6.1924*
	14:07,6	Wien	19.9.1926*
5000 m	14:35,4	Stockholm	12.9.1922
	14:28,2	Helsinki	19.6.1924
4 Meilen	19:18,8	Kuopio	31.8.1924*
	19:15,4	Viipuri	1.10.1924
5 Meilen	24:13,2	Kuopio	31.8.1924*
	24:06,2	Viipuri	1.10.1924
6 Meilen	29:41,2	Stockholm	22.6.1921*
	29:07,1	Kuopio	31.8.1924*
	29:36,4	London	9.6.1930
30 Minuten	9957 m	Kuopio	31.8.1924*
10 000 m	30:40,2	Stockholm	22.6.1921
	30:06,2	Kuopio	31.8.1924
15 000 m	46:49,6	Berlin	7.10.1928
10 Meilen	50:15,0	Berlin	7.10.1928
Eine Stunde	19 210 m	Berlin	7.10.1928
20 000 m	1:04:38,4	Stockholm	13.9.1930
4x1500 m	16:26,2	Stockholm	12.7.1926
	16:11,4	Viipuri	17.7.1926
	(mit Turun Urheiluliitto)		

* Von der IAAF nicht anerkannt

Ganz oben: Wie ihn nur wenige kannten: Paavo Nurmi (links) als alter Herr und Spaßvogel zusammen mit dem Olympiasieger von 1912, Hannes Kolehmainen, der als Läufer sein Vorbild gewesen war.
Darunter: Nurmi entzündete 1952 in Helsinki das olympische Feuer - eine späte Rehabilitierung für den neunfachen Olympiasieger, der 1932 lebenslang gesperrt worden war.

Leichtathletik national

Deutschlands „Sportler des Jahres 1996" Frank Busemann bereitete sich auf Lanzarote auf die Herausforderungen von 1997 vor.

SCHÄPER
adidas

Klaus Weise

Ein netter Junge, der sich quälen kann

Deutschlands „Sportler des Jahres 1996" wurde keiner der Olympiasieger, sondern ein Silbermedaillengewinner von Atlanta: Frank Busemann. Der 22jährige aus dem Ruhrpott ist der neue Sympathieträger der deutschen Leichtathletik.

■ Frank Busemann ist am 26. Februar 1997 22 Jahre alt geworden - kein Alter für einen Spitzensportler, und erst recht nicht für einen Zehnkämpfer. Und dennoch hat der Recklinghausener schon als Youngster in der Königsdisziplin der Leichtathletik erreicht, wovon die Mehrzahl seiner Konkurrenten auch bei Dauerkarrieren nur träumen darf. Im erst fünften Zehnkampf seiner jungen Sportlerlaufbahn gewann er 1996 in Atlanta mit dem Hausrekord von 8706 Punkten sensationell Olympia-Silber - hinter dem US-Amerikaner Dan O'Brien, dem Weltrekordler, der in den vier zurückliegenden Jahren in zehn Wettbewerben ungeschlagen blieb. O' Brien, 31 Jahre alt, ist einer der wenigen Millionäre der Leichtathletik. Fünf große Sponsoren gestatten ihm, ausschließlich für den Sport zu leben. In Atlanta standen ihm zwei Trainer, ein Psychologe und zwei Physiotherapeuten zur Verfügung, um das Unternehmen Gold zum erfolgreichen Abschluß zu bringen.

Und dann kam da plötzlich dieser Herr Niemand, der den bis dato ungefährdeten Größten der Branche herausforderte. „Who is Busemann?", fragte der Modellathlet nach der 100-Meter-Bestleistung des Deutschen. Und der stand zufällig dabei, er verstand aber, da er im Englischen nicht sattelfest ist - nur: „Wo ist der Busfahrer?"

Nach den zwei Tagen des mitreißenden Wettkampfes standen dann beide auf dem Siegerpodest nebeneinander. Der „König der Athleten" unterhielt sich mit seinem möglichen Thronfolger mit staunendem Respekt. „Ich glaube, Dan O'Brien war nicht nur von sich begeistert, sondern auch von mir. Das hat er ganz ehrlich rübergebracht", erzählte Busemann danach. Und O'Brien über Busemann: „9000 Punkte schafft er vielleicht noch eher als ich."

Frank Busemann hatte Mühe zu verdauen, was da mit ihm in Atlanta geschehen war. „Irgendwie war es, als säße ich im falschen Film. Ich habe immer darauf gewartet, daß einer kommt, auf den Knopf drückt und das Video ist vorbei."

Vater Franz-Josef, einst selbst Zehnkämpfer und Mittelstreckler und jetzt Trainer seines Sohnes, erlebte den olympischen Auftritt seines Sohnes zunächst von der Tribüne, „doch nach dem abschließenden 1500-m-Lauf lag plötzlich einer auf mir drauf und hat geheult", beschrieb Frank Busemann mit unbekümmerter Direktheit sein bisheriges sportliches Schlüsselerlebnis. Der Vater, Trainer-Autodidakt mit viel Gespür für das methodisch Richtige („Weniger ist oftmals mehr; wir tun nichts, was Franks Körper nicht verträgt"), bekundete nach den ersten Momenten Freude: „Da haben wir uns ganz schön was eingebrockt. Aber es ist ja auch ganz schön."

Busemann Senior ist die lebende Garantieerklärung dafür, daß der Junior die Bodenhaftung nicht verlieren wird. Das Image des „Naturburschen" und „netten Jungen" ist nicht aufgesetzt. Das empfanden 1996 die Fernsehzuschauer so, weshalb sie ihn zum „Supersportler des Jahres" kürten, und die zu kritischer Objektivität angehaltenen Sportjournalisten sahen es nicht anders und wählten ihn, einen Zweiten, zum „Sportler des Jahres 1996". Publikum wie Fachleute spüren, daß Busemann einer ist, der sich quälen kann, der die Fähigkeit besitzt, sich völlig zu verausgaben und an seine Leistungsgrenzen heranzugehen.

Das bringt es mit sich, daß er in seinen bisherigen sechs Zehnkämpfen - Anfang Juni 1997 schaffte er bei seinem ersten nacholympischen Auftritt bei der deutschen WM-Qualifikation für Athen als Sieger 8556 Punkte - trotz häufig pessimistischer Prognosen vorab immer wieder persönliche Bestleistungen in den einzelnen Disziplinen aufstellte.

Frank Busemann
geb. 26.2.1975 in Recklinghausen
1,92 m groß, 87 kg schwer
Verein: LG Olympia Dortmund
Trainer: Franz-Josef Busemann
Auszubildender als Bankkaufmann
ledig

Seinen ersten Zehnkampf überhaupt bestritt Frank Busemann am 2./3. Oktober 1994 im niedersächsischen Zeven. Mit 7938 Punkten verfehlte das bis dahin als Hürdensprinter hervorgetretene „Bewegungsgenie" (so der Vater über den Sohn) als 19jähriger die Bestleistungen der späteren Olympiasieger Daley Thompson (8082) und Christian Schenk (8036), die diese im gleichen Alter erzielt hatten, nur knapp. Im selben Jahr wurde er Junioren-Weltmeister über 110 m Hürden.

Frank Busemann ist einer, der in vielerlei Hinsicht als Gegenbeispiel zur „reinen" Zehnkampf-Lehre gelten kann. Keine Muskelpakete, gerademal 87 kg Körpergewicht , die auf 1,92 m Länge verteilt sind. Nur eine Übungseinheit pro Tag, nicht länger als zwei Stunden Training. Mehrere technische Disziplinen mußte er monatelang völlig vernachlässigen, weil sein Rücken schnell überfordert ist. „Er hat Beine wie ein Pfingstochse, aber seine Arme sind so dünn wie die Krampfadern eines Spatzen", spottete Vater Franz-Josef. Der hat mit dem Sohn in frühen Jahren auf Vielseitigkeit gesetzt; die zwischenzeitliche Hürdenspezialisierung war eher ein erzwungener Zufall. Denn jahrelang rebellierte auf Grund von Wachstumsstörungen Franks Wir-

Ein Zweiter als erster: Frank Busemann, Deutschlands „Sportler des Jahres 1996"

belsäule, so daß Sprung- und Wurfübungen ausgesetzt werden mußten. Doch Busemann ist auch im Training ein Wettkampftyp, bei dem der Instinkt mitunter das nüchterne methodische Kalkül besiegt. „Wenn ich merke, es läuft gut, dann geht der Ehrgeiz mit mir durch. Dann ist es gut, wenn mich jemand kontrolliert", beschreibt er sich selbst. Und der Trainer-Vater konstatiert mit einer Mischung von Stolz und Kritik, daß der archaische Athlet in seinem Sohne auch durch den Medien-Rummel und versuchte Inanspruchnahmen durch jede Menge Trittbrettfahrer nicht verschüttet gegangen ist: „Der ist früher hinten durch den Zaun auf den Sportplatz, wenn du ihn vorne rausgeschmissen hast.Und den mußt du auch heute noch bremsen."

Vermutlich kann der angehende Bankkaufmann, der im Januar 1998 seine Banklehre bei der Sparkasse in Dortmund - monatelang kamen Fans an den Schalter, um Autogramme zu bekommen - beenden wird, auch gar nicht anders. Denn schon am Tag seiner Geburt wurde er von seinem Vater beim Sportverein in Recklinghausen angemeldet, erst danach folgte beim Standesamt der Eintrag als neues Familienmitglied.

Frank Busemann wurde nach den Olympischen Spielen als „Everybody's Darling" herumgereicht. Jede TV-Talkshow wollte sich mit seinem Naturtalent als Entertainer schmücken, jede Zeitung brauchte ihr Exklusivinterview. Der junge Mann ist ehrlich genug, zuzugeben: „Zuletzt hat sich vieles wiederholt. Ich habe mich dabei beobachtet, wie ich anfing, Phrasen zu dreschen. Aber beim sechsten oder siebenten Mal fällt einem eben zu ein und derselben Frage nichts Originelles mehr ein."

Im Jahr danach ist der Erwartungsdruck enorm gestiegen. Doch dank seiner Unverbrauchtheit wurde er auch damit fertig. „Daß ich ‚Sportler des Jahres' geworden bin, hat sicher mit dem Überraschungseffekt zu tun. Mich hatte damals keiner auf irgendeiner Liste. Ich bin stolz darauf, damit in einer Reihe von Athleten zu stehen, die ich als viel größer und wichtiger als mich selbst nehme."

In Atlanta wollte er „einfach nur dabeisein". Das ist 1997 nun anders - und damit die vielleicht wichtigste Veränderung im Leben des Sportlers Frank Busemann. Doch Wunderdinge kann er für die Zukunft nicht versprechen. „Für mich ist entscheidend, daß ich allein mit mir im Reinen bin. Alles andere ist mir egal. Ich lasse alles auf mich zukommen." Die Zahl „9000" spukt deshalb auch nicht in seinem Kopf herum. Er nimmt die Herausforderung nach dem Prinzip „Was passieren soll, geschieht": „Doch wenn man mit 21 Jahren auf 8700 Punkte kommt, dann darf man wohl auch einen Traum haben und sich 9000 Punkte als Ziel setzen."

Passiert das eines Tages, dann wird sich die Umfrage-Quote aus dem Vorjahr sicher noch einmal steigern. Denn schon nach Atlanta kannte jeder zweite Deutsche den Sonnyboy aus dem Ruhrpott... ■

Frank Busemanns Zehnkämpfe vor Athen '97

8706	*Atlanta*	*31.7./1.8.1996*	*(10,60*	*8,07*	*13,60*	*2,04*	*48,34*	*13,47*	*45,04*	*4,80*	*66,86*	*4:31,41)*
8556	*Ratingen*	*31.5./1.6.1997*	*(10,73*	*7,68*	*14,18*	*2,07*	*49,88*	*13,49*	*43,26*	*5,00*	*66,96*	*4:36,54)*
8522	*Lage*	*15./16. 6.1996*	*(10,67*	*7,80*	*14,04*	*2,04*	*48,66*	*13,66*	*42,92*	*4,80*	*62,80*	*4:28,16)*
8238	*Götzis*	*25./26.5.1996*	*(10,90*	*7,73*	*13,84*	*2,00*	*49,81*	*13,55*	*40,64*	*4,80*	*60,78*	*4:35,67)*
7938	*Zeven*	*2./3.10.1994*	*(10,68*	*7,37*	*13,08*	*2,03*	*50,41*	*14,34*	*39,84*	*4,40*	*63,00*	*4:37,31)*
7879	*Ulm*	*26./27.8.1995*	*(10,92*	*7,31*	*12,14*	*2,00*	*50,64*	*14,09*	*40,64*	*4,70*	*61,28*	*4:38,02)*

(Reihenfolge der Disziplinen: 100 m, Weitsprung, Kugelstoßen, Hochsprung, 400 m, 110 m Hürden, Diskuswerfen, Stabhochsprung, Speerwerfen, 1500 m)

Glückliche Erinnerungen an Atlanta '96: Über 110 m Hürden - Foto mitte - erreichte er mit 13,47 s die beste Zeit, die je einem Zehnkämpfer gelang. Unten: Die ersten Gratulanten nach dem 1500-m-Lauf waren seine Mannschaftskameraden Frank Müller (links) und Dirk-Achim Pajonk. Ganz oben: Alltag in der Sparkasse. Und wie stehen die Aktien des Frank Busemann für 1997?

800-m-Lauf mit brennender Zigarre

Volker Kluge

1998 feiert die organisierte Leichtathletik in Deutschland ihren 100. Geburtstag. Ihre Wiege stand in Berlin. Aus diesem Anlaß werden die Deutschen Meisterschaften vom 3. bis 5. Juli und die Jugendmeisterschaften (26.-28. Juni) im Friedrich-Ludwig-Jahn-Sportpark ausgetragen.

■ Mit den Titelkämpfen von 1998 im Jahnsportpark kehrt die deutsche Leichtathletik zu ihren Wurzeln zurück, denn das Stadion steht auf dem „Exer" an der Bernauer Straße, dem Exerzierplatz, wo die ersten Leichtathletik-Sportfeste stattfanden. Der zweite große Schauplatz war das Tempelhofer Feld. Dort veranstaltete der Berliner F.C. Frankfurt am 13.Oktober 1888 die ersten athletischen Wettkämpfe - das Wort Leichtathletik war noch nicht erfunden.

Wie in Berlin waren es überall die Fußballvereine, die solche „Meetings" einführten, denn die Leichtathletik diente den Kickern als Ausgleichssport. Auf dem kaiserlichen Paradeplatz in Tempelhof wurden die Strecken mit Fahnen abgesteckt; die Mittel- und Langstrecken lief man quer übers Feld, in der Regel bis zur „Kaiserlinde", die als Wendepunkt diente. Zeiten wurden nicht genommen, und die meisten Teilnehmer waren Briten, die wie im Fußball auch in dieser Sportart eine Vorreiterrolle spielten. Die Plakate waren in Englisch, die Läufe wurden in Yards ausgeschrieben, auch die Sportgeräte kamen von der Insel, denn in ganz Berlin gab es damals nur ein Sportgeschäft: A. Steidel in der Rosenthaler Straße.

Doch die Deutschen lernten schnell. Die Zahl der Vereine und Meetings wuchs rapide. 1890 gab es schon das erste „Internationale". Ein Jahr später wurde die neue „Velociped-Rennbahn" in Halensee eingeweiht, deren Zementpiste für die Laufwettbewerbe und deren Innenraum für Sprung-Konkurrenzen genutzt wurde. 1894 trug man erstmals auch ein Hammerwerfen aus, bei dem man mit einem neun Kilo schweren Schmiedehammer, der an einem ein Meter langen Holzstiel gefaßt wurde, warf. Und die Hürden bestanden aus Dachlatten, die auf Pfosten quer über die gesamte Bahn gelegt wurden. Riß der erste Läufer die Latte herunter, hatten die Nachfolger freie Bahn. Kurios auch die Bestimmungen für das erstmals 1896 ausgetragene Gehen: „Falls ein Concurrent beim Wettgehen läuft, wird er verwarnt und hat sich um sich selbst zu drehen. Wer dreimal verwarnt wird, wird disqualifiziert."

Seit Anfang der 90er Jahre gab es Versuche, die Vereine in einem Dachverband zusammenzufassen und einheitliche Regeln zu schaffen. Doch das gelang weder dem 1893 gegründeten Deutschen Amateur-Athletik-Verband noch dem Allgemeinen Deutschen Sport-Bund, der sich im folgenden Jahr konstituierte - beide bestanden nur auf dem Papier. Die sporthistorische Uhr begann erst zu ticken, als die Berliner 1897 einen lokalen Verband gründeten, in dem sowohl Vereine als auch Einzelläufer aufgenommen wurden.

Von dieser „Abteilung Berlin" kam der entscheidende Vorstoß, einen Zentralverband für Athletik ins Leben zu rufen. Die Gründungsversammlung fand am 29. und 30. Januar 1898 im Restaurant „Patzenhofer" in der Berliner Friedrichstraße statt, dem heutigen Karree 247 unmittelbar neben dem Kaufhaus Lafayette. Der Verband, aus dem später der DLV entstand, nannte sich Deutsche Sport-Behörde für Athletik (D.S.B.). Ziele waren „die Pflege des athletischen Sports", die Aufstellung von Bestimmungen und die Schlichtung von Streitfällen.

1. Vorsitzender wurde der 24jährige Berliner Georg Demmler, der langjähriger Vorsitzender des Berliner F.C. Germania 88 war und der sich später als Architekt von Sportstätten einen Namen machte. Er baute unter anderem das Berliner Poststadion, die Tennisanlage von Rot-Weiß Berlin im Grunewald und den alten BSC-Sportplatz unter dem Funkturm.

Wer vor 100 Jahren an Wettkämpfen teilnehmen wollte, benötigte dafür eine Amateurlizenz.

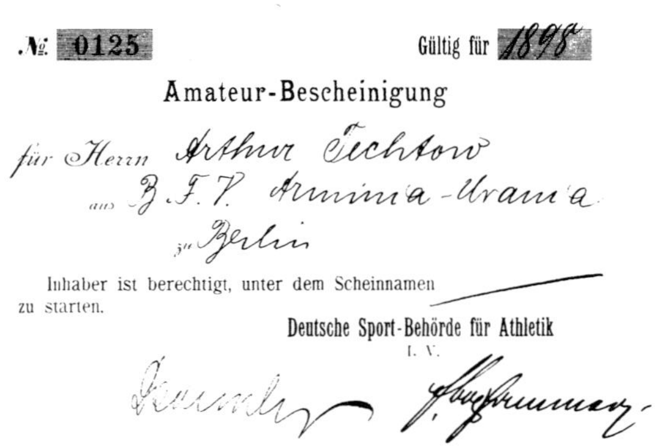
№ 0125 Gültig für 1898

Amateur-Bescheinigung

für Herrn Arthur Techtow

vom B.F.V. Arminia-Urania

zu Berlin

Inhaber ist berechtigt, unter dem Scheinnamen ______ zu starten.

Deutsche Sport-Behörde für Athletik

I. V.

Die von der Sport-Behörde ausgestellte Amateurbescheinigung Nummer 125 für Arthur Techtow für das Jahr 1898. Der 19jährige Berliner gewann am 3. Juli 1898 den ersten deutschen Marathonlauf. Einen eingetragenen „Scheinnamen" führte er nicht; hingegen waren andere Athleten, vor allem solche, die im Staatsdienst standen, gezwungen, unter Pseudonymen an den Start zu gehen.

Der erste Leichtathletik-Präsident: Georg Demmler (1873-1931) war Leiter der deutschen Leichtathleten bei den Olympischen Spielen 1896, 1900 und 1906 und Mitglied der deutschen olympischen Organisationen bis zum Tod.
Unten: Sprung über drei Stühle anno 1898: Der Berufsspringer Joe Darby hielt mit 3,72 m auch den Weltrekord im Weitsprung aus dem Stand.

Diese wurde ihm - Frauen waren noch nicht zugelassen - von der D.S.B. aber nur ausgestellt, wenn er Mitglied in einem Verein war. Die Folge war, daß die Vereine, von denen bei Gründung der Sportbehörde 33 mit insgesamt 1525 Athleten angehörten, fortan einen massenhaften Zulauf hatten.

Auch die stattfindenden Meisterschaften wurden nun von der D.S.B. kontrolliert; Meister konnte nur werden, wer in der jeweiligen Region, für die der Titel vergeben wurde, wohnte. Ausländer mußten sich mindestens ein Jahr in Deutschland aufgehalten haben. Als Preise wurden lediglich Medaillen vergeben.

Ordnung brachte der D.S.B. auch in die Wettkampfregeln. Sie gab Bestimmungen heraus, wie eine Laufbahn beschaffen sein sollte und veröffentlichte Ende 1898 erstmals eine Deutsche Rekordliste. Die bisherigen Yard-Strecken wurden durch Meter-Distanzen ersetzt, wobei nur solche ausgeschrieben werden konnten, die durch 50 teilbar waren.

1898, am 4. September, fanden auf der Hamburger Rennbahn Mühlenkampf die ersten Deutschen Meisterschaften statt. Im selben Jahr gab es im mit Hamburg rivalisierenden Berlin die ersten Deutsche Hochschulmeisterschaften.

Dem Marathonlauf indes stand man in der Reichshauptstadt ablehnend gegenüber, weshalb das erste Rennen, das über 40 km führte, nach Sachsen ausgelagert wurde. Dort fand es am 3. Juli 1898 auf der Strecke Paunsdorf-Bennewitz-Paunsdorf statt. Sieger wurde der 19jährige Berliner Polsterer Arthur Techtow in 3:19:50 h, wofür er - abweichend von den Bestimmungen der D.S.B. - mit einem Siegelring ausgezeichnet wurde.

Das „Facit der 98er Saison", das von „Nestor" in „Sport im Bild" gezogen wurde, fiel allerdings kritisch aus: „Mit der Gründung der Sport-Behörde für Athletik hofften viele, ein großer Aufschwung werde binnen kurzem in unserem Sport zu verzeichnen sein", hieß es. „Nun, diese Optimisten sind vielleicht bitter enttäuscht worden, wer aber so vorsichtig war, sich keinen trügerischen Hoffnungen hinzugeben, wer, den Verhältnissen Rechnung tragend, darauf verzichtete, schon jetzt den Ertrag der gelegten Saat zu sehen, der wird auch ohne Enttäuschung dem Verlauf der Saison gefolgt sein."

Bemängelt wurde vor allem „die Unsitte, eine Unzahl von Meldungen abzugeben, um dieselben schließlich nicht einzuhalten". Um die Regeln durchzusetzen, wurden der D.S.B. „drakonische Strafen" empfohlen, selbst „wenn ihr dadurch im Anfang auch Hunderte verloren gehen". Als Beispiel wurde ein Vorfall bei einem Meeting des B.F.C. Germania angeführt, wo in einem 800-m-Lauf einer der Läufer „mit einer brennenden Zigarre - oder war es eine Zigarette? - inmitten des ganzen Rudels lief. Ein schneidiger Kerl! Sein Name sei aus Mitleid verschwiegen. Zum Glück kann ich berichten, daß dieser Vorfall allseitig die größte Entrüstung hervorrief. Viel fehlte nicht, so hätte man eine gelinde Lynchjustiz an dem ‚Feuerwerker' geübt. Vor solchen Thatsachen kann ich nur ausrufen ‚Sport, verhülle Dein Haupt!' Auf eins bin ich nur gespannt: was wird die Sport-Behörde dazu sagen? Vielleicht richtet sie besondere Rennen ein für Raucher. Warum nicht?"

Vor 100 Jahren ein Highlight: Dreibeinlaufen. Die „inneren" Beine der beiden Läufer wurden zusammengebunden, weshalb man auch vom „Zwillingsrennen" sprach. Die Berliner Schultze/Wernicke stellten mit 12,8 s einen Rekord über 100 Yards auf.

Rechts: Hürdenlauf bei den Studentenmeisterschaften 1898 in Berlin über Dachlatten. Raspe gewann in 19,4 s.
Mitte: Beim Hindernisrennen wurde auch durch Tonnen geklettert.
Darüber: 100-m-Lauf beim Meeting des Männer-Turn-Vereins München auf dem Sommer-Spielplatz in Gräflfing. Noch keiner verwendete den Tiefstart.

LEICHTATHLETIK
Deutsche Meisterschaften 03.–05.07.98
DEUTSCHER VERBAND
100 JAHRE
Deutsche Jugendmeisterschaften 26.–28.06.98
BERLIN 1898 - 1998

Die erste deutsche Rekordliste von 1898

50 m	5,6 s	Kurt Doerry (Berlin)
100 m	11,0 s	Bruno Diebold (Berlin)
200 m	23,0 s	Paul Fischer (Altona)
400 m	55,0 s	Erich Ludwig (Frankfurt/M.)
500 m	1:09,0 min	Kurt Doerry (Berlin)
1000 m	2:46,6 min	Ernst Schultze (Berlin)
1500 m	4:26,2 min	Franz Duhne (Hamburg)
7500 m	26:06,4 min	Johannes Böge (Berlin)
40 km	3:19:50 h	Arthur Techtow (Berlin)
4x100 m	48,8 s	B.F.C. Germania Berlin
3x200 m	1:16,4 min	B.F.C. Germania Berlin
Hochsprung		
aus dem Stand	1,475 m	A. Hyman (Großbritannien)
Dreisprung	12,17 m	Johannes Runge (Braunschweig)
Fußballweitstoßen	60 m	Georg Demmler (Berlin)

Der Bescheidene ist auch Egoist

Thomas Treptow

Der „Herr des Ringes" heißt Lars Riedel, und er ist ein Sachse. Nach drei WM-Titel von 1991 bis 1995 krönte er seine Laufbahn in Atlanta mit dem Olympiasieg. 1997 warf er weiter als je zuvor. Mit 71,50 m rückte er näher an Jürgen Schults elf Jahre alten Weltrekord heran.

Ab und zu ein Schlückchen Kaffee trinken, mit Jürgen Schult über mehr oder minder wichtige Details reden und dabei den einen oder anderen Witz vom Stapel lassen. Wie Lars Riedel die Zeit zwischen seinen Würfen verbringt, klingt so simpel, so unspektakulär, daß es das nicht sein kann, womit der Hüne vom LAC Chemnitz dreimal hintereinander Weltmeister und 1996 in Atlanta Olympiasieger im Diskuswerfen werden konnte.

Allein dieses Verhalten im Wettkampf ist es natürlich nicht, womit der 30jährige in die Beletage der internationalen Leichtathletik aufstieg. Es ist nur ein winziges Puzzleteilchen einer Karriere, die 1973 bei der Betriebssportgemeinschaft Motor Thurm seinen Anfang nahm.

In dem schmucken Erzgebirgsstädtchen wurde damals ein schmächtiger Junge eingeschult, „ein Hemd", wie sein Sportlehrer, erster Trainer und Förderer Jürgen Göbel sagen würde. Nie und nimmer war abzusehen, daß aus dem Bengel einmal ein muskelbepackter Zweimeterriese werden würde. Vielleicht war es Vater Peter Riedel, einst selbst Diskuswerfer mit ansprechenden Leistungen, der ihm das Talent mit in die Wiege legte. Ganz sicher war es aber die solide Ausbildung in den ersten Übungsstunden, wie Lars Riedel meint: „Jürgen Göbel hat mir die Grundlagen beigebracht, und er hat immer mehr Wert auf die Technik gelegt. Die Kraft kommt später von alleine, wurde mir gesagt". Der Sportlehrer, einer der Schnellsten, die ein Glückwunsch-Telegramm nach Atlanta schickten, sollte Recht behalten.

Die Jugendjahre in Thurm, wo Riedel mittlerweile zum Ehrenbürger ernannt wurde, haben den sechsmaligen Deutschen Meister nicht nur sportlich auf den Weg gebracht, sondern ihn unzweifelhaft menschlich geprägt. Auf sein Erzgebirge, auf Mutter Sigrids Rippchen mit Sauerkraut, läßt Lars Riedel nichts kommen. Trotz seiner Erfolge hat sich seine Bescheidenheit, die typisch für die Menschen dieses Landstriches ist, bei ihm nie ganz abgenutzt. Noch 1991, nach seinem ersten WM-Titel in Tokio, wirkte er eher scheu inmitten des Medienrummels. „Da mußte ich oft lange überlegen, bis ich den Mund aufgemacht habe", so Riedel. Das ist in der Zwischenzeit anders geworden, doch geradezu wild auf gute Kritiken – schlechte werden immer seltener – ist er noch immer nicht.So liest der gebürtige Zwickauer fast keine Zeitungen getreu dem Motto „Was ich nicht weiß, macht mich nicht heiß."

Lars Riedel
geb. 28.6.1967
1,99 m groß, 110 kg schwer
Verein: LAC Chemnitz
Trainer: Karlheinz Steinmetz
Betonfacharbeiter,
Angestellter einer Krankenkasse
verheiratet, ein Sohn

Als Weltmeister scheiterte Lars Riedel bei den Olympischen Spielen 1992 schon in der Qualifikation, doch vier Jahre später holte er in Atlanta den Sieg nach - mit 69,40 m, Olympischer Rekord! Wieder war es eine Zitterpartie, doch im dritten Durchgang ließ er die Scheibe segeln. Sein Kommentar: „In der Ruhe liegt die Kraft."

„Das größte Talent dieses Jahrzehnts", wie ihn Wurf-Bundestrainer Karlheinz Leverköhne einmal bezeichnet hat, hat andere Leidenschaften. Geradezu begeistert wird sein Tonfall, wenn die Sprache auf Gartenarbeit und seine stattliche Kakteensammlung kommt. Diese pflegt der bärenstarke Sachse mit der gleichen Leidenschaft, mit der er sich hinter das Steuer eines schnellen Autos klemmt. Schon mancher Meetingsdirektor soll einen flackernden Blick bekommen haben, wenn der Star des Sportfestes in letzter Minute mit quietschenden Reifen um die Ecke bog. Dabei mag der bekennende Christ, der er auch in der DDR blieb, durchaus ruhige Stunden. Sohn Robert und Ehefrau Kerstin sind die familiären Eckpunkte, die ihm dabei wichtig sind. „Das ist mit nichts zu vergleichen", schwärmt der liebevolle Vater. Im eigenen Häuschen in Chemnitz, das 1994 nach seiner Rückkehr zum LAC bezogen wurde, wird das Angenehme mit dem Nützlichen verbunden. Während der Familien-Ernährer im Training schwitzt oder für den Deutschen Leichtathletik-Verband im Wettkampf die Kastanien aus dem Feuer holt,– hält ihm seine bessere Hälfte den Rücken frei. Terminplanung, die Verbindung zum befreundeten Manager Helmut Ebert und der ganze Papierkram, all das ist Sache von Kerstin Riedel. Das ist wohl auch gut so, da dem Hausherren eine gewisse Vergeßlichkeit nachgesagt wird. Der gelernte Maurer sieht das natürlich lockerer: „Ich kann viel verdrängen, und das ist ein entscheidender Unterschied."

Mit 16 Jahren, 1983, wechselte Lars Riedel zum damaligen SC Karl-Marx-Stadt. Hier wurde ihm bis zur politischen Wende und seinem zweiten Platz bei den letzten DDR-Meisterschaften sportliche Stagnation nachgesagt, was so nicht stimmte. Eine Kette von Verletzungen warf ihn immer wieder zurück, trotzdem schaffte er 1986 in Athen Rang vier bei den Junioren-Weltmeisterschaften. Weitenmäßig ging es unter den Fittichen von Jürgen Dreßler und Siegfried Eichfeld durchaus vorwärts. Missen möchte Lars Riedel diese Zeit nicht:„Damals habe ich die Gesamtheit des Trainings, den ganzen Aufbau so hervorragend gelernt, das kann mir keiner nehmen."

Alles wäre aber fast umsonst gewesen, denn mit der „Wende" kam auch die Ungewißheit. Nachdem der Trainer seine Stelle verloren hatte, schien auch Lars' Laufbahn schon beendet. Drei Monate arbeitete er ab Januar 1991 auf dem Bau, trainierte nur nebenbei und wußte nicht , wie es weitergehen sollte. Die Richtung zeigte ihm jener Mann, dem er heute als Coach und Freund rückhaltlos vertraut. Die Rede ist von Karlheinz Steinmetz, damals Bundestrainer Wurf im DLV. Er holte den „Rohdiamanten" zum USC Mainz. „Vieles war neu für mich, die volle Mitverantwortung als Athlet, die Trainingsauffassung. Doch nach einer Weile habe ich festgestellt, daß wir auf einer Welle liegen", erinnert sich Lars Riedel an sein neues Umfeld.

Das sollte sich schon bald auszahlen. Der WM-Sieg von 1991 mit 66,20 m wurde ein überraschender Triumph, der allerdings auch Druck erzeugte. In der Qualifikation bei den Olympischen Spielen 1992 in Barcelona versagten die Nerven, und die bisher bitterste Niederlage war perfekt. Doch 1993 gelang dann die Rehabilitation bei den Weltmeisterschaften in Stuttgart (67,72 m), WM-Gold Nummer drei folgte 1995 in Göteborg (68,76 m). Die absolute Krönung seiner Karriere brachte dann aber Atlanta mit dem Olympiasieg. „Das ist viel, viel höher einzuordnen als die WM-Siege", meint der „Herr des Ringes". Erster Gratulant war damals Karlheinz Steinmetz, für den die Erfolge seines Schützlings eine große Genugtuung sind.

Lars Riedel – Leistungsentwicklung:

1985	*52,02*
1986	*58,66*
1987	*verletzt*
1988	*62,26*
1989	*60,84*
1990	*64,86*
1991	*67,78*
1992	*68,66*
1993	*68,42*
1994	*66,08*
1995	*69,08*
1996	*71,06*
1997	*71,50*

Das antike Vorbild:
der Diskobolos des Myron (ganz oben).

Auch eine mysteriöse Dopinggeschichte, in die der Trainer angeblich verwickelt gewesen sein sollte, hat beide nicht auseinanderbringen können. „Wenn ich zu jemandem stehe, dann nicht nur in guten Zeiten", sagt Lars Riedel dazu angriffslustig. So ist er sonst nur im Wettkampf, wo er es außerdem versteht, den Gegner fast provozierend zu ignorieren. „Da muß man Egoist sein und voll seine Linie durchziehen." Wieder ein Puzzleteilchen, das dazu beiträgt, das Bild von einem der erfolgreichsten Leichtathleten der Gegenwart zu vervollständigen. ■

Die besten Diskuswerfer aller Zeiten

74,08	Jürgen Schult (GDR)	Neubrandenburg	6.6.1986
71,86	Juri Dumtschew (RUS)	Moskau	29.5.1983
71,50	Lars Riedel (GER)	Wiesbaden	3.5.1997
71,32	Ben Plucknett (USA)	Eugene	4.6.1983
71,26	John Powell (USA)	San José	9.6.1984
71,26	Rickard Bruch (SWE)	Malmö	15.11.1984
71,26	Imrich Bugár (CZE)	San José	25.5.1985
71,18	Art Burns (USA)	San José	19.7.1983
71,16	Wolfgang Schmidt (GDR)	Berlin	9.8.1978
71,14	Anthony Washington (USA)	Salinas	22.5.1996
71,06	Luis M. Delis (CUB)	Havanna	21.5.1983
70,98	Mac Wilkins (USA)	Helsinki	9.7.1980
70,38	Jay Silvester (USA)	Lancaster	16.5.1971
70,06	Romas Ubartas (URS)	Smolinskaja	8.5.1988
70,00	Juan Martinez (CUB)	Havanna	21.5.1983

Oben: Das war der dritte Streich: Göteborg '95.
Links: Früh krümmt sich...
Riedel-Junior beim Schwungholen.

„Wir müssen auch zurückstecken"

Volker Kluge

Olympische Spiele und Weltmeisterschaften bestimmen den Marktwert der Athleten. Bei den Grand-Prix-Meetings werden ihre Medaillen versilbert, bei den „Golden Four" seit 1993 sogar vergoldet. Letzte Station dieser Superliga ist am 26. August im Berliner Olympiastadion das ISTAF, das 1997 sein 60jähriges Bestehen feiert.

■ Keiner weiß, wer eigentlich die Idee für das „Internationale Stadion-Fest", das ISTAF, hatte. Daß die Premiere am 1. August 1937 im Berliner Olympiastadion stattfand, hing mit den Olympischen Spielen zusammen, die dort auf den Tag genau ein Jahr vorher eröffnet worden waren. Dieser Impuls wirkte weiter. Die 85 000 Zuschauer, von denen 75 000 durch die NS-Freizeitorganisation „Kraft durch Freude" herangeschafft worden waren, bekamen zwei Weltrekorde zu sehen. Und der Leipziger Luz Long, der sich zwölf Monate vorher mit dem Held der 36er Spiele, Jesse Owens, ein großes Weitsprung-Duell geliefert hatte, in dem er letztlich unterlag, erreichte mit 7,90 m Europarekord.

Doch vor dem ersten „Istaf", damals noch so geschrieben, gab es ein allererstes. Es wurde am 3. Juli 1921 in jenem Deutschen Stadion ausgetragen, das man eigentlich für die Spiele von 1916 gebaut hatte und das dann wegen des 1. Weltkriegs dafür nicht benötigt wurde. An seiner Stelle wurde das heutige Olympiastadion gebaut. Dieses „1. Istaf" hatte keinen Nachfolger.

Der ehemalige Handballer und Mittelstreckenläufer Rudi Thiel stieg 1949 in den Organisationsstab ein und wurde 1968 der ISTAF-Chef; offiziell darf er sich Generalsekretär nennen. Seine Premiere war eigentlich eine Pleite, obwohl Thiel eine Menge guter Athleten eingekauft hatte. Weil die Olympischen Spiele von Mexiko-Stadt erst im Herbst stattfanden, hatten sich die Veranstalter BSC, OSC und SCC, die 1937 eine Partnerschaft eingegangen waren, darauf geeinigt, das ISTAF erst für den 17. November anzusetzen und in die Deutschlandhalle zu legen. Aber nur 5000 Zuschauer wollten die Stars sehen. Es war das letzte Mal unter dem Dach.

Auch mit den nächsten Olympischen Spielen hatte Rudi Thiel kein Glück. Mit dem Rückenwind von München '72 plante er eigentlich den ganz großen Aufschwung, und auch der Vorverkauf stimmte optimistisch. Doch dann kam es ganz dick: Wegen des Terroranschlags auf die israelische Mannschaft wurden die Spiele unterbrochen und dann mit einem Tag Verspätung fortgesetzt. Sie endeten nicht am 10. September, einem Sonntag, sondern erst am Montag. Und am Dienstag sollten die Athleten beim ISTAF am Start sein. Doch in West-Berlin hatte sich unter dem Motto „Die Spiele sind kaputt" inzwischen Weltuntergangsstimmung breitgemacht, und nach einer turbulenten Pressekonferenz bekam der Vorstand kalte Füße. Rudi Thiel, der damals nicht anwesend war, heute: „Einer unser größten Fehler." Im folgenden Jahr fiel das ISTAF von vornherein aus, weil der Senat keine Bürgschaft geben konnte.

Doch Aufgeben war nie die Devise der Veranstalter. Der Wiederbeginn 1974 war mit 20 000 Zuschauern schon ein Erfolg, doch der eigentliche Durchbruch war mit den ersten Weltmeisterschaften von 1983 verbunden. Drei Tage nach Helsinki strömten 56 000 ins Olympiastadion, und viele davon wollten vor allem den dreifachen Weltmeister Carl Lewis sehen, der seitdem die ISTAF-Geschichte wesentlich mitgeprägt hat. 1997, bei seiner Abschiedstournee in Europa, ist er zum letzten Mal das „Bonbon" fürs Publikum.

Als damals das große Geld in die Leichtathletik zu strömen begann, setzte Thiel von Anfang an aufs richtige Pferd. Frühzeitig signalisierte er dem Hauptsponsor des Grand Prix, der Mobil Oil Corporation, nicht nur in die Serie einzusteigen, sondern auch ein Finale zu übernehmen. Das bisher einzige fand 1988 statt. Während seitdem reihenweise die Meetings eingingen, Veranstalter über das sinkende Zuschauerinteresse an der Leichtathletik klagen, hat das

Grand Prix 1997

4.5.	*Grand Prix Brasil de Atletismo*	*Rio de Janeiro*
10.5.	*IAAF Grand Prix*	*Osaka*
25.5.	*Prefontaine Classic*	*Eugene*
1.6.	*USA Track & Field GP*	*New Orleans*
5.6.	*Golden Gala*	*Rom*
8.6.	*Snamenski-Memorial*	*Moskau*
25.6.	*Meeting Gaz de France*	*Paris*
29.6.	*British Grand Prix*	*London*
2.7.	*Athletissima '97*	*Lausanne*
4.7.	*Mobil Bislett Games**	*Oslo*
7.7.	*DN Galan*	*Stockholm*
16.7.	*Nikaia Mobil Meeting*	*Nizza*
13.8.	*Weltklasse in Zürich**	*Zürich*
16.8.	*Herculis Vittel*	*Monte Carlo*
22.8.	*Memorial Ivo van Damme**	*Brüssel*
24.8.	*Weltklasse in Köln*	*Köln*
26.8.	*ISTAF '97**	*Berlin*
13.9.	*IAAF Grand Prix-Finale*	*Fukuoka*

** Golden Four*

Sie knackten 1996 den Gold-Jackpot: Frank Fredericks, Wilson Kipketer, Stefka Kostadinowa, Jonathan Edwards und Lars Riedel (v.l.n.r.).
Links: Das Programm des ISTAF von 1939, das damals an zwei Tagen ausgetragen wurde. Ein Monat später begann der 2. Weltkrieg.

ISTAF nicht nur seine Position behauptet, sondern ist in die Superliga aufgestiegen: in die „Golden Four".

Unangefochtener Spitzenreiter ist hier Zürich, wo der Etat fast sechs Millionen Franken beträgt und man selbst für einen schlechten Stehplatz umgerechnet rund 30 Mark bezahlt. Berlin - gemeinsam mit Brüssel auf Rang zwei - ist da um die Hälfte billiger.

Diese Position ist insofern bemerkenswert, weil Berlin von den großen Vier eigentlich nur zwei Vorteile mitbringt: Es ist die größte Stadt und hat das größte Stadion (77 000 Plätze). Hingegen gibt es kaum Industrie, und außer Schering mit seinem wenig sportfreundlichen Vorstand hat hier keiner der großen Konzerne seinen Hauptsitz. Doch trotz des schwierigen Sponsoring gelang es immer wieder, den Etat aufzubringen. Für alle Fälle steht der Senat dann noch mit einer Ausfallbürgschaft bereit.

1997 beträgt der Etat 3,9 Millionen Mark, der fast zu drei Vierteln durch Fernsehgelder und Sponsoring gedeckt ist. Die Rechnung geht auf, wenn noch 45 000 Eintrittskarten verkauft werden. Die Wiedervereinigung der Stadt hat sich hingegen auf den Publikumszuspruch nicht ausgewirkt, denn nach dem Fall der Mauer kamen

Goldsucher*

1993	
Trine Hattestad (NOR)	*Speerwerfen*
Michael Johnson (USA)	*400 m*
Noureddine Morceli (ALG)	*1500 m*
Maria Mutola (MOZ)	*800 m*
Sonia O'Sullivan (IRL)	*5000 m*
1994	
Colin Jackson (GBR)	*110 m Hürden*
Mike Powell (USA)	*Weitsprung*
1995	
Michael Johnson (USA)	*400 m*
Sonia O'Sullivan (IRL)	*3000 m*
Natalja Schikolenko (BLR)	*Speerwerfen*
Gwen Torrence (USA)	*200 m*
1996	
Jonathan Edwards (GBR)	*Dreisprung*
Frank Fredericks (NAM)	*200 m*
Wilson Kipketer (DEN)	*800 m*
Stefka Kostadinowa (BUL)	*Hochsprung*
Lars Riedel (GER)	*Diskuswerfen*

** Im Jackpot befinden sich 20 kg Gold, die sich jene Athleten teilen müssen, die alle vier Wettbewerbe in Oslo, Zürich, Brüssel und Berlin gewinnen.*

nicht mehr Zuschauer als vorher, wobei niemand weiß, ob der Osten wegbleibt oder viele im Westen das Interesse verloren haben.

Da die Leute nur wegen der Athleten kommen, kosten diese auch eine Menge Geld - etwa 2,7 Millionen DM einschließlich Reisekosten und Aufenthalt. Der Rest des Etats geht für die Organisation drauf, die fast vollständig von Ehrenamtlichen, die auf nicht mehr als ein Tagegeld rechnen können, geleistet wird. Kommt da nicht manchmal Mißstimmung auf, wenn man es mit Stars zu tun hat, die viel Geld kassieren und dann vielleicht noch ihre Launen an einem der rund 600 Helfer auslassen? So etwas gibt es, doch bisher hat Rudi Thiel sein Team immer wieder auf „das große Gemeinschaftsprojekt" einschwören können: „Wir sind Dienstleister, wir müssen auch zurückstecken."

Was so ein Star wert ist, darüber herrscht unter den Meeting-Direktoren Einigkeit. Es gibt eine Preisliste, die jedoch nicht für alle Gerechtigkeit bereithält. Während es die Läufer, vor allem auf den attraktiven Strecken wie 100 m, Meile oder 5000 m, auf eine Startprämie von 100 Prozent bringen, können Springer und Werfer nur auf 75 bis 80 Prozent rechnen. Manche Disziplinen, wie Wurf und Stoß der Frauen, haben es schwer, überhaupt ins Programm zu kommen, wobei beim ISTAF immer auch der „local hero" einen Platz hat. Natürlich gibt es stets auch Versuche der Preistreiberei, doch meist waren dieselben Manager, deren Forderungen zurückgewiesen wurden, auch jene, die letztlich einlenkten.

Trotz aller Ehrenamtlichkeit ist die ISTAF-Gemeinschaft, die als Gesellschaft bürgerlichen Rechts eingetragen ist, im 60. Jahr in erster Linie auch ein Wirtschaftsunternehmen, das sich am Markt orientieren muß. Das heißt neben den Erwartungen der Zuschauer die Anforderungen des Fernsehens mit einem unterhaltsamen Zweieinhalb-Stunden-Programm zu erfüllen, weil davon das dritte Standbein, das Sponsoring, abhängig ist. Und weil Sponsoren, ohne die heutzutage eine Veranstaltung dieser Größenordnung nicht mehr machbar ist, argwöhnisch vergleichen, wieviel Werbeminuten sie direkt im Fernsehen für das gleiche Geld erhalten würden, wünschte Rudi Thiel, daß die IAAF etwas weniger restriktiv mit ihren Vorschriften wäre. Außer Banden und Startnummern darf nämlich gegenwärtig nichts weiteres für die Werbung genutzt werden. Doch immerhin gestattete der Weltverband kürzlich, die Höhe der Hersteller-Logos auf der Athletenkleidung von bisher vier auf fünf Zentimeter zu vergrößern.

Doch das wär's auch schon. Selbst im Zeitalter von Pay-TV und Zirkusnummern à la Toronto kann sich Thiel nicht vorstellen, den Trendsetter zu spielen. Doch er ist 69 und will 2000 aussteigen. Aber solange er am Ruder ist, gilt dieser Anspruch: „Wir wollen, daß alle zufrieden nach Hause gehen; und das in einer Sportart, die ich für die schönste der Welt halte." ■

Beim ISTAF aufgestellte Weltrekorde

1.	Frauen, 100 m	11,6	Stanislawa Walasiewicz (POL)	1.8.1937
2.	Frauen, 80 m Hürden	11,6	Barbara Burke (RSA)	1.8.1937
3.	Männer, 3000 m	8:24,4i	Miklos Szabo (HUN)	16.12.1939
4.	Männer, 3000 m Hindernis	8:22,0	Kerry O'Brien (AUS)	4.7.1970
5.	Männer, 100 m	9,9	Steve Williams (USA)	2.8.1975
6.	Männer, 110 m Hürden	13,0	Guy Drut (FRA)	22.8.1975
7. und 8.	Frauen, Hochsprung	1,97, 2,00	Rosemarie Ackermann (GDR)	26.8.1977
9.	Frauen, 1000 m	2:32,0	Ulrike Bruns (GDR)	18.8.1979
10.	Frauen, 400 m Hürden	55,44	Krystyna Kacperczyk (POL)	18.8.1978
11.	Männer, 1500 m	3:29,46	Saïd Aouita (MAR)	23.8.1985
12.	Männer, 10 000 m	27:08,23	Arturo Barrios (MEX)	18.8.1989
13.	Frauen, 1000 m	2:30,67	Christine Wachtel (GDR)	17.8.1990

i - Halle

ISTAF-Rekorde

Männer			
100 m	10,00	Chidi Imoh (NIG)	1986
	10,00	Dennis Mitchell (USA)	1994
200 m	19,97	Frank Fredericks (NAM)	1996
400 m	43,94	Michael Johnson (USA)	1993
800 m	1:42,98	Joaquim Carvalho Cruz (BRA)	1985
1500 m	3:29,46	Saïd Aouita (MAR)	1985
Meile	3:46,78	Noureddine Morceli (ALG)	1993
3000 m	7:38,20	Mohamed Suleiman (QAT)	1993
5000 m	12:53,19	Haile Gebrselassie (ETH)	1995
10 000 m	27:08,23	Arturo Barrios (MEX)	1989
110 m Hürden	13,02	Roger Kingdom (USA)	1989
	13,02	Colin Jackson (GBR)	1994
400 m Hürden	47,17	Edwin Moses (USA)	1980
3000 m Hindernis	8:09,16	Moses Kiptanui (KEN)	1994
4x100 m	38,18	USA (Lee McRea, Lee McNeill, Harvey Glance, Carl Lewis)	1987
Hochsprung	2,36	Javier Sotomayor (CUB)	1994
Stabhochsprung	6,05	Sergej Bubka (UKR)	1994
Weitsprung	8,57	Mike Powell (USA)	1992
Dreisprung	17,69	Jonathan Edwards (GBR)	1996
Kugelstoßen	21,51	Ralf Reichenbach (FRG)	1980
Diskuswerfen	70,60	Lars Riedel (GER)	1996
Hammerwerfen	82,84	Heinz Weis (GER)	1991
Speerwerfen	91,30	Ján Zelezny (CZE)	1995
Frauen			
100 m	10,82	Merlene Ottey (JAM)	1990
200 m	21,96	Katrin Krabbe (GER)	1991
400 m	49,56	Valerie Brisco-Hooks (USA)	1985
800 m	1:56,56	Ana Fidelia Quirot (CUB)	1987
1000 m	2:30,67	Christine Wachtel (GDR)	1990
1500 m	4:00,24	Paula Ivan (ROM)	1988
3000 m	8:46,66	Natalja Artjomowa (URS)	1989
5000 m	14:41,40	Sonia O'Sullivan (IRL)	1995
100 m Hürden	12,37	Jordanka Donkowa (BUL)	1986
400 m Hürden	53,59	Sandra Farmer-Patrick (USA)	1992
Hochsprung	2,03	Stefka Kostadinowa (BUL)	1996
Weitsprung	7,08	Heike Drechsler (GER)	1991
	7,08	Jackie Joyner-Kersee (USA)	1993
Kugelstoßen	20,98	Helena Fibingerová (CZE)	1984
Diskuswerfen	68,64	Margitta Pufe (GDR)	1979
Speerwerfen	74,56	Petra Felke (GDR)	1985

Auf ihr Konto gehen zwei der 13 ISTAF-Weltrekorde: Die Cottbuserin Rosemarie Ackermann (ganz oben) erreichte nach 1,97 m als erste Hochspringerin der Welt die zwei Meter. Darunter: Zwei ISTAF-Premierensieger: Der Dresdner Rudolf Harbig egalisierte über 400 m mit 47,8 s den Deutschen Rekord, der Leipziger Luz Long erzielte im Weitsprung mit 7,90 m Europarekord (rechts).

Zuschauer-Bilanz

1.	1.8.1937 (OS)	85 000
2.	19.3.1938 (DH)	5 000
3.	19.7.1938 (MS)	10 000
4.	12.3.1939 (DH)	7000
5.	29./30.7.1939 (OS)	40 000
6.	16.12.1939 (DH)	4000
7.	16.3.1941 (DH)	8000
8.	18.6.1941 (MS)	7000
9.	2.8.1942 (OS)	30 000
10.	26.5.1949 (MS)	4000
11.	10.8.1952 (OS)	40 000
12.	21.9.1952 (OS)	15 000
13.	14.6.1953 (MS)	5000
14.	2.8.1953 (OS)	25 000
15.	18./20.6.1954 (SZ)	3000
16.	3.7.1955	20 000
17.	30.6.1956	20 000
18.	30.6.1957	9000
19.	22.6.1958	15 000
20.	21.6.1959	20 000
21.	24.9.1960	40 000
22.	5.8.1961	10 000
23.	9.6.1962	12 000
24.	30.6.1963	15 000
25.	4.7.1964	10 000
26.	11.7.1965	9000
27.	26.6.1966	20 000
28.	27.5.1967	8000
29.	17.11.1968 (DH)	5000
30.	24.9.1969	16 000
31.	4.7.1970	7000
32.	7.9.1971	18 000
33.	21.8.1974	20 000
34.	22.8.1975	20 000
35.	20.8.1976	25 000
36.	26.8.1977	30 000
37.	18.8.1978	30 000
38.	17.8.1979	38 000
39.	8.8.1980	32 000
40.	21.8.1981	26 000
41.	20.8.1982	40 000
42.	17.8.1983	56 000
43.	17.8.1984	40 000
44.	23.8.1985	45 000
45.	15.8.1986	41 000
46.	21.8.1987	40 000
47.	26.8.1988	33 000
48.	18.8.1989	33 000
49.	17.8.1990	32 000
50.	10.9.1991	40 000
51.	21.8.1992	45 000
52.	27.8.1993	62 000
53.	30.8.1994	35 000
54.	1.9.1995	32 000
55.	30.8.1996	53 000
Gesamt		**1 390 000**

OS Olympiastadion (seit 1955 mit Ausnahme von 1968 ständig)
DH Deutschlandhalle
MS Mommsenstadion
SZ Stadion Zehlendorf

Wertung pro Wettkampf und Preisgelder je Disziplin

(in Dollar)

1. Platz	9 Punkte	50 000
2. Platz	7 Punkte	30 000
3. Platz	6 Punkte	20 000
4. Platz	5 Punkte	10 000
5. Platz	4 Punkte	8 000
6. Platz	3 Punkte	7 000
7. Platz	2 Punkte	6 000
8. Platz	1 Punkt	5 000
9.-12. Platz		je 500
pro Weltrekord		2 500

Preisgeld für den GP-Gesamtsieger

1. Platz	200 000
2. Platz	100 000
3. Platz	50 000
4. Platz	20 000
5. Platz	15 000
6. Platz	13 000
7. Platz	12 000
8. Platz	10 000

pro Weltrekord im GP-Finale 100 000

„Goldene Wettbewerbe" 1997

MÄNNER
100 m
Meile
5000 m
110 m Hürden
Stabhochsprung
Speerwerfen

FRAUEN
100 m
5000 m
400 m Hürden
Speerwerfen

Zusätzliche Preisgelder der „goldenen" Wettbewerbe

1. Platz	7 000
2. Platz	5 000
3. Platz	3 000
4. Platz	2 000
5. Platz	1 000

Eine Erkenntnis: Doping lohnt nicht

Jochen Mayer

Seit es den Leistungssport gibt, existiert auch Doping. Doch das IOC brauchte bis 1964, um eine Medizinische Kommission zu gründen und dem Dopingmißbrauch den Kampf anzusagen. Die ersten Kontrollen gab es bei den Spielen von 1968. Im Jahre 1995 wurden weltweit 93 680 Proben analysiert, von denen 1278 positiv waren. Allein der Deutsche Sportbund finanziert jährlich 4000 Trainingskontrollen.

■ Wer sucht schon gern nach der Nadel im Heuhaufen? Für Prof. R. Klaus Müller ist das Berufsalltag. Der Chemiker und Mediziner arbeitet seit 1960 in der Leipziger Gerichtsmedizin, seit 1989 als Professor für forensische Toxikologie. Seine Spezialstrecke: Nachweis von Substanzen ohne gerichteten Verdacht. Der gebürtige Glauchauer muß also meist ins Blaue hinein suchen.

Als Direktor des Kreischaer Instituts für Sportbiochemie und Dopinganalytik geht es ihm etwas besser. Da ist klar definiert, nach was er suchen muß. Müller: „Nach verbotenen Wirkstoffen oder der Anwendung verbotener Methoden. Inzwischen haben wir ein sehr engmaschiges Kontrollnetz aufgebaut. Ein Sportler muß heute ein Hasardeur sein oder sehr dumm, wenn er mit verbotenen Substanzen hantiert. Unsere Analysentechnik ist enorm präzise."

Die Doping-Analytiker wissen sehr genau, wonach sie suchen müssen. So wird der Heuhaufen handlich und die Suche nach der sprichwörtlichen Nadel praktikabel gemacht. „Rund 1000 einzelne Substanzen gehören auf die Dopingliste", schätzt der Professor. Exakt weiß er es nicht. Auch wenn der Zuwachs an neuen Dopingsubstanzen nur gering ist, gibt es noch keine komplette Übersicht. „Im Moment bin ich dabei, diese Substanzen aufzulisten. Praktisch haben wir das Problem, daß bisher nur etwa 100 Beispielnamen auf der Dopingliste stehen. Mehr nicht. Es gibt aber noch jede Menge verwandte Verbindungen, die ebenfalls zu den verbotenen Substanzen gehören. Mit einer vollständigen Liste der verbotenen Substanzen bekämen die Sportlern endlich klare Verhältnisse. Sie wissen dann, worauf sie sich nicht einlassen dürfen." Denn bei der Analyse suchen die Labors nicht nach allen einzelnen Stoffen. In sieben verschiedenen Schritten wird eine Urinprobe getestet. Müller: „Damit können wir hunderte Substanzen bestimmen."

Wer mit Muskel-Mastmitteln wie Anabolika manipuliert, der hat inzwischen beste Chancen, von den Antidopinglabors enttarnt zu werden. Streitpunkte sind nur noch die Grenzwerte. „Wir haben dazugelernt", sagt Prof. Müller. „Wer beispielsweise von Haus aus überhöhte Werte hat, mit einer Anomalie leben muß, der darf dafür nicht bestraft werden." Inzwischen kann in den Labors sogar sicher festgestellt werden, ob eine Urinprobe verfälscht wurde, ein Anabolikum vielleicht nur untergemischt wurde. Dagegen versprechen sich viele Sportler offenbar zuviel von künftigen Analysen mit Blutproben. Erstens ist es mit einem Tropfen nicht getan - 20 Milliliter sind nötig -, und zweitens kann auf den Urintest auch weiterhin nicht verzichtet werden. „Das haben inzwischen fünf unabhängige Gutachten bestätigt."

Noch nicht so gut funktioniert das Aufspüren von zugeführten Stoffen, die auch vom Körper gebildet werden. Dazu zählen Wachstumshormone und der Eiweißstoff Erythropoetin (EPO). „Diese Stoffe sind nicht leicht nachweisbar", bedauert der Gerichtsmediziner. „Wir brauchen am Ende aber klare Aussagen. Ein Test ist erst dann positiv, wenn die Werte sicher sind. Ich schreibe mir auf die Fahne, daß ich das forensische Denken in die Dopingphilosophie mit eingebracht habe. Für mich ist ein Ergebnis erst dann etwas wert, wenn ich es exakt beweisen kann. Wir müssen neutral und objektiv sein." Der Sachse ist deshalb auch froh, daß er zu keiner Zeit sein Herz an den Leistungssport gehängt hat: „Ich möchte möglichst weit weg vom Sportler sein, damit ich nicht befangen bin."

R. Klaus Müller versteht sich nicht als „Fahnder" in Sachen Doping: „Wir stoßen doch nicht bis zur Person des Sportlers vor. Wir sind die Analytiker. Mehr nicht. Das haben die Sportverbände zu

Die Fläschchen, die eine Sportlerkarriere entscheiden können: Urinproben im Antidopinglabor von Atlanta während der Olympischen Spiele 1996. Im Hintergrund: ein Massenspektrometer, in dem die Proben analysiert werden (ganz oben).

Oben: Der Fall Ben Johnson machte die Dopingproblematik öffentlich wie keiner vorher. Der Kanadier, der 1988 in Seoul die 100 m gewann, wurde disqualifizier* und büßte auch seinen WM-Titel von Rom 1937 (Foto) ein, nachdem er zugegeben hatte daß er auch damals gedopt war. 1993 wurde er wieder erwischt und diesmal lebenslang gesperrt.

tun." Der Analyseexperte hat trotzdem eine klare Meinung zum Doping: „Für mich ist die Freigabe des Dopings kein Thema. Kein Mensch käme auf die Idee, Mord und Vergewaltigungen zu legalisieren, nur weil nicht alle Täter ermittelt werden können. Beim Doping ist es ähnlich. Auch wenn uns einige Sünder doch noch durch die Maschen rutschen, sollten wir die Zügel nicht schleifen lassen. Inzwischen hat sich wohl bei der Mehrzahl der Sportler die Erkenntnis durchgesetzt: Es lohnt sich nicht. Unsere Analysen schrecken ab."

Die Dopingfreigabe wäre für den Leiter einer wissenschaftlichen EU-Arbeitsgruppe eine Katastrophe mit Blick auf den Nachwuchs, der enorme gesundheitliche Risiken eingehen würde.

Einen großen Anteil am neuen Doping-Bewußtsein hat auch das deutsche Kontrollnetz mit rund 4000 Proben im Jahr. Dieses Netz ist weltweit nicht überall so ausgebreitet. „Die Tests neben den Wettkämpfen müßten zunehmen, um für alle Sportler gleiche Bedingungen zu schaffen. Andererseits kosten die Trainingskontrollen nicht wenig, da die Kontrolleure mitunter extrem weite Strecken fahren müssen. Der Aufwand ist sehr hoch. Der läßt sich nicht schrankenlos weitertreiben." Die Labors wären natürlich froh, wenn sie möglichst viele Proben analysieren können. Mehr Aufträge würden die Kosten für die einzelne Analyse senken.

Nebenbei sehen die Tester auch nach, ob sich in den Proben Haschisch oder andere Rauschmittel-Reste befinden. Das IOC ist an Aussagen dazu interessiert. Konsequenzen müßten die Fachverbände treffen. „Es ist wie mit dem Alkohol", erklärt Prof. Müller. „Der ist im Sport nur unter bestimmten Umständen erlaubt: Wenn keine Gefährdung möglich ist. Beim Schießen oder Autofahren ist Alkohol natürlich kein Thema." Neben den Substanzen, die unter bestimmten Umständen verboten sind, sorgen mitunter „Wundermittel" für Schlagzeilen. Das als Energiespender gehandelte Kreatin gilt nicht als Doping. R. Klaus Müller ahnt einen Placebo-Effekt des körpereigenen Stoffes: „Sich mit Kreatin vollstopfen ist genauso sinnvoll, wie zehn Schnitzel hintereinander zu essen." Doch für Sinnfragen im Sport sind die Dopinganalytiker nicht zuständig. ■

Doping

Darunter wird heute die Einnahme verbotener Mittel aus festgeschriebenen Wirkstoffgruppen sowie die Anwendung verbotener Methoden verstanden. Zu den verbotenen Wirkstoffen existiert eine Beispiel-Liste von Medikamenten. Der Aspekt der Leistungssteigerung ist kein Bestandteil der IOC-Dopingregel mehr. Ein Dopingfall ist dann eingetreten, wenn die A-Probe positiv ist und durch die B-Probe bestätigt wird, oder aber durch Selbstbezichtigung.

Sperre auf zwei Jahre verkürzt

Auf ihrem 41. Kongreß, einen Tag vor Beginn der WM in Athen, beschloß die IAAF im Falle eines positiven Dopingtests, die bisherige Sperre von vier auf zwei Jahre zu verkürzen. 112 Mitgliedsländer stimmten für die neue Regelung, 56 waren dagegen. Es gab drei Stimmenthaltungen. Ein Athlet, der das zweite Mal des Dopings überführt ist, wird lebenslänglich suspendiert. Die Sperre von zwei Jahren stellt ein Minimum dar. Außerdem wurde die Dreimonatssperre bei Gebrauch von Stimulanzien ganz abgeschafft und durch eine „öffentliche Verwarnung" ersetzt. Beim zweiten derartigen Verstoß soll dann ebenfalls die zweijährige Sperre erfolgen, beim drittenmal dann die lebenslängliche.

Zugleich paßte sich die Welt-Leichtathletik der Linie des Internationalen Olympischen Komitees (IOC) an, das zur Vereinheitlichung der Doping-Sanktionen unter den internationalen Verbänden zwei Jahre als Höchstmaß empfiehlt.

Die Strafen sind „IAAF-Recht" und als Mindestmaß für alle Verbände verbindlich.
Unabhängig davon ist es den einzelnen Ländern überlassen, Dopingsünder in ihrem Verantwortungsbereich härter zu bestrafen. So werden in Großbritannien und Kanada des Dopings überführte Sportler bereits beim ersten Mal lebenslang gesperrt.

Einem Dopingsünder wird selten vergeben, vor allem nicht von den Medien; erst recht nicht, wenn frau noch so gut aussieht wie die Berliner Weitspringerin Susen Tiedtke-Greene, die ihre bei den Hallen-WM 1995 gewonnene Bronzemedaille zurückgeben mußte (ganz oben). Nach zwei Jahren Sperre war sie in Athen wieder dabei.
Darunter: Verlorene Jahre auch für Grit Breuer. Die Mecklenburgerin war 1991 WM-Zweite über 400 m. Zwei Welttitelkämpfe gingen ihr wegen einer Dopingsperre verloren.

Die Dopingliste des IOC

Verbotene Klassen von Substanzen und Methoden

I. SUBSTANZEN

A. Stimulanzien
B. Narkotika
C. Anabolika
D. Diuretika
E. Peptide und Glycoproteinhormone sowie analoge Substanzen

II. METHODEN

A. Blutdoping
B. Pharmalogische, chemische und physikalische Manipulationen

III. WIRKSTOFFE

A. Alkohol
B. Marihuana
C. örtliche Betäubungsmittel
D. Corticosteroide
E. Betablocker

IOC-Labors

Insgesamt 25 Labors sind vom IOC weltweit anerkannt. Mit Testanalysen muß der Status regelmäßig neu erworben werden. Die beiden deutschen IOC-Labors in Köln und Kreischa zählen zu den bestausgerüsteten Einrichtungen. Sie besitzen das hochauflösende Massenspektrometer, das noch nicht alle IOC-Labors einsetzen können. Kosten des Gerätes: rund 900 000 Mark. Eine Dopinganalyse kostet im Labor rund 220 Mark. Dazu kommen noch die Ausgaben für die Beschaffung der Probe. Für Wettkampfkontrollen werden offiziell 300 Schweizer Franken berechnet.

DIE ANERKANNTEN LABORS:

Athen	GRE
Barcelona	ESP
Bloemfontein	RSA
Gent	BEL
Helsinki	FIN
Huddinge	SWE
Indianapolis	USA
Köln	GER
Kopenhagen	DEN
Kreischa	GER
Lausanne	SUI
Lissabon	POR
London	GBR
Los Angeles	USA
Madrid	ESP
Montreal	CAN
Moskau	RUS
Oslo	NOR
Paris	FRA
Peking	CHN
Prag	TCH
Rom	ITA
Seoul	KOR
Sydney	AUS
Tokio	JPN

Silber-Jubiläum: München '72

Vor 25 Jahren fanden in München Olympische Spiele mit zwei deutschen Mannschaften statt. 1997 waren ihre Medaillengewinner bei der NOK-Wiedersehensfeier vereint.

Duell im Rückblick viel dramatischer

Volker Kluge

Silber-Jubiläum in München: Vor 25 Jahren fanden dort die Olympischen Spiele statt. Die Bundesrepublik wollte das neue Deutschland darstellen, die DDR startete erstmals mit den eigenen Symbolen, und ihre Devise war, den „Klassenfeind" zu Hause zu schlagen. Am Ende war der Osten Dritter, der Westen Vierter, doch das Duell war weit weniger dramatisch, als es heute wahrgenommen wird. Drei Beispiele vom deutsch-deutschen „Fräulein-Wunder".

Fall Nr. 1: Die Damen sind Kolleginnen. Hildegard Falck-Kimmich (West) ist Gymnastik- und Sportlehrerin in Heitersheim südlich von Freiburg; Diplom-Sportlehrerin Gunhild Hoffmeister (Ost), lebt in Berlin und ist nach einer Umschulung in der Rehabilitation tätig. Ihr erstes Aufeinandertreffen war keines der erfreulichen Art: Das EM-Finale von 1971 in Helsinki über 800 m war für beide schon nach 180 m zu Ende, als Hildegard Falck, die kurz vorher mit 1:58,5 min Weltrekord gelaufen war, und Gunhild Hoffmeister kollidierten. Sie stürzten und schieden aus. Ausgewertet wurde der Zusammenstoß erst 1992, als der Münchner Olympiapark sein 20jähriges Bestehen feierte. Über die „Schuldfrage" gab es keine Unklarheiten. Gunhild Hoffmeister: „Ich bin schon als Kind über den ‚Onkel' gelaufen, und dadurch hatte ich eine besondere Fußstellung. Ich blieb 1971 einfach an der eigenen Wade hängen, was mir schon 1969 im EM-Finale über 1500 m passierte." Doch Hildegard Falck-Kimmich ist nicht nachtragend: „Es ist schwer nachvollziehbar. Wir wollten beide gewinnen, und jede wäre in der Lage gewesen. Mit Sicherheit war das nicht bösartig. So etwas kommt eben vor. Heute geht es oft noch viel robuster zu."

Kolleginnen, die sich heute gut verstehen: Hildegard Falck-Kimmich (links) und Gunhild Hoffmeister, 1972 Gold- bzw. Bronzemedaillengewinnerin über 800 m.

Das nächste Aufeinandertreffen war erst 1972 in München, und es stellte beide zufrieden: Die Westdeutsche gewann Olympia-Gold, die Ostdeutsche Bronze, wozu sich Gunhild Hoffmeister über 1500 m noch die Silberne holte.

Und wie war das Verhältnis untereinander? Hildegard Falck-Kimmich: „Die DDR-Sportler schotteten sich sehr ab, und von Gunhild wußte ich, daß sie Volkskammerabgeordnete war. Sie war sehr vorsichtig. Außerdem war die DDR für mich ein anderer Staat, aber das Verhältnis war nicht besser oder schlechter als zu Sportlern anderer Länder." Gunhild Hoffmeister sieht das im Grunde nicht anders und als unterlegene Läuferin: „Sch..., daß ich der Hilde damals die Bahn frei gemacht habe..."

Fall Nr. 2: Die Angelegenheit lief in geordneten Bahnen ab. Rita Wilden (West) hatte im 400-m-Finale Bahn vier ausgelost, Monika Zehrt (Ost) die sieben - das war für sie ein Nachteil. Rita Wilden: „Du hast mich damals gezogen." Eigentlich kannten sich beide kaum. Bei den 1971er EM lief Rita Wilden die 200 m (Platz 6), und Monika Zehrt, damals erst 18 Jahre alt, wurde nur in der 4x400-m-Staffel eingesetzt (Platz 1). Daß Rita Wilden für eine Medaille in Frage kam, deutete sich im Semifinale an, als sie hinter Monika Zehrt die insgesamt viertschnellste Zeit erzielte, doch der eigentliche Stolperstein waren nicht die Konkurrentinnen, sondern die Ereignisse im Olympischen Dorf.

Der Endlauf sollte zwei Tage nach dem Semifinale, am 6. September, stattfinden. Doch am Vortag, am Morgen, überfiel ein palästinensisches Terrorkommando die israelische Mannschaft. Der Befreiungsversuch mißglückte; die Bilanz des Massakers: neun tote Israelis, ein erschossener deutscher Polizist, fünf tote Guerillas. Monika Zehrt: „Das Attentat hatte uns aus dem Konzept gebracht, denn niemand wußte im Moment, wie es weitergehen würde - man konnte nur daran glauben." Es wurde noch einmal ein Tag trainiert, und mit 24 Stunden Verspätung folgte dann das Finale, das die Ostdeutsche in olympischer Rekordzeit (51,08) vor der Westdeutschen gewann.

Das erste Wiedersehen folgte erst 1992. Rita Wilden, gelernte Sportartikelkauffrau, ist heute Hausfrau und lebt in Leverkusen. Monika Zehrt heißt Landgraf und wohnt in Berlin, wo sie stellvertretende Filialleiterin in der Möbelbranche ist. Ihr 20jähriger Sohn Andreas war Berliner Hallenmeister im Hürdenlauf und studiert

Wiedersehensfeier in München: Heidemarie Ecker-Rosendahl (links) und Renate Stecher im ZDF-Sportstudio (oben).
Darunter: deutsch-deutsches Duell über 4x100 m.
Rechts: Monika Zehrt siegte über 400 m vor Rita Wilden.
Darüber: Ihre Namen sind verewigt: Monika Landgraf-Zehrt und Rita Schiemann-Kühne, die in der 4x400-m-Staffel Gold gewann.

Politik und Recht in England. Der 1980 geborene Steffen kämpfte lange um die 7-m-Marke; in diesem Jahr sprang er 7,04 m weit.

Fall Nr. 3: Manchmal ärgert sich Renate Stecher (Ost). Obwohl die Jenaerin 1972 die 100 und 200 m gewann, wird sie meistens nach der Staffel gefragt: Und die verlor die DDR mit ihr als Schlußläuferin. Ihrer Konkurrentin auf den letzten 100 m, Heidemarie Ecker-Rosendahl (West), geht es nicht anders. Der Sieg im Weitsprung und die Silberne im Fünfkampf sind im Rückblick immer zweitrangig. Was zählt, ist der Staffelsieg gegen die DDR. Ecker-Rosendahl: „Die Bedeutung wird jetzt viel höher gespielt als damals. Wenn ich daran denke, wer vor dem Jubiläum nicht alles angerufen hat... Dabei war es damals eine rein sportliche Herausforderung."

Freilich eine, die die Gewinnerin heute noch erfreut und die Verliererin schmerzt. Renate Stecher: „Das war eben eine völlig falsche Vorstellung, daß ich, wenn ich zwei Einzelstrecken gewinne, hinten auch noch die Rosendahl weghaue." München '72 war das erste und einzige Mal, daß sie sich als Schlußläuferin einsetzen ließ.

Während Renate Stecher noch eine Olympiade anhängte und dafür mit einem kompletten Medaillensatz belohnt wurde, verabschiedete sich Heide Rosendahl 1974. Heute betreibt sie zwei Fitneßstudios in Köln, arbeitet im Management der Leichtathletik-Abteilung von Bayer Leverkusen und ist DLV-Vizepräsidentin. Zur Leichtathletik kam sie durch ihren Vater, der diesen Sport auch betrieb. Heide Ecker-Rosendahl: „Eigentlich wollte ich ja Architektur studieren. Wegen des Sports habe ich dann darauf verzichtet. Das war der Preis. Manchmal habe ich es bedauert, aber dann kamen die Kinder..."

Sohn David (21) ist Handballer, der zwei Jahre jüngere Daniel (Danny) Stabhochspringer mit einer Bestleistung von 5,71 m. Dafür hat Renate Stecher, die beim Jenaer Studentenwerk arbeitet, drei Töchter: Anja (17), die Zweite, ist ebenfalls Läuferin und wird vom Vater trainiert. Sie ist schon dreifache Thüringen-Meisterin - natürlich über 100, 200 und 4x100 m. ■

DIE MEDAILLENGEWINNER
von München '72

Männer

100 m	
1. Waleri Borsow (URS)	*10,14*
2. Robert Taylor (USA)	*10,24*
3. Lennox Miller (JAM)	*10,33*
200 m	
1. Waleri Borsow (URS)	*20,00*
2. Larry Black (USA)	*20,19*
3. Pietro Mennea (ITA)	*20,30*
400 m	
1. Vincent Matthews (USA)	*44,66*
2. Wayne Collett (USA)	*44,80*
3. Julius Sang (KEN)	*44,92*

Minister, Pirat und Gefängnisdirektor

Marc Gudera

Schlagzeilen machten vor 25 Jahren in München Leichtathleten wie Lasse Viren, Ulrike Meyfarth, Waleri Borsow, Renate Stecher, Klaus Wolfermann, Frank Shorter, Wolfgang Nordwig oder der unvergessene John Akii-Bua. Was wurde aus den olympischen Helden von damals?

Die Nachricht vom seinem Tod platzte mitten in die Wiedersehensfeier der deutschen Olympiamedaillengewinner von 1972 im Juni in München. Wer erinnerte sich nicht an das Finale über 400 m Hürden, an die überschäumende Freude dieses schwarzen Athleten, der später auf dem Siegerpodest inbrünstig seine Goldmedaille küßte: John Akii-Bua, der bisher einzige Olympiasieger Ugandas.

Zu Hause in Kampala wurde eine Straße nach ihm genannt und Diktator Idi Amin schenkte ihm ein Haus, das er zuvor einem Inder, weggenommen hatte. Doch bald lernte Akii-Bua die Kehrseite kennen: 1976 in Montreal fehlte er wegen des Boykotts der Afrikaner, und bei Idi Amin fiel er in Ungnade und saß zeitweilig im Gefängnis. 1979 flüchtete er nach Kenia und weiter ins fränkische Herzogenaurach zu seinem Sponsor, um sich auf Moskau '80 vorzubereiten.

Als die Diktatoren wechselten kehrte Akii-Bua 1983 nach Uganda zurück und nahm seinen Dienst als Polizeioffizier wieder auf. Zu materiellem Reichtum brachte er es nie. Dann starb seine Frau, und der nierenkranke Olympiasieger folgte ihr nur zwei Jahre später.

Stars waren 1972 auch Lasse Viren und Waleri Borsow. Der Finne stürzte über 10 000 m und gewann dennoch in Weltrekordzeit. Gold über 5000 m folgte. Den Coup wiederholte er 1976, was ihm als Dank des Vaterlands ein Denkmal einbrachte. Seinem Heimatort Myrskylä hielt er immer die Treue. Dort betreibt er die Familien-Firma, die Öl und Sand transportiert, und ist Gemeindevorsteher.

Waleri Borsow galt als erster „Computer"-Sprinter, und er promovierte. Sein Thema: der Sprint. Das war der Start für eine Funktionärskarriere, die als Komsomol-Sekretär begann. Nach dem Zerfall der UdSSR wurde er Sportminister der Ukraine und kam 1994 ins IOC, dem er bis zum Jahr 2029 angehören darf. Privat hielt er es ebenfalls olympisch: Die vierfache Turn-Olympiaasiegerin Ludmilla Turischtschewa ist seine Frau.

Und was machen die „Schlafmützen" Eddie Hart und Ray Robinson, die bei den US-Trials über 100 m mit 9,9 s den Weltrekord einstellten und die dann in München den Zwischenlauf verpaßten, weil sie den falschen Zeitplan hatten? Beide sind Trainer: Staffelsieger Hart an der Universität von Berkeley, Robinson an der von Südflorida.

Apropos USA-Sieger. Vincent Matthews (400 m), der bei Siegerehrung auffiel, weil er sich besonders eindrucksvoll hinzulümmeln verstand, ist ein Hypno-Therapeut auf Long Islands und will mit der Presse nichts mehr zu tun haben. Rod Milburn (110 m Hürden) ist Hilfsarbeiter in einer Papierfabrik in Baton Rouge, Georgia Pacific. David Wottle (800 m) blieb den Leuten in Erinnerung, weil er mit Mütze lief. Jetzt hat er den Hut auf als Dekan für Zulassung am Rhodes College in Memphis, Tennessee. Randy Williams (Weitsprung) ist Feuerwehrmann beim Fire Department in Clovis, Kalifornien.

Super geht es dem US-Marathon-Olympioniken Frank Shorter: Der gebürtige Münchner, ab und zu auch NBC-Fernsehkommentator, hat in Boulder, Colorado eine Firma, die als erste die imprägnierte Sportkleidung auf den Markt brachte.

Bei den doppelten Deutschen - Sparte West - war damals die 16jährige Ulrike Meyfarth (Hochsprung) das Highlight. Danach mußte sie erst einmal durch ein Tal, ehe sie 1984 mit Gold Nr. 2 wieder auf dem Gipfel ankam. Seit 1987 heißt sie Nasse, sie ist Mutter einer Alexandra und Gesundheitsberaterin bei Bayer Leverkusen.

800 m	
1. David Wottle (USA)	*1:45,9*
2. Jewgeni Arshanow (URS)	*1:45,9*
3. Mike Boit (KEN)	*1:46,0*
1500 m	
1. Pekka Vasala (FIN)	*3:36,3*
2. Kipchoge Keino (KEN)	*3:36,8*
3. Rodney Dixon (NZL)	*3:37,5*
5000 m	
1. Lasse Viren (FIN)	*13:26,4*
2. Mohamed Gammoudi (TUN)	*13:27,4*
3. Ian Stewart (GBR)	*13:27,6*
10 000 m	
1. Lasse Viren (FIN)	*27:38,4*
2. Emiel Puttemans (BEL)	*27:39,6*
3. Miruts Yifter (ETH)	*27:41,0*
Marathon	
1. Frank Shorter (USA)	*2:12:19,8*
2. Karel Lismont (BEL)	*2:14:31,8*
3. Wolde, Mamo ETH	*2:15:08,4*
110 m Hürden	
1. Rodney Milburn (USA)	*13,24*
2. Guy Drut (FRA)	*13,34*
3. Thomas Hill (USA)	*13,48*
400 m Hürden	
1. John Akii-Bua (UGA)	*47,82*
2. Ralph Mann (USA)	*48,51*
3. David Hemery (GBR)	*48,52*
3000 m Hindernis	
1. Kipchoge Keino (KEN)	*8:23,6*
2. Benjamin Jipcho (KEN)	*8:24,6*
3. Tapio Kantanen (FIN)	*8:24,8*

Einer der eindrucksvollsten Athleten: John Akii-Bua (Uganda) gewann die 400 m Hürden in Weltrekordzeit. Er starb 25 Jahre nach München, gerade als sich die deutschen Medaillengewinner dort trafen (oben).
Links: Zwei Überraschungssieger: Hochspringerin Ulrike Meyfarth war damals erst 16 Jahre alt; Klaus Wolfermann warf den Speer zwei Zentimeter weiter als Favorit Jānis Lūsis.

4x100 m
1. USA 38,19
(Larry Black, Robert Taylor, Gerald Tinker, Eddie Hart)
2. URS 38,50
(Alexander Korneljuk, Wladimir Lowezki, Juris Silovs, Waleri Borsow)
3. FRG 38,79
(Jobst Hirscht, Karlheinz Klotz, Gerhard Wucherer, Klaus Ehl)

4 x 400 m
1. KEN 2:59,80
(Charles Asati, Hezahiah Nyamau, Robert Ouko, Julius Sang)
2. GBR 3:00,50
(Martin Reynolds, Alan Pascoe David Hemery, David Jenkins)
3. FRA 3:00,70
(Gilles Bertould, Daniel Vélasquez, Francis Kerbiriou, Jacques Carette)

20 km Gehen
1. Peter Frenkel (GDR) 1:26:42,4
2. Wladimir Golubnitschi (URS) 1:26:55,2
3. Hans Reimann (GDR) 1:27:16,6

50 km Gehen
1. Bernd Kannenberg (FRG) 3:56:11,6
2. Wenjamin Soldatenko (URS) 3:58:24,0
3. Larry Young (USA) 4:00:46,0

Hochsprung
1. Jüri Tarmak (URS) 2,23
2. Stefan Junge (GDR) 2,21
3. Dwight Stones (USA) 2,21

Stabhochsprung
1. Wolfgang Nordwig (GDR) 5,50
2. Robert Seagren (USA) 5,40
3. Jan Johnson (USA) 5,35

Weitsprung
1. Randy Williams (USA) 8,24
2. Hans Baumgartner (FRG) 8,18
3. Arni Robinson (USA) 8,03

Dreisprung
1. Wiktor Sanejew (URS) 17,35
2. Jörg Drehmel (GDR) 17,31
3. Nelson Prudencio (BRA) 17,05

Eine Karriere, die es in sich hat: Waleri Borsow - 1972 der schnellste Mann, 1997 ukrainischer Minister und IOC-Mitglied.

Klaus Wolfermann (Speerwerfen) sammelte nach München viele Erfahrungen als Promoter eines Sportartikelherstellers, bis er selbst die Leitung einer Marketingfirma übernahm.

Wenig Erfreuliches gibt es von Bernd Kannenberg (50 km Gehen) zu melden. Mal war's der Meniskus, mal die Hüfte - eigentlich hätte der nun invalidisierte Bundeswehr-Oberfeldwebel aus Warendorf das goldene Verwundetenabzeichen verdient.

Weiter gut zu Fuß ist jedoch Ost-Kollege Peter Frenkel (20 km). Der Fotoreporter lebt in Bad Honnef und ist Vize-Chef der Gemeinschaft Deutscher Olympiateilnehmer.

Von den anderen DDR-Siegern sind zwei Doktoren aus Jena: Dr. Ruth Fuchs (Speerwerfen) sitzt schon die zweite Wahlperiode für die PDS im Bundestag und gehört dem Sportausschuß an. Dr. Wolfgang Nordwig (Stabhochsprung) war vor der „Wende" bei Carl Zeiss Forschungsdirektor mit 6300 Mitarbeitern und ist jetzt Geschäftsführer der Berliner Flug Ring GmbH. Zurückgezogen hat sich Annelie Ehrhardt (100 m Hürden): Die Magdeburgerin managt den „Sport und Spiel e.V." mit Spielmobil und einem Fitneßstudio für Kinder und Jugendliche.

Goldsammler waren 1972 die Sowjets. Nikolai Awilow, der den Zehnkampf mit Weltrekord gewann, ist Trainer auf den Seychellen, die Dreisprung-Legende Wiktor Sanejew steht bis zum Jahr 2000 beim australischen Leichtathletikverband unter Vertrag. Hochspringer Jüri Tarmak, ein Este, ist Ökonomie-Dozent in St. Petersburg, Hammerwerfer Anatoli Bondartschuk promovierte, er brachte dann Weltrekordler Juri Sedych heraus und ist ukrainischer Staatstrainer.

Diskuswerferin Faina Melnik ist Zahnärztin in Moskau, Nadeshda Tschishowa (Kugelstoßen) arbeitet in St. Petersburg als Vize-Direktorin jener Schule, die sie selbst besuchte und die heute den Namen ihres Trainers trägt - der Alexejew-Sportschule. Ludmilla Bragina, die in Vor-, Zwischen- und Endlauf über 1500 m dreimal Weltrekord lief, war Trainerin und Fernsehjournalistin in Krasnodar und führt nun den Vorsitz einer Stiftung Sporthilfe.

Mary Peters, die Heide Rosendahl im Fünfkampf schlug, lebt in Nordirland und wurde 1996 zur Präsidentin der British Athletic Federation (BAF) gewählt. Der Finne Pekka Vasala, der die 1500 m gewann, ist ökonomischer Leiter an der Sportschule Vierumäki bei Lahti. Das tschechische Diskus-As Ludvik Danek ist Trainer in Prag. Kugelstoßer Wladyslaw Komar, das „enfant terrible" des polnischen Sports, ist unter die Kabarettisten und Schauspieler gegangen. Spezialität: Ritter und Bösewichte. In Roman Polanskis „Piraten" spielte er einen Freibeuter; in dem Film „Die Prostituierten", der gerade in Polen läuft, hat er eine Hauptrolle.

Blieben Kenias Läufer: Der legendäre Kipchoge Keino (3000 m Hindernis) ist ein gemachter Mann. Er besitzt zwei Farmen mit mehreren hundert Hektar Land und zwei gutgehende Sportgeschäfte. Im NOK Kenias ist er Vizepräsident. Weil 1972 die 4x400-m-Staffel der USA verletzungsbedingt ausfiel, kamen die Kenianer zu einer überraschenden Goldmedaille. Aus ihrem Erfolgs-Quartett hat Schlußläufer Julius Sang den vielleicht aufreibendsten Job: Er ist in Embu Gefängnisdirektor. ■

Kugelstoßen	
1. Wladyslaw Komar (POL)	21,18
2. George Woods (USA)	21,17
3. Hartmut Briesenick (GDR)	21,14

Diskuswerfen	
1. Ludvik Danek (CZE)	64,40
2. Jay Silvester (USA)	63,50
3. Rickard Bruch (SWE)	63,40

Hammerwerfen	
1. Anatoli Bondartschuk (URS)	75,50
2. Jochen Sachse (GDR)	74,96
3. Wassili Chmelewski (URS)	74,04

Speerwerfen	
1. Klaus Wolfermann (FRG)	90,48
2. Jänis Lüsis (URS)	90,46
3. William Schmidt (USA)	84,42

Zehnkampf	
1. Nikolai Awilow (URS)	8454
2. Leonid Litwinenko (URS)	8035
3. Ryszard Katus (POL)	7984

Frauen

100 m	
1. Renate Stecher (GDR)	11,07
2. Raelene Boyle (AUS)	11,23
3. Silvia Chibás (CUB)	11,24

200 m	
1. Renate Stecher (GDR)	22,40
2. Raelene Boyle (AUS)	22,45
3. Irena Szewinska (POL)	22,74

400 m	
1. Monika Zehrt (GDR)	51,08
2. Rita Wilden (FRG)	51,21
3. Kathy Hammond (USA)	51,64

800 m	
1. Hildegard Falck (FRG)	1:58,6
2. Nijole Sabaite (URS)	1:58,7
3. Gunhild Hoffmeister (GDR)	1:59,2

1500 m	
1. Ludmilla Bragina (URS)	4:01,4
2. Gunhild Hoffmeister (GDR)	4:02,8
3. Paolo Cacchi-Pigni (ITA)	4:02,9

100 m Hürden	
1. Annelie Ehrhardt (GDR)	12,59
2. Valeria Bufanu (ROM)	12,84
3. Karin Balzer (GDR)	12,90

In Paavo Nurmis Spuren: Finnland bedankte sich auch bei seinem Wunderläufer Lasse Viren mit einem Denkmal (oben).
Links: Friedel Schirmer, 1952 Zehnkämpfer und Fahnenträger im (west)deutschen Olympiateam, und DDR-Geher Peter Frenkel (rechts), der 1972 über 20 km Gold holte - Präsident bzw. Vizepräsident der Gemeinschaft Deutscher Olympiateilnehmer.

4 x 100 m
1. FRG 42,81
(Christiane Krause, Ingrid Mickler, Annegret Richter, Heidemarie Rosendahl)
2. GDR 42,95
(Evelin Kaufer, Christina Heinrich, Bärbel Struppert, Renate Stecher)
3. CUB 43,36
(Marlene Elejarde, Carmen Valdés, Fulgencia Romay, Silvia Chibás)

4 x 400 m
1. GDR 3:23,0
(Dagmar Käsling, Rita Kühne, Helga Seidler, Monika Zehrt)
2. USA 3:25,2
(Mable Fergerson, Madeline Manning, Cheryl Toussaint, Kathy Hammond)
3. FRG 3:26,5
(Anette Rückes, Inge Bödding, Hildegard Falck, Rita Wilden)

Hochsprung
1. Ulrike Meyfarth (FRG) 1,92
2. Jordanka Blagoewa (BUL) 1,88
3. Ilona Gusenbauer (AUT) 1,88

Weitsprung
1. Heidemarie Rosendahl (FRG) 6,78
2. Diana Jorgowa (BUL) 6,77
3. Eva Suranová (CZE) 6,67

Kugelstoßen
1. Nadeshda Tschishowa (URS) 21,03
2. Margitta Gummel (GDR) 20,22
3. Iwanka Christowa (BUL) 19,35

Diskuswerfen
1. Faina Melnik (URS) 66,62
2. Argentina Menis (ROM) 65,06
3. Wassilka Stoewa (BUL) 64,34

Speerwerfen
1. Ruth Fuchs (GDR) 63,88
2. Jacqueline Todten (GDR) 62,54
3. Kathy Schmidt (USA) 59,94

Fünfkampf
1. Mary Peters (GBR) 4801
2. Heidemarie Rosendahl (FRG) 4791
3. Burglinde Pollak (GDR) 4768

Anzeigentafel und Videoleinwand dokumentieren:
Marion Jones ist die schnellste Frau der Welt.

Athen '97

Lauf

Der Sprint-Queen blieb nur der Laufsteg

Vielleicht bekommt diese Momentaufnahme symbolische Bedeutung: Merlene Ottey geht wie in Zeitlupe nach ihrem Fehlstart zum Start zurück - und läuft anschließend dem Feld hinterher.

Marion Jones kam auf den Geschmack. „Die Leichtathletik-Weltmeisterschaften sind das größte Erlebnis meiner Karriere", sagte die 21jährige USA-Sprinterin nach ihrem Favoritensieg über 100 m. „Das ist noch größer als das Basketball-NCAA-Finale." Das langbeinige Multitalent hatte als 14jährige bereits mit Wunder-Sprintzeiten für Aufsehen gesorgt. Doch die Basketball-Leidenschaft stoppte eine geradlinige Leichtathletik-Karriere. Weitsprung-Weltrekordler Mike Powell entdeckte die schlanke Athletin neu und überredete sie, es noch einmal zu versuchen. Er garantierte nach regelmäßigem Training Zuwachsraten von einem Meter in vier Wochen. Nach dem Triumph bei den US-Trials reiste Marion Jones bereits mit viel Vorschußlorbeeren nach Athen und rechtfertigte das auch mit ihrer Siegerzeit von 10,83 s.

Im Finale kam Shanna Pintusewitsch mit einem starken Finish zwar noch an Jones heran, doch deren Siegesjubel war verfrüht. „Im ersten Moment dachte ich, ich bin vorn", sagte die Ukrainerin, die sich von 10,99 s (1994) auf den neuen Landesrekord von 10,85 s steigerte. „Auf der Videowand sah ich dann die Wahrheit. Ich habe das Gold im mittleren Teil vergeben."

Die größten Sympathien erntete jedoch Merlene Ottey, die Königin des Sprints. Die 37jährige blieb auch bei ihrem sechsten WM-Auftritt über 100 m ohne Gold. Diesmal wurde ihr ein überhörter Fehlstart zum Verhängnis. Die hochmotivierte Jamaikanerin nahm den Fehlstartschuß nicht wahr und sprintete einsame 50 m, bis sie ihren Fehler bemerkte. Wie auf dem Laufsteg marschierte sie danach langsam wieder zur Startlinie zurück. War es ihr Abschiedsgang von der WM-Bühne?

Der zweite Start brachte auch Marion Jones eine neue Chance: „Ich kam etwas besser aus den Blöcken." Merlene Ottey hatte dagegen auch beim zweiten Versuch kein Glück. Sie mußte am Ende die Jugend ziehen lassen, und nahm vorzeititg den „Gang" heraus, als sie die Entscheidung über die Medaillen gefallen sah. Platz sieben hinter Melanie Paschke, die ein Wort für sie einlegte. „So einen Abgang hat sie nicht verdient", sagte die Wattenscheiderin, die Sechste wurde. Die Deutsche Meisterin Andrea Philipp verpaßte in einem starken Halbfinale den Sprung in den Endlauf.

Die Zeitintervalle beim 100-m-Finale im 10-m-Takt

	0-10 m	10-20 m	20-30 m	30-40 m	40-50 m	50-60 m	60-70 m	70-80 m	80-90 m	90-100 m
Jones (USA)	1,81	1,11	1,02	0,97	0,95	0,94	0,95	0,95	0,97	0,99
Pintusewitsch (UKR)	–	1,12	1,01	0,97	0,94	0,94	0,94	0,96	0,97	–
Arron (FRA)	1,90	1,15	1,02	0,98	0,96	0,95	0,96	0,97	0,99	1,01
Miller (USA)	1,88	1,15	1,05	1,00	0,98	0,97	0,98	1,00	1,01	1,04
Paschke (GER)	1,89	1,14	1,04	1,00	0,98	0,98	0,98	1,00	1,01	1,03
Ottey (JAM)	2,03	1,13	1,01	0,98	0,96	0,97	0,97	1,00	1,04	1,06

Die drittplazierte Sevatheda Fynes (BAH) und achtplazierte Chryste Gaines (USA) wurden nicht gemessen.

Stammplatz auf dem Treppchen

„Kurvenflug" und dann eine beeindruckende Beschleunigung auf der Zielgeraden: 200-m-Gold für Shanna Pitussewitsch.

Nie verabschiedete sich Merlene Ottey bei Weltmeisterschaften ohne 200-m-Medaille. Der Stammplatz auf dem Siegerpodest blieb auch in Athen für die Weltmeisterin von Stuttgart und Göteborg reserviert. Die 37jährige Sprinterin, die ihre erste Medaille (Bronze) 1980 bei den Olympischen Spielen in Moskau gewann, wollte noch einmal nach den Sternen greifen und lag auf der Zielgeraden sogar auf Goldkurs. „Auf den letzten 30 Metern hat jeder gesehen, was los war", sagte die Jamaikanerin, die dann aber noch auf Rang drei zurückfiel.

„Ich habe ein Jahr mit vielen Verletzungen hinter mir und konnte nur sehr wenig trainieren. Ich bin müde und nicht hundertprozentig fit. Alles in allem muß ich zufrieden sein." Das Athener 200-m-Rennen brachte ihr die 14. WM-Medaille. Keine Athletin und kein Athlet stand öfter bei Weltmeisterschaften auf dem Siegerpodest.

Erst auf dem letzten Meter hatte Merlene Ottey Silber aus der Hand gegeben. Es ging an die 21jährige Susanthika Jayasinghe aus Sri Lanka, das seine erste Medaille überhaupt gewann. Ihr Trainer Darin Pereira hat erst in Moskau und dann in Leipzig studiert. Bei den Asienspielen von 1995 war sie Zweite über 100 m geworden, nachdem sie zuvor bei den WM über 200 m im Vorlauf disqualifiziert worden war. Auch in Atlanta hatte sie kein Glück. Über 100 m verletzte sie sich im Zwischenlauf, weshalb sie auf der 200-m-Strecke, auf der sie stärker ist, nicht mehr antreten konnte.

Ein Generationswechsel steht vor der Tür. Mit einer Bestzeit von 22,95 s kam die nur 1,60 m große Susanthika Jayasinghe nach Athen, mit 22,33 s, die sie im Semifinale erreichte, kehrte sie in ihre Heimat zurück. „Dabei war ich unsicher und hatte dadurch einen schwachen Start", erklärte sie. „Das ist ein Riesenerfolg für Sri Lanka. Nun träume ich von Sydney 2000 sowie Rennen in Europa und den USA."

Ihre Bezwingerin hieß Shanna Pintussewitsch, die Vizeweltmeisterin über 100 m, die mit ihrem Ergebnis aber unzufrieden war. Die Ukrainerin, die unter ihrem Mädchennamen Tarnopolskaja 1991 über 100 m und 200 m Junioren-Europameisterin wurde und 1993 über 50 m mit 6,09 s Hallen-Weltrekord lief, erreichte mit 22,32 s die schwächste Zeit aller Weltmeisterinnen auf dieser Strecke, „doch ich war nach so vielen Runden einfach schon zu müde." Die 25jährige ist im Kommen. In Atlanta belegte sie im 100-m-Finale einen für sie enttäuschenden achten Platz, über 200 m schied sie im Zwischenlauf ebenfalls als Letzte in 23,68 s aus. Doch damals ließ sie sich gerade scheiden, was viele Nerven kostete. „Das ist nicht leicht für eine Frau", deutete die EM-Zweite von Helsinki ihre privaten Probleme an. „Danach änderten wir unser Training. Jetzt kann ich gewinnen."

Eine der schillerndsten Figuren fehlte im Finale. Marie-José Perec, die Doppel-Olympiasiegerin über 200 m und 400 m von Atlanta, trat zum Halbfinale nicht mehr an. Die Französin war nach Verletzungsausfällen schwer in Form gekommen und kämpfte mit Motivationspoblemen.

Merlene Otteys WM-Medaillen

Gold			Silber			Bronze		
1991	4x100 m	(41,94)	1983	200 m	(22,19)	1983	4x100 m	(42,73)
1993	200 m	(21,98)	1993	100 m	(10,82)	1987	100 m	(11,04)
1995	200 m	(22,12)	1995	100 m	(10,94)		200 m	(22,06)
				4x100 m	(42,25)	1991	100 m	(11,06)
							200 m	(22,21)
						1993	4x100 m	(41,94)
						1997	200 m	(22,40)

Entscheidung im Herzschlag-Finale

Friedlich miteinander vereint: die Fahne der Aborigines und die Australiens. Cathy Freeman nahm sie mit auf ihre Ehrenrunde.

Zwei Hundertstelsekunden entschieden über Gold. „Das war ein Herzschlag-Finale", sagte Jamaikas Sandie Richards, die erstmals die 50-s-Grenze durchbrach und für 49,79 s Silber bekam. „Ich habe Catherine auf den letzten zehn Metern so nah gesehen. Ich wußte, daß sie stark ist, weil wir die letzten Wochen zusammen trainiert haben."

Die Australierin Catherine Freeman - in Atlanta Olympiazweite - rettete sich in 49,77 s ins Ziel. „Ich habe die richtige Taktik gewählt", erklärte die neue Weltmeisterin. Jearl Miles-Clark (USA), 1993 in Stuttgart Champion auf der Stadionrunde, kam in 49,90 s auf den Bronzerang. Die Hallenweltmeisterin hatte für sich selbstbewußt Zeiten unter 49 Sekunden prognostiziert. Und so klang es fast trotzig: „Es kommen auch andere Tage. Meine Zukunft? 800 m - was soll's?!"

Marie-José Perec, die französische Olympiasiegerin sowie Weltmeisterin von Tokio und Göteborg, hatte sich nach Verletzungsausfällen nur für den 200-m-Auftritt entschieden.

„Ich dachte, daß für den Titel Zeiten unter 49 Sekunden nötig sind", staunte Grit Breuer. Die 25jährige kam in 50,06 s auf den vierten Rang. „Natürlich wäre es schön gewesen, eine Medaille zu bekommen. Aber ich kann mich über den eigentlich undankbaren Platz freuen. Ich bin sehr froh darüber, wieder so dicht an die Weltspitze herangelaufen zu sein." In Tokio 1991 hatte die Mecklenburgerin in 49,42 s als Vizeweltmeisterin den noch immer bestehenden Junioren-Weltrekord aufgestellt. Danach folgte eine lange Pause - eine Sperre wegen Medikamentenmißbrauchs. Auch da stand sie im Schatten der dreifachen Sprint-Weltmeisterin Katrin Krabbe aus Neubrandenburg. „Die dreieinhalb Jahre ohne Wettkämpfe fehlen mir", bekannte Grit Breuer nach dem Finale. „Ein kleiner psychologischer Knacks ist geblieben. Ich bin gerade dabei, den zu beheben. Außerdem habe ich den Kopf nicht frei, weil meine Zukunft ungewiß ist. Ich möchte endlich Ruhe in mein Leben bekommen, eine sichere Zukunft und ein Zuhause."

Ihr arbeitsloser Trainer und Lebenspartner Thomas Springstein kennt die Unterschiede: „Physisch ist Grit so gut drauf wie in Tokio. Aber das enorme Selbstbewußtsein wie bei den Amerikanerinnen fehlt. Das macht die entscheidenden Hundertstel bis zur absoluten Spitze aus."

Aborigines zeigen Flagge

Bei ihrer Ehrenrunde zeigte Cathy Freeman eine wohl für die meisten unbekannte Fahne, die ihr ein Fan zugesteckt hatte. Es war die der Aborigines, der australischen Ureinwohner, zu deren Nachfahren sie gehört. Die Flagge ist rot, was für das Land steht, schwarz, was die Eingeborenen symbolisiert, und sie ist gelb für die Sonne, die über ihnen scheint. Versöhnlich nahm sie auf ihrer Runde die australische Fahne hinzu. Schon bei den Commonwealth-Spielen von 1994 hatte sie das Aborigines-Banner demonstrativ ausgebreitet, was manche Australier damals als Affront empfanden. Doch es ist eine Tatsache, daß die Aborigines noch immer diskriminiert werden. Populär wurde Cathy Freeman nach Atlanta, wo sie Olympia-Silber gewonnen hatte. Danach zog sie mit ihrer Mutter, einer Sozialarbeiterin, von Schule zu Schule, um sich mit jungen Aborigines zu treffen.

Die meisten WM-Finalstarts über 400 m

4	Jearl Miles-Clark (USA)	1991	5.	1993	1.	1995	3.	1997	3.
3	Sandie Richards (JAM)	1993	3.	1995	8.	1997	2.		

Die meisten WM-Medaillen über 400 m

3	Jearl Miles-Clark (USA)	1993	1.	1995	3.	1997	3.
2	Marie José-Perec (FRA)	1991	1.	1995	1.		

Gold-Ana! Der geballten Faust hat Maria Mutola (dahinter) nichts mehr entgegenzusetzen.

Eine starke Frau zeigt Härte

Ana Fidelia Quirot ist eine enorm starke Frau. In Athen verteidigte die 34jährige souverän ihren WM-Titel von Göteborg. Dabei ging die Kubanerin über die beiden Stadionrunden den langen Weg auf der Außenbahn. „Ich habe getan, was mir mein Trainer geraten hat", sagte die Olympiazweite von Atlanta. „Eigentlich laufe ich lieber an der Spitze." Dort aber machte Dauerkonkurrentin Maria Mutola (Mocambique) Tempo und die Innenbahn dicht.

Ana Fidelia Quirot hatte trotz des Mehraufwandes die größten Reserven im Spurt und siegte in 1:57,14 min. Ihre Überlegenheit erklärte sie mit einer einfachen Formel: „Je mehr ich trainiere, um so stärker werde ich. Meine Trumpf ist meine Härte."

Hart spielte das Leben der Kubanerin mit. Im Januar 1993 erlebte sie eine furchtbare Katastrophe. Sie wäre fast verbrannt, als in ihrem Haus in Havanna ein Kerosin-Kocher explodierte. Ana Fidelia Quirot erlitt lebensgefährliche Verbrennungen. Die durch den Schock zu früh geborene Tochter überlebte nur eine Woche. Trotz des schweren Schicksalsschlages schaffte die schwer gezeichnete Frau zum Jahresende ein Comeback bei den Mittelamerika- und Karibikspielen. 1994 mußte Ana Fidelia Quirot plastische Operationen und langwierige Hautbehandlungen über sich ergehen lassen. Sie wurde auch psychologisch betreut. Nach ihrem zweiten Weltmeistertitel war von Aufhören keine Rede: „Ich mache weiter."

Auch in Athen änderte sich nichts: Maria Mutola triumphiert bei den Meetings, doch bei großen Meisterschaften hat die Siegerin von Stuttgart 1993 inzwischen kein Mittel mehr gegen die Kubanerin. Die einstige Fußballspielerin, die als 15jährige schon bei den Olympischen Spielen in Seoul startete, leistete sich im Göteborger WM-Semifinale einen Fehltritt auf die Bahnbegrenzung. Die harte Konsequenz: Disqualifikation.

In Atlanta mußte sie auf der Zielgeraden husten und landete „nur" auf dem Bronzerang. In Athen kostete eine Lässigkeit auf der Ziellinie sogar Prämiengeld. „Ich dachte, ich bin sicher Zweite", erklärte sie. Die bis zuletzt kämpfende Russin Jelena Afanasjewa schob sich jedoch noch im Zielsprung an Mutola vorbei. Drei Hundertstel entschieden gegen die 24jährige.

800-m-Duelle Maria Mutola gegen Ana Fidelia Quirot

			Mutola		Quirot	
24.8.91	WM-Vorlauf	Tokio	1.	2:00,86	2.	2:00,88
26.8.91	WM-Finale	Tokio	4.	1:57,63	2.	1:57,55
3.8.92	Olympia	Barcelona	5.	1:57,49	3.	1:56,80
25.7.95		Monaco	1.	1:57,40	2.	1:57,69
16.8.95		Zürich	1.	1:57,93	2.	1:58,62
1.9.95	ISTAF	Berlin	1.	1:57,61	5.	1:58,50
9.9.95		Monaco	1.	1:55,72	4.	1:57,16
14.8.96		Zürich	1.	1:57,07	2.	1:57,28
29.7.96	Olympia	Atlanta	3.	1:58,71	2.	1:58,11
3.7.96		Lausanne	1.	1:58,16	2.	1:58,67
9.8.97	WM-Finale	Athen	3.	1:57,59	1.	1:57,14

WM-Gold mit Kopfarbeit

Die Portugiesin Carla Sacramento (vorn) war wohl nicht mal ein Geheimtip, während die US-Amerikanerin Regina Jacobs (links) ihren Platz 2 der Jahres-Weltbestenliste bestätigte. Die Spanierin Zuniga (rechts) wurde Vierte.

Nie war eine 1500-m-Weltmeisterin langsamer zu ihrem Titel gekommen als Carla Sacramento. 4:04,24 min genügten der Portugiesin, deren Eltern aus Mocambique stammen, zum Gold. „Ich war verblüfft, als der Lauf vorbei war", staunte die 26jährige. „Es war ein langsames, ein taktisches Rennen. Nur diejenige hatte eine Chance zu gewinnen, die intelligent lief. Ich gab mein Bestes."

Regina Jacobs (USA) hingegen hatte zehn Tage vor der WM noch gezögert, ob sie überhaupt reisen soll: „Zuerst war ich krank, dann starb auch noch meine Großmutter. Zum Schluß wurde mir vor der WM der Paß gestohlen. Es sah so aus, als sollte ich nicht herkommen." Athen brachte der Hallen-Weltmeisterin von 1995 ein Happy-End mit Silber.

Überglücklich war eine 19jährige Schweizerin über Bronze. Anita Weyermann hatte 1996 in Atlanta bereits einen bemerkenswerten Olympia-Finalplatz geschafft, auch wenn ihr am Ende nur der 14. Rang blieb. „Ich habe gelernt. Die erste Runde mußte ich locker laufen", sagte die Gymnasiastin. „Wenn ich das nicht gemacht hätte, dann hätte ich mich zu früh verbraucht. Ich weiß: Man muß in so einem Rennen warten können, Geduld haben. Mein Problem war, daß ich von ganz hinten nach vorn laufen mußte." Dabei zeigte sie sich resolut und setzte auch die Ellenbogen ein. Zu ihren Remplern sagte sie: „Ich wollte niemanden behindern. Es war keine Absicht. So etwas passiert, wenn man im Pulk läuft. Es war eine Berührung aus der Bewegung."

Im Finale fehlten zwei Favoritinnen. Die Saisonbeste Kelly Holmes (Großbritannien/3:58,07) verletzte sich im Vorlauf, in den sie bereits angeschlagen gegangen war. Doppel-Olympiasiegerin Swetlana Masterkowa passierte das gleiche Mißgeschick, und sie mußte im Zwischenlauf passen. Und Algeriens Hassiba Boulmerka, die 1991 und 1995 Weltmeisterin auf dieser Strecke geworden war, fehlte von Anfang an: Sie hatte sich Mitte Juni bei den Mittelmeerspielen in Bari verletzt.

„Man kann nicht eine gesamte Saison Spitzenzeiten laufen", sagte Anita Weyermann in Richtung Kelly Holmes. „Wir haben die Saison genau auf die WM ausgerichtet. Das ging auf." Jetzt sind die Olympischen Spiele in Sydney ihr großes Ziel: „Dort will ich eine Medaille."

Die Zeiten der 1500-m-Weltmeisterinnen:

1983	Mary Decker (USA)	4:00,90
1987	Tatjana Samolenko (URS)	3:58,56
1991	Hassiba Boulmerka (ALG)	4:02,21
1993	Liu Dong (CHN)	4:00,50
1995	Hassiba Boulmerka (ALG)	4:02,42
1997	Carla Sacramento (POR)	4:04,24

Szabo ist offen für jede Taktik

Die Weltbeste Gabriela Szabo (rechts) aus Rumänien wird auch Weltmeisterin, Roberta Brunet aus Italien erreichte Rang zwei.

Im WM-Finale von Göteborg hatte Gabriela Szabo 1995 die Konkurrenz geschockt. Ihre 63,28 s für die erste Runde brachten einen 15-m-Vorsprung. Am Ende mußte die kühne Junioren-Weltmeisterin Lehrgeld zahlen und wurde Vierte. Diesen Fehler machte die 21jährige in Athen nicht wieder. Alle Frauen warteten ab, gingen ähnlich vorsichtig zu Werke wie im 10 000-m-Rennen. Der erste Kilometer war der langsamste des Finales.

Mit einem 200-m-Spurt, der ihr den Titel brachte, schockte die Rumänin ihre Gegnerinnen diesmal erst am Ende. Diesem Antritt war Titelverteidigerin Fernanda Ribeiro nicht gewachsen. Die Portugiesin wurde auch noch von der Italienerin Roberta Brunet abgefangen und mußte sich mit Bronze begnügen. Der 5000-m-Weltrekordlerin bleibt als Trost noch das Silber über 10 000 m. Die Hallenserin Kristina da Fonseca-Wollenheim war im Halbfinale ausgestiegen.

Der vorletzte WM-Tag ließ die Rumänen jubeln. „Zuerst erkämpft sich Lidia Simon Marathon-Bronze, dann hole ich Gold. Ein großer Tag für uns", freute sich Gabriela Szabo, die sehr unbekümmert läuft. „Ich hatte keinen Plan für das Finale", zeigte sie sich offen. „Jedes Rennen hat andere Gegner, einen anderen Charakter. Ich werde noch genügend Erfahrungen in taktischen Fragen sammeln." Der Titelgewinn ist keine Sensation. Die nur 42 kg leichte Rumänin kann aber auch Tempo laufen. Mit 14:42,42 min führt sie die Saison-Weltbestenliste an. Vergangenes Jahr in Oslo war sie mit 14:41,12 min der Weltrekordlerin Fernanda Ribeiro um nur fünf Hundertstel unterlegen. Diese Zeit ist die viertschnellste, die jemals gelaufen wurde.

Italiens Vizeweltmeisterin Roberta Brunet hatte die WM schon fast abgeschrieben: „Es war ein Jahr der Verletzungen. Im Winter plagten mich Sehnenprobleme." Die Medaille ließ sie jedoch sofort neue Pläne schmieden: „Jetzt habe ich Olympia-Bronze und WM-Silber. Was mir nun fehlt ist EM-Gold im nächsten Jahr." Die 32jährige wurde trotz allem Medaillenjubel ernst: „Ich widme diese Medaille allen, die leiden müssen." Dabei dachte sie besonders an die zwei italienischen Speedskater-Weltmeister, die nach einem schweren Motorradunfall im Krankenhaus liegen. „Ihre Geschichte hat mich sehr bewegt", sagte Roberta Brunet, und: „Als ich in Athen die beiden Rollstuhlrennen über 800 m und 1500 m gesehen habe, da dachte ich: Das sind die wahren Champions."

Gestrichen wegen zu viel Koffein

Eigentlich sollte in Athen auch die Darmstädterin Petra Wassiluk, die Deutsche Meisterin, die 5000 m laufen, doch sie wurde aus der Mannschaft gestrichen, nachdem bei einem positiven Dopingtest erhöhte Koffeinwerte festgestellt worden waren. Daß sie gut in Form war, zeigte sie zur gleichen Zeit bei einem 3000-m-Rennen in Ludwigshafen, wo sie ihre Bestzeit um drei Sekunden auf 8:59,56 min steigerte.

Zwischenzeiten im Finale

1000 m	3:11,74	Ribeiro (POR)
2000 m	6:10,40	Cheromei (KEN)
3000 m	9:08,62	Cheromei
4000 m	12:10,83	Radcliffe (GBB)

Ein Traum half in schweren Momenten

Mit welcher Grazie und Anmut doch Sally Barsosio aus Kenia über die schwere 10 000-m-Distanz geradezu flog!

Kenias Läufer sind eine Macht. Die Frauen aber standen bisher immer im Schatten des ausdauernden starken Geschlechts. Nun schaffte in Athen die jüngste aller 10 000-m-Finalistinnen den Durchbruch! Die erst 19jährige Sally Barsosio gewann erstmals WM-Gold für Kenias Frauen. Ihre 31:32,92 min sind zugleich neuer Junioren-Weltrekord.

Bereits zweimal zuvor hatte sie Rekordzeiten für 19jährige markiert, so auch in Atlanta, wo sie Zehnte wurde. Doch beide Bestmarken wurden offiziell nicht anerkannt, da sie nicht für Dopingkontrollen ausgelost worden war. Das 1,65 m große und 46 kg leichte Fliegengewicht erzählte nach dem Finale: „Ich hatte einen Traum, daß ich mit Gott gesprochen habe. Er wollte mir helfen, eine Medaille zu gewinnen. Ich erinnerte mich während des Finales daran, wenn es mir schwer fiel. Ich selbst hatte dieses Gold nicht im Plan."

1993 in Stuttgart erlief sie bereits WM-Bronze hinter den Chinesinnen Wang und Zhong. Anschließend wurde verbreitet, Barsosio wäre disqualifiziert worden, weil sie die Dopingkontrolle verweigerte, aber auch das traf nicht zu. Der Konfusion fiel ihr damaliger Junioren-Weltrekord zum Opfer. Wieder rehabilitiert, war sie mit 15 Jahren die jüngste WM-Medaillengewinnern, obwohl ihre Mutter sagte, daß sie älter sei.

Garantiert älter, nämlich zwei Jahre, ist ihre Schwester Jepkemboi, die in Göteborg über 5000 m Dreizehnte wurde. Sally war zwei Plätze vor ihr.

Ärger gab es mit der Schülerin auch in Atlanta. Dort lief sie der Chinesin Wang Junxia, der Weltrekordlerin, in die Quere und brachte sie damit möglicherweise um den Olympiasieg.

Portugals Olympiasiegerin und Titelverteidigerin Fernanda Ribeiro, die als Favoritin in das Rennen ging, und die Japanerin Masako Chiba machten sich um das Tempo im Athener Finale verdient. Der erste Kilometer war in 3:25,55 min jedoch am langsamsten. Ribeiro wunderte sich hinterher: „Es war anfangs ein langsames Rennen. Ich konnte nicht mein eigenes Tempo finden. Trotzdem glaubte ich ab einem bestimmten Punkt daran, daß ich eine Chance auf Gold haben würde. Am Ende gab ich sie aus der Hand. Aber es wirft mich nicht um, da ich eine Medaille gewonnen habe." Und die bronzene Masako Chiba dachte bereits weiter: „Eines Tages renne ich Marathon." Die 22jährige versuchte es im Januar in Tokio bereits mit der halben Strecke und schaffte erstaunliche 1:06:44 h.

Deutsche Starterinnen fehlten über 10 000 m, nachdem die Darmstädterin Petra Wassiluk wegen Dopingmißbrauchs in einem Vorbereitungswettkampf aus der WM-Mannschaft ausgeschlossen werden mußte.

Die Zwischenzeiten im Finale

1000 m	3:25,55	Chiba (JAP)
2000 m	6:31,25	Berhane (ETH)
3000 m	9:43,53	Chiba (JPN)
4000 m	12:56,27	Ribeiro (POR)
5000 m	16:12,81	Ribeiro
6000 m	19:24,67	Chiba
7000 m	22:33,07	Ribeiro
8000 m	25:38,78	Ribeiro
9000 m	28:39,57	Barsosio (KEN)
10 000 m	31:32,92	Barsosio

Die jüngste...

Teilnehmerin:	14 Jahre	238 Tage	Tehani Kirby (NAM)	1991	100 m
Medaillengewinnerin:	15 Jahre	153 Tage	Sally Barsosio (KEN)	1993	10 000 m
Weltmeisterin:	18 Jahre	240 Tage	Heike (Daute) Drechsler (GDR)	1983	Weitsprung

Unter der Hitzeglocke

Olivenzweig-Weihe für die Marathon-Siegerin Hiromi Suzuki.

■ Als die Frauen am vorletzten Tag um 8.05 Uhr auf die klassische Strecke gingen, zeigte das Thermometer in Marathon 23 Grad. In den nächsten zweieinhalb Stunden kletterte es auf 30, und in der prallen Sonne stieg die Quecksilbersäule noch zehn Grad höher. Daß die Japanerin Hiromi Suzuki unter diesen Umständen mit 2:29:48 h einen neuen Streckenrekord aufstellte, war umso bemerkenswerter, denn der bisherige - 2:31:10 h - war 1995 Anfang April, beim Weltcup, von der Rumänin Anuta Cotuna gelaufen worden. Bei der Meisterschafts-Premiere im Frauen-Marathonlauf hatte die Portugiesin Rosa Mota als Europameisterin von 1982 noch 2:36:03,94 h benötigt.

Wie 1995, als drei Rumäninnen gewannen, drückte auch diesmal ein rumänisches Trio dem Lauf zu Anfang seinen Stempel auf. Es wurde begleitet von den drei Japanerinnen, der äthiopischen Olympiasiegerin Fatuma Roba und der Portugiesin Manuela Machado. Als erste fiel überraschenderweise Roba ab. Sie ging einfach zum Schritt über und trat zur Seite.

Eine weitere Vorentscheidung fiel bei Kilometer 26 kurz vor Palini, als der eigentliche Anstieg bevorstand. Hier setzte sich Hiromi Suzuki ab. Angespornt war sie von der Tatsache, daß sie weitere vier Mannschaftskameradinnen im Rennen wußte, denn der Lauf galt gleichzeitig als Team-Weltcup, den die Japanerinnen auch gewannen.

Während Suzuki immer schneller wurde, hatten ihre Verfolgerinnen zu kämpfen. Die Rumänin Lidia Simon, 1995 Weltcup-Zweite, bekam eine Krise, weil sie an der 25-km-Marke einen Verpflegungspunkt verpaßt hatte. Sie mußte sich übergeben und fiel zeitweise auf Platz sechs zurück, von dem aus sie sich wieder auf den Bronzerang vorarbeitete. Im Ziel war sie so ausgepumpt, daß sie über eine längere Zeit ärztlich versorgt werden mußte.

Dagegen fühlte sich Suzuki unter der Hitzeglocke pudelwohl. „Die Bedingungen konnten für mich nicht besser sein", sagte die 28jährige, die bei den Olympischen Spielen in Atlanta über 10 000 m Sechzehnte wurde. „In Athen herrschen ähnliche Bedingungen wie in Japan. Hitze und Berge machen mir nicht viel aus. Ich wollte gerade hier gewinnen, wo es mit dem Marathon angefangen hat. Vor dem Rennen habe ich mir alles genau angesehen, auch das alte Stadion, wo der König gesessen hat."

Manuela Machado, die Titelverteidigerin, ließ sich nicht auf das hohe Tempo ein und war mit Silber sehr zufrieden. Hinter dem Zielstrich im Panathenäischen Stadion kniete die Portugiesin nieder, küßte den Boden und nestelte ein Olivenblatt unter ihrem Dreß hervor. „Dieses geweihte Blatt wurde mir vor dem Rennen von einem Freund geschenkt, und es spornte mich während des Rennens an." Sie lief für das unterdrückte Volk von Timor und ist nun schon dreifache WM-Medaillengewinnerin, denn sie war auch schon 1993 in Stuttgart Zweite.

Hervorragend schlugen sich die Deutschen Iris Biba und Sonja Oberem, die Sechste und Siebte wurden. Iris Biba war nach 15 km Neunte, und zur Hälfte der Strecke hatte sie zur Spitze aufgeschlossen. Dieser Zwischenspurt war über ihre Kraft gegangen, und als wenig später die führende Gruppe zerfiel, rutschte sie erst einmal auf Platz acht, bis sich die Frankfurterin nach und nach tapfer wieder nach vorn arbeiten konnte. In ihrem Schlepptau Sonja Oberem aus Leverkusen. „Ich wußte nicht, wie lange ich vorn mitlaufen kann", meinte Iris Biba. „Das Profil der Strecke und die Hitze waren schlimm. Ich habe unterwegs getrunken wie eine Wilde." ■

Schaufensterbummel

Die erste Marathonläuferin, die 1896 einen Tag nach dem Olympiasieg von Spyros Louis die Strecke über damals vierzig Kilometer absolvierte, war eine Landsmännin. Wie die Athener Zeitung „Asti" vom 31. März 1896 (nach Julianischem Kalender) berichtete, sei die 35jährige Stamasia Potresi, eine Mutter von sieben Kindern, in Marathon gestartet, nachdem sie sich die Eintragung „8 Uhr weggegangen" auf einem Zettel mit den Unterschriften des dortigen Bürgermeisters, des Lehrers und des Ortsrichters hatte bestätigen lassen. In Athen berief sie zwei zufällig vorbeikommende Soldaten als Zeitnehmer, die ihr die Uhrzeit „13.30" dokumentierten. Auf die Frage, weshalb sie diese Anstrengung auf sich genommen hatte, zitierte die Zeitung Frau Potrisi mit den Worten: „Das soll der König wissen, damit er mir für eines meiner Kinder eine Lehrstelle gibt."

Die „Asti" vermerkte außerdem, daß Frau Potrisi an einer besseren Zeit durch ihre typisch weibliche Wißbegierder gehindert worden war. Denn unterwegs in den Dörfern und in den Straßen von Athen hatte sie mehrfach angehalten, weil sie sich erst einmal die Schaufenster anschauen mußte.

Neuer Weltmeistertitel – neue Hymne

Schnell und schön: die 33jährige „Neu"-Schwedin Ludmila Engquist, die nach dem Olympiasieg nun auch WM-Gold holt.

In Atlanta verschaffte 1996 Ludmila Engquist Schweden das erste Leichtathletik-Frauengold. In Athen folgte der erste Weltmeistertitel einer Schwedin. Dabei besaß die neue 100-m-Hürden-Weltmeisterin bereits einen WM-Titel. 1991 rannte sie als Ludmilla Naroshilenko in Tokio zum Hürdengold. Eine Verletzung stoppte die 1964 im Tambowskaja Oblast geborene Russin bei den Olympischen Spielen in Barcelona. Sie konnte zum Halbfinale nicht mehr antreten. Im Jahr darauf schien ihre Karriere endgültig beendet. Eine Dopingprobe war im Februar 1993 positiv, die vierjährige Sperre folgte. Doch die Russin konnte glaubhaft machen, daß ihr damaliger Ehemann ihr die Substanzen als Vitaminmix untergemischt hatte. Die Sperre wurde auf zwei Jahre reduziert, die Hürdensprinterin 1995 wieder zugelassen. Im Jahr der Sperre war die Weltmeisterin nach Schweden zu ihrem Agenten Johan Engquist gezogen. Im Juni 1996 erhielt sie noch rechtzeitig vor den Olympischen Spielen die schwedische Staatsbürgerschaft. Als Zugabe für ein erfolgreiches Comeback sicherte sie sich vergangenes Jahr 250 000 Dollar für den Grand-Prix-Sieg.

In Athen war die Olympiasiegerin ungefährdet. Nach drei Fehlstarts kam sie zwar nicht optimal von den Blöcken, „doch an der achten Hürde war ich mir sicher, daß ich gewinnen kann. Den Weltrekord hebe ich mir für 1998 auf. Ich glaube, ich habe noch zwei oder drei gute Jahre vor mir." 1992 war sie in Sevilla der Donkowa-Rekordmarke mit 12,26 s bis auf fünf Hundertstel nahe gekommen. Im WM-Finale mußte sich Ludmila Engquist, die Mutter einer Tochter ist, nicht mit letzter Konsequenz ins Ziel stürzen. Die Entscheidung war klar. Vizeweltmeisterin Swetla Dimitrowa (Bulgarien) haderte mit ihren Startzeiten: „Das war zu langsam. Ich werde im nächsten Jahr bei den Europameisterschaften versuchen, ganz vorn zu sein." In den Vorläufen hatte auch die Jamaikanerin Michelle Freeman eine gute Figur gemacht, „doch ich leistete mir zu viele Fehler. Ich war zu sehr auf mich konzentriert." Die 95er Weltmeisterin Gail Devers (USA) war in Athen nur in der 4x100-m-Goldstaffel am Start. Der Olympiadritten Patricia Girard (Frankreich) wurden zwei Fehlstarts im Finale zum Verhängnis. Mehrkämpferin Heike Blassneck schlug sich achtbar. Die Münchnerin war die einzige deutsche Teilnehmerin. Sie kam in Athen erstmals unter 13 Sekunden und verfehlte in 12,94 s als Halbfinalsechste den Endlauf knapp.

Bestzeiten von Ludmila Engquist

12,26	1.	Sevilla	6.6.92
12,28	1.	Kiew	11.7.91
12,28	1.	Sevilla	6.6.92
12,32	1.	Saint-Denis	4.6.92
12,42	1.	Rom	9.6.92

Die Start-Reaktionszeiten im Finale

1. Engquist (SW)	0,126 Sekunden
2. Dimitrowa (BUL)	0,136
3. Freeman (JAM)	0,145
4. Bukovec (SLO)	0,146
5. Rose (JAM)	0,118
6. Anderson (CAN)	0,127
7. Lauchowa (RUS)	0,135

Eine der echten Sensationen in Athen: Die Marokkanerin Nezha Bidouane stürmt auf den WM-Thron im 400-m-Hürden-Lauf.

Marokkos Paradestrecke

Eine Marokkanerin gewann 1984 in Los Angeles sensationell die 400 m Hürden. Ihr Name: Nawal El Moutawakel aus Casablanca. Heute gehört sie als eine von nur zwei Frauen dem Council des Internationalen Leichtathletikverbandes an. 17 Jahre später gewann mit Nezha Bidouane wieder eine Frau aus Marokko, auf dieser Strecke. „Der Erfolg von El Guerrouj hat mich mächtig angespornt", berichtete sie. „Mein Sieg heute ist ein Sieg für die arabischen Frauen. Er zeigt, daß wir auch die Weltbesten schlagen können."

Die Marokkanerin hatte einen glanzvollen Steigerungslauf. Nezha Bidouane lag zur Hälfte des Rennens nur auf Rang vier, nach 300 m war sie schon Dritte, und an der letzten Hürde lief sie an der Titelverteidigerin und Weltrekordlerin Kim Batten (USA) vorbei, an der sich auf den letzten Metern auch noch die Olympiasiegerin von Atlanta, Deon Hemmings (Jamaika), vorbeischob.

Nezha Bidouane, die mit dem Hindernisläufer Abdelaziz Sahere verheiratet ist, ist jedoch keine Unbekannte. Bereits 1991 nahm sie in Tokio teil, schied aber im WM-Semifinale aus. Vergangenes Jahr stand die 1,74 m große und 65 kg schwere Hürdensprinterin mit 55,31 s in den Bestenlisten. Vor Athen ließ sie mit Siegen in Nürnberg (54,55) und Rom (54,05) aufhorchen. Im WM-Semifinale setzte sie bereits ein Zeichen, als sie mit 53,48 s einen Afrika-Rekord aufstellte, den sie im Finale schließlich auf 52,97 s verbesserte. „Über meinen Finalsieg bin ich nicht überrascht", sagte die neue Weltmeisterin selbstbewußt. „Ich habe hart trainiert, und auf diesen Moment warte ich schon seit 1990. Zehn Jahre bin ich nun bei Wettkämpfen dabei. Dieser Sieg ist für mich wie ein neuer Anfang." Der WM-Titel war auch eine Entschädigung für Atlanta, denn bei den Olympischen Spielen konnte sie nicht antreten. Sie mußte wegen einer Sehnenoperation passen.

„Was hätte ich gegen die Marokkanerin tun können, als sie vorbeizog?" fragte sich Deon Hemmings ratlos. „Bidouane ist keine Fremde für uns. Sie hat uns schon in Rom und im Semifinale geschlagen." Bidouane hat eine sehr kantige Hürdentechnik, und sie weiß um diesen Mangel: „Die anderen zeigen einen Hürdenlauf, ich springe nur drüber."

Die Stuttgarter Weltmeisterin Sally Gunnell war nach langwierigen Verletzungsausfällen im WM-Jahr wieder in Form gekommen. Doch nach dem Vorlauf winkte die Britin ab. Die Achillessehne hatte sich wieder bemerkbar gemacht. Die einzige Deutsche, Silvia Rieger, die 1995 Sechste wurde, war im Semifinale ausgeschieden.

Die besten Zeiten von Nezha Bidouane

52,97	1.	Athen	8.8.1997
53,48	1./sf	Athen	6.8.1997
54,05	1.	Rom	5.6.1997
54,55	1.	Nürnberg	13.6.1997
54,71	2.	Nizza	16.7.1997
55,01	1.	Bari	17.6.1997

sf - Semifinale

Weltrekord für USA-Team in Reichweite

Dieses „Golden Quartett" war das schnellste und offenbar auch das schlagkräftigste: Chryste Gaines, Gail Devers, Inger Miller und Marion Jones (von links).

Die USA-Sprinterinnen kamen der Prämie von 100 000 Dollar bis auf eine Zehntelsekunde nahe. Das Staffelquartett über 4x100 m schaffte in 41,47 Sekunden eine neue WM-Bestmarke. Der Weltrekord eines DDR-Teams vom Weltpokal 1985 in Canberra überlebte jedoch die Athener Titelkämpfe. Gail Devers erklärte nach dem Gewinn ihres vierten Weltmeistertitels selbstsicher: „Der Weltrekord ist für uns in unmittelbarer Reichweite. Heute war aber nicht der Rekord wichtig, heute ging es um das Gold." Das sicherte der Sturmsprint von Marion Jones auf der zweiten Position - mit Wut im Bauch. Die 100-m-Weltmeisterin hatte kurz zuvor im Weitsprung-Finale ihre Versuche mehr schlecht als recht in die Grube bekommen und mit einem gültigen Sprung von 6,63 m als Zehnte den Endkampf nicht erreicht. So blieb ihr nur noch die Staffel-Medaillenchance.

Für zusätzlichen Druck sorgten die USA-Männer. Die waren im Vorlauf nicht über den ersten Wechsel gekommen. „Nach diesem Disaster mußten wir handeln", sagte Startläuferin Chryste Gaines. Bereits im Semifinale waren die US-Amerikanerinnen in 41,52 s eine Spitzenzeit gerannt.

Mit großem Rückstand von 0,63 Sekunden wurde Jamaika in 42,10 s Vizeweltmeister. Allerdings fehlte die Sprint-Legende Merlene Ottey im Karibik-Team und konnte damit keine 15. WM-Medaille feiern. Eine andere langgediente Sprintdame aus Jamaika stand dafür zum fünften Mal mit ihrem Quartett auf dem Siegertreppchen - die 33jährige Juliet Cuthbert. Sie war 1980 schon mit der Olympiamannschaft nach Moskau gefahren. 1983 hatte die Psychologie-Studentin in Helsinki mit ihrem Quartett WM-Bronze geholt. In Tokio feierte Jamaika mit dem Titelgewinn den absoluten Staffel-Triumph, in Stuttgart folgte Bronze, in Göteborg und Athen Silber. Immer war sie dabei, die in Barcelona als 200-m-Olympiazweite ihren größten Einzelstrecken-Erfolg landete.

Die deutschen Frauen kamen im Athener Finale hinter Frankreich auf den vierten Rang. Zwar schafften Melanie Paschke, Esther Möller, Gabriele Rockmeier und Andrea Philipp in 42,44 s eine neue Jahresbestzeit, dafür waren jedoch keine WM-Medaillen zu bekommen.

Die zehn schnellsten 4x100-m-Staffeln aller Zeiten

41,37	GDR	Gladisch, Rieger, Auerswald, Göhr	1.	Weltpokal	Canberra	6.10.85
41,47	USA	Gaines, Jones, Miller, Devers	1.	WM	Athen	9. 8.97
41,49	RUS	Bogoslowskaja, Maltschugina, Woronowa, Priwalowa	1.	WM	Stuttgart	22.8.93
41,49	USA	Finn, Torrence, Veren, Devers	2.	WM	Stuttgart	22.8.93
41,52	USA	Gaines, Jones, Miller, Devers	1.	WM/sf	Athen	8.8.97
41,53	GDR	Gladisch, Koch, Auerswald, Göhr	1.		Berlin	31.7.83
41,55	USA	Brown, Williams, Griffith, Marshall	1.	ISTAF	Berlin	21.8.87
41,58	USA	Brown, Williams, Griffith, Marshall	1.	WM	Rom	6.9.87
41,60	GDR	Müller, Wöckel, Auerswald, Göhr	1.	Olympia	Moskau	1.8.80
41,61	USA	Brown, Williams, Cheeseborough, Ashford	1.	AF Academy		3.7.83

sf - Semifinale

Grit Breuer im Moment ihres größten Triumphes. Eine Geschmähte ist zurück – und viele Schulterklopfer plötzlich auch.

Entfesselte Grit Breuer

■ Grit Breuer sorgte für eine Sensation der Weltmeisterschaften. Das deutsche Team hatte sich im 4x400-m-Finale mit Anke Feller (Leverkusen), Uta Rohländer (Halle) und Anja Rücker (Jena) auf einen soliden vierten Platz vorgekämpft. Dann kam Schlußläuferin Grit Breuer. Die Mecklenburger 400-m-WM-Vierte lief das Rennen ihres Lebens. Als Vierte bog die 25jährige auf die Zielgerade ein. Vor ihr lagen mit Sandie Richards (Jamaika) und Jearl Miles-Clarke (USA) immerhin zwei Sprinterinnen, die im Athener 400-m-WM-Finale Silber und Bronze gewonnen hatten.

Als bei der Russin Tatjana Alexejewa die Kräfte nachließen und sie noch dazu die Innenbahn freimachte, erkannte Grit Breuer ihre große Chance und schoß in die Lücke. In einem grandiosen Finish zog sie auch noch an Richards und Miles-Clark vorbei, bezwang die 400-m-Medaillengewinnerinnen, holte Staffelgold (3:20,92). Grit Breuer war in 48,7 Sekunden die mit Abstand schnellste Runde gelaufen. Miles-Clark in 49,2 s und Richards in 49,4 s folgten.

Daß Staffelrennen eine Spezialität von Grit Breuer sind, hatte die Norddeutsche bereits 1991 in Tokio bewiesen. Dort war sie im deutschen WM-Bronzeteam als Schlußläuferin 48,65 s gerannt. Das war damals ebenfalls die schnellste Teilzeit aller Finalistinnen gewesen.

„Staffelentscheidungen haben etwas ganz besonderes für mich," gab eine überglückliche Grit Breuer nach der Jubelrunde zu Protokoll, „dort kann ich frei und gelöst laufen. Im Einzelrennen habe ich mich nicht getraut, so schnell anzurennen. Die Staffel in Athen war für mich wie eine Befreiung."

Das deutsche Team hatte vorher heimlich mit Bronze geliebäugelt. „Wenn mir einer erzählt hätte, wir gewinnen den Titel, dann hätte ich dem nur einen Vogel gezeigt," gab Grit Breuer zu. „Das Geschenk der Russin mit der freien Innenbahn mußte ich aber annehmen. Ich bin so schnell gelaufen, wie ich konnte." Die Medaillenplätze belegten die USA (3:21,03) und Jamaika (3:21,30). Die unglücklichen Russinnen wurden Vierte (3:21,57).

Bei der Siegerehrung versteckte sich die deutsche Schlußläuferin in der zweiten Reihe. So konnte sie ihren Tränen freien Lauf lassen: „Angesichts der Ereignisse der letzten Jahre war das ein ganz bewegender und besonderer Moment für mich." Im Augenblick ihres größten Erfolges dachte sie sofort an ihren Trainer Thomas Springstein: „Ohne ihn wäre dieser Titel nie möglich gewesen." ■

Die schnellsten Einzelzeiten in einem Finale

		Position	Staffelplatz	Einzelzeit
1983	Jarmila Kratochvilová (CZE)	4	2.	47,75
1987	Petra Müller (GDR)	3	1.	48,64
1991	Grit Breuer (GER)	4	3.	48,65
1993	Irina Priwalowa (RUS)	4	2.	48,47
1995	Jearl Miles (USA)	4	1.	49,56
1997	Grit Breuer (GER)	4	1.	48,7

Weltmeisterstaffeln über 4x400 m

1983	GDR	Walther, Busch, Koch, Rübsam	3:19,73
1987	GDR	Neubauer, Emmelmann, Müller, Busch	3:18,63
1991	URS	Ledowskaja, Dshigalowa, Nasarowa, Brysgina	3:18,43
1993	USA	Torrence, Malone, Kaiser-Brown, Miles	3:16,71
1995	USA	Graham, Stevens, Jones, Miles	3:22,39
1997	GER	Feller, Rohländer, Rücker, Breuer	3:20,92

Gehen, gehen, gehen - bis zur Erschöpfung und für die Ewigkeit...

Athen '97

Gehen

Sprung

Wurf/Stoß

Mehrkampf

FRAUEN

Annarita gewann durch einen Verzicht

Wie leicht es sich doch geht für die Nummer 1 Annarita Sidoti...

■ Als sie 1990 in Split den EM-Titel gewann, wurde von den Statistikern herausgefunden, daß die Italienerin Annarita Sidoti die kleinste Championesse der Leichtathletik-Geschichte war. Das ist die nur 1,50 m große und 42 kg leichte Studentin in Athen auch geblieben. Sie beherrschte das 10 000-m-Gehen von Beginn an. Einmalig ihre Fähigkeit, spielerisch leicht das Tempo zu beschleunigen. Im Ziel hatte sie über eine Minute Vorsprung vor der Russin Iwanowa, die auf den schönen Vornamen Olimpiada hört. Dritte wurde die Weißrussin Olga Kardopolzewa. Am Sonntag wurde Iwanowa nach einem positiven Dopingtest disqualifiziert. Kardopolzewa bekam Silber und ihre Landsmännin Zybulskaja Bronze.

Seit der Geher-Premiere 1987 in Rom wurden die zehn Kilometer erstmals auf der Bahn ausgetragen, zur Unterscheidung wird die Distanz in Metern angegeben. Drei Tage vor dem Finale fanden Vorkämpfe statt. Zwanzig Geherinnen erreichten die Entscheidung. Ob die Disziplin durch die Verlegung ins Stadion angesichts der Unübersichtlichkeit, die durch die Überrundungen zustande kommt, gewonnen hat, ist allerdings fraglich.

Annarita Sidoti gewann ihr erstes WM-Gold im vierten Anlauf, nachdem sie zuvor zweimal auf Platz 9 (1991 und 1993) und einmal auf Rang 13 (1995) gekommen war. Ihre Medaille widmete sie ihrer Landsmännin Rossella Giordano, der die kleine Dame aus der Nähe Messinas den Start bei den WM verdankte. Eigentlich qualifiziert, verzichtete Giordano zugunsten Sidotis auf ihren Athener Auftritt, weil sie sich nicht in Form fühlte. Ende Mai war sie in Naumburg die 10 km in 41:38 min gegangen.

Schon nach fünf der 25 Runden hatte die Italienerin fünf Meter Vorsprung. Längere Zeit war sie in Begleitung von drei Russinnen und zwei Weißrussinnen, die sie aber nacheinander abhängte. Zweieinhalb Kilometer vor dem Ziel war sie allein in Front, und sie siegte ungefährdet in 42:55,49 min. „Während der letzten drei Kilometer hatte ich grausame Schmerzen in den Beinen, aber je näher ich dem Ziel kam, umso schöner wurde dieses Leiden", berichtete sie später.

Weniger schmerzverträglich zeigten sich die Deutschen: Kathrin Boyde schied im Vorkampf aus, wobei sie mit 48:01,28 min über vier Minuten über ihrer diesjährigen Bestzeit blieb. Und für die Berlinerin Beate Gummelt, die als einzige das Finale erreichte, war der Wettkampf schon nach 4,8 km zu Ende. Ordentlich wie sie ist, drückte sie noch auf ihre Stoppuhr und verließ enttäuscht das Stadion: „Das ist mir noch nie bei einem internationalen Wettbewerb passiert, daß ich freiwillig ausgestiegen bin. Ich kam nicht vorwärts, fand meinen Schritt nicht. Das war einfach nicht mein Tag. Ich war von deprimierender Chancenlosigkeit, weil ich auf nichts reagieren konnte und sogar beim durchschnittlichen Tempo abgehängt wurde." Beate Gummelt war einmal Weltrekordlerin und 1991 Hallen-Weltmeisterin - lang ist's her. Den Jubel für Annarita Sidoti auf ihrer Schlußrunde bekam sie nicht mehr mit. ■

Die Weltbesten im 10 km Gehen

Straße			Bahn		
41:04	Jelena Nikolajewa (RUS)	1996	41:57,22	Kerry Saxby-Junna (AUS)	1990
41:17	Irina Stankina (RUS)	1997	42:11,5	Beate Gummelt (GER)	1992
41:24	Olimpiada Iwanowa (RUS)	1997	42:30,13	Gao Hongmiao (CHN)	1995
41:29	Larissa Ramazanowa (RUS)	1995	42:30,31	Olimpiada Iwanowa (RUS)	1994
41:30	Kerry Saxby-Junna (AUS)	1988	42:37,0	Sari Essayah (FIN)	1993
41:31	Jelena Grusinowa (RUS)	1996	42:43,23	Jelena Sayko (RUS)	1994
41:38	Gao Hongmiao (CHN)	1994	42:47,4	Katarzyna Radtke (POL)	1993
41:38	Rossella Giordano (ITA)	1997	42:51,0	Gu Yan (CHN)	1994
41:41	Jelena Nikolajewa (RUS)	1997	42:55,49	Annarita Sidoti (ITA)	1997
41:50	Jelena Arschinzewa (RUS)	1995	42:56,9	Rossella Giordano (ITA)	1996

Endlich der ganz große Erfolg für Hanne Haugland, wenn auch erst im Stechen. Die Freude steht der Norwegerin nach dem gültigen Versuch über 1,99 m ins Gesicht geschrieben.

Gold erst nach dem Stechen vergeben

Im Hochsprung-Finale der Leichathletik-WM in Athen erlebten die Zuschauer eine Novität: Erst nach einem Stechen stand die neue Weltmeisterin fest. Die Norwegerin Hanne Haugland, mit 29 Jahren eine überaus erfahrene Flopperin und in der Jahresweltbestenliste mit 2,00 m als Nummer zwei hinter Olympiasiegerin Stefka Kostadinowa notiert, schaffte als einzige im Zusatzversuch die 1,99 m. Zuvor waren vier Springerinnen mit gleicher Leistung von 1,96 m über die Latte gegangen, drei - neben Haugland noch die Russin Olga Kaliturina und die Ukrainerin Inga Babakowa - hatten zudem die gleichen Anzahl an Fehlversuchen aufzuweisen.

Ein spannendes Szenario, das ein wenig darüber hinwegtäuschte, daß die Konkurrenz insgesamt ein schwächeres Niveau hatte, als bei den fünf vorausgegangenen Championaten. Keine der Haugland-Vorgängerinnen war in Athen dabei; auch Weltrekordlerin Kostadinowa nicht, die 1987 und 1995 auf dem obersten Treppchen gestanden hatte. Erst zum zweiten Mal in der Geschichte der WM durfte die Siegerin mit einer Leistung unter zwei Metern Gold in Empfang nehmen. Hanne Haugland, seit 1987 Dauergast bei internationalen Meisterschaften, aber bei Freiluft-Wettbewerben bisher mit dem fünften EM-Platz 1994 als bestem Resultat in den Statistiken verzeichnet, war auch diejenige, der die meisten Kontrahentinnen den Triumph gönnten. „Sie war, von der verletzten Stefka Kostadinowa abgesehen, die im Moment unerreichbar für die anderen scheint, die konstanteste in der Saison", sagte eine enttäuschte Alina Astafei, die mit ihren 1,93 m nur Siebte wurde und damit die Silbermedaille von Göteborg nicht verteidigen konnte.

Auch die zweite deutsche Springerin, die Schwerinerin Heike Balck, blieb bei 1,90 m hängen und mußte damit im Finale der zwölf Besten mit Rang zehn vorliebnehmen. Beider Bestmarken im Jahr 1997 lagen bei 1,96 m - eine Höhe, für die es in Athen Medaillen gab.

Die gewinnt am Ende aber nur, wer im entscheidenden Moment sein Leistungsvermögen voll ausschöpfen oder gar steigern kann. Die beiden DLV-Damen konnten das nicht, und blieben so in der „grauen Masse" eines WM-Endkampfes, dem es trotz des Thrillers am Ende an Glanz fehlte.

Nur um den Sieg gibt es ein Stechen

Die Kriterien für die Bewertung des Hochsprungs lauten wie folgt: Für jede Höhe hat ein Wettkämpfer drei Versuche. Schafft er damit die aufgelegte Höhe nicht, muß er ausscheiden. In die Wertung kommt die beste Höhe. Weisen Athleten die gleiche Höhe auf, ist für die Rangfolge entscheidend, mit welchem Versuch die Latte überquert wurde. Derjenige, der weniger Anläufe benötigte, wird besser plaziert. Gibt es auch dort einen Gleichstand, zählt die Zahl der Sprünge, die überhaupt gemacht wurden. Ist auch dort kein Unterschied auszumachen, wird der gleiche Rang vergeben. Nicht so beim Sieg. Sind dafür mehrere Bewerber vorhanden, wird ein Stechen angesetzt, das heißt, alle Beteiligten haben einen weiteren Versuch über die nächste Höhe. Kommt kein Ergebnis zustande, wird die Latte höher gelegt bzw. niedriger gestellt, bis eine Entscheidung gefallen ist.

Der Stichkampf von Athen

		1,85	1,90	1,93	1,96	1,99	1,99
1.	Haugland (NOR)	o	o	o	o	xxx	o
2.	Kaliturina (RUS)	o	o	o	o	xxx	x
	Babakowa (UKR)	o	o	o	o	xxx	x

Drei Weltmeisterinnen ließen eine vierte vor

So „formvollendet" spingt Weltmeisterin Ludmilla Galkina über sieben Meter weit!

Die meisten Anwärterinnen auf den inoffiziellen Titel „Miss WM" gab es wieder einmal im Weitsprung. Die Berlinerin Susen Tiedtke-Greene bekam ihn 1991 schon einmal verliehen, als Sechste mit 6,78 m hatte sie nach ihrer zweijährigen Dopingsperre aber auch sonst einiges zu bieten.

Sportlich genügte die Konkurrenz schon von ihrer Nominierung höchsten Ansprüchen. Mit der Thüringerin Heike Drechsler (1983, 1993), der US-Amerikanerin Jackie Joyner-Kersee (1987, 1991) und der Italienerin Fiona May (1995) waren alle bisherigen Championessen am Start, doch am Ende mußten sie einer vierten den Vortritt lassen. Die 25jährige Russin Ludmilla Galkina landete als einzige Athletin mit 7,05 m jenseits der 7-m-Marke und verbesserte ihre persönliche Bestleistung von 1996 um 19 cm. Die Griechin Niki Xanthou (6,94 m) sorgte mit Silber für die zweite Medaille der Gastgeber - und erst dann folgte das Trio der Ex-Weltmeisterinnen. Fiona May (6,91 m), Heike Drechsler (6,89 m) und Jackie Joyner-Kersee (6,79 m), die sich nach den WM vom Leistungssport verabschieden will.

Galkina und Xanthou gehören zur Generation der Weitspringerinnen nach Heike Drechsler und JJK, doch sie sind von deren einstigem Niveau noch ein gutes Stück entfernt. 7,27 m, 7,36 m, 7,32 m und 7,11 m lauteten die Siegerweiten der beiden „großen alten Damen".

Nach ihrer Scheidung und dem Streit um das Sorgerecht für ihren Sohn Toni ist Heike Drechsler von Jena nach Karlsruhe gezogen. Dort lebt sie mit dem früheren französischen Zehnkämpfer Alain Blondel zusammen, der sie in Athen auch betreute. Rang vier war für sie allerdings eher ein Erfolg als eine Enttäuschung. Nach einem komplizierten Jahr mit nervenden Verletzungen, war es ihr erstes Ziel gewesen, „überhaupt gesund nach Athen zu kommen und dort nicht nur danebenzustehen und zuzusehen, wie die anderen um die Medaillen kämpfen".

Daß ihr das gelang, hat die Zuversicht für die Zukunft gestärkt. „Ich bin ja schon Weltmeisterin, und andere wollen es eben auch mal werden", plauderte sie gelöst nach ihren sechs Versuchen und hatte das bißchen Ärger über den undankbaren vierten Platz längst überwunden. „Zwei Zentimeter haben eben gefehlt, ich werde es überleben, wie ich so vieles andere vorher auch überlebt habe. Ich bin wieder da, und das habe ich hier gezeigt."

Athen scheint ihr nicht zu liegen, denn auch 1982, als sie als 17jährige mit einem vierten Platz bei den EM ihre Karriere bei den Erwachsenen begann, verpaßte sie hier schon einmal um zwei Zentimeter eine Medaille.

Neun nahmen sechsmal teil

José-Luiz Barbosa (BRA)	*800 m, 4x400 m*
Sergej Bubka (URS/UKR)	*Stabhochsprung*
Pauline Davis (BAH)	*100 m, 200 m, 4x100 m?*
Trevor Davis (ANG)	*100 m, 200 m*
Heike Daute-Drechsler (GDR/GER)	*Weitsprung, Siebenkampf*
Jackie Joyner-Kersee (USA)	*Weitsprung, Siebenkampf*
Swetla Mitkowa (BUL)	*Kugelstoßen, Diskuswerfen*
Merlene Ottey (JAM)	*100 m, 200 m, 4x100 m*
Jürgen Schult (GER)	*Diskuswerfen*

Beim dritten Mal die dritte Siegerin

Arme links-rechts...Sprung! Es wurde Gold für die 28jährige Tschechin Sarka Kasparková.

Der Dreisprung der Frauen, eine noch junge Disziplin der Leichtathletik, gilt nicht gerade als Zuschauermagnet und Spannungsmacher. Bei den WM in Athen aber machten die sprungkräftigen Athletinnen mit ihren Hops, Steps und Jumps kräftig Stimmung. Es war ein Wettkampf mit vielen Führungswechseln, und nicht zuletzt war es die Griechin Olga Vasdeki, die sich als harte Mitbewerberin um die Medaillen zeigte und verständlicherweise für Begeisterung auf den Rängen sorgte. Doch mit der ersten Medaille für die Gastgeber wurde es an diesem Tag noch nichts. Vasdeki wurde Vierte.

Daß am Ende die Tschechin Sarka Kasparková (vor den WM mit einer Jahresbestleistung von 14,72 m nur als Fünfte in der Welt notiert) vor der Rumänin Rodica Mateescu und der Ukrainerin Jelena Goworowa gewann, bedeutete eine kleine Überraschung. Die 26jährige ehemalige Hochspringerin (Bestmarke 1,92 m) schaffte als einzige zwei Sprünge über 15 Meter und holte sich mit ihrem fünften Versuch von 15,20 m die Goldmedaille. Die Olympia-Dritte von Atlanta bot auch technisch das Beste. „Ich glaube, daß unsere Disziplin sich zwar einstweilen etabliert hat, aber immer noch große Entwicklungsreserven hat. Doch Athen hat zumindest gezeigt, wohin es gehen wird." Kasparková ist erst die dritte Dreisprung-Weltmeisterin der Geschichte. Bei der Premiere 1993 in Stuttgart siegte die Russin Anna Birjukowa, zwei Jahre später in Göteborg Inessa Krawez aus der Ukraine mit dem aktuellen Weltrekord von 15,50 Meter. Birjukowa und die Bulgarin Iwa Prandshewa sind die beiden einzigen Athletinnen, die bisher zwei WM-Medaillen auf ihr Konto brachten. Die Russin sicherte sich neben dem 93er Titel noch Bronze in Göteborg, Prandshewa freute sich über Bronze und Silber. Die breite Streuung zeigt, daß über Jahre leistungsdominante Athletinnen fehlen; und deutsche Klassespringerinnen auch. Nach Helga Radtkes fünftem WM- Platz von 1993 stagnierte das Niveau. Die 30jährige Petra Lobinger, Ehefrau von Stabhochspringer Tim, erreichte mit Mühe das Finale, schaffte es dort aber nicht, über ihren eigenen Schatten zu springen und wurde mit 13,81 m Zehnte. Und sie war so heiser, so daß es schon Vermutungen gab, sie hätte von dem Cognac gekostet, mit dem Hammerwerfer Heinz Weis am Tag zuvor seinen WM- Titel begossen hatte...

Astrid wieder Chefin im Ring

„Ich war wahnsinnig aufgeregt und verkrampft", sagte Kugelstoßerin Astrid Kumbernuss nach ihrem WM-Auftritt von Athen, den sie mit ihrer zweiten Goldmedaille nach Göteborg '95 beendete. „Ich wollte hier zeigen, wer die Beste und die Chefin im Ring ist, nachdem ich in diesem Jahr zweimal gegen meine härteste Kontrahentin Wita Pawlitsch aus der Ukraine verloren hatte."

Die 27jährige Neubrandenburgerin, die von ihrem Lebenspartner Dieter Kollark trainiert wird, erreichte im zweiten Durchgang ihre Siegerweite von 20,71 m, doch als Pawlitsch mit dem letzten Versuch noch einmal 20,66 m schaffte, sorgte das kurzzeitig für Nervenflattern, bis das Resultat angezeigt wurde. Astrid Kumbernuss antwortete noch einmal mit einem 20,70-m-Stoß, um zu beweisen, „daß ich auf jede Herausforderung reagieren kann".

Den Erfolg komplett machten die Wolfsburgerin Stephanie Storp als Dritte und die 21jährige Magdeburgerin Nadine Kleinert als Siebte, die als Belohnung für ihren U23-EM-Titel für Athen nachnominiert worden war. Die 28jährige Stephanie Storp gewann bei ihrer fünften WM ihre erste Medaille. Sie hatte in Neubrandenburg bei Dieter Kollark trainiert und von dem gemeinsamen Üben mit Astrid Kumbernuss profitiert.

Die Ukrainerin, die 1994 Europameisterin vor Astrid Kumbernuss wurde, zeigte sich als schlechte Verliererin. Sie gratulierte weder nach dem Wettkampf, noch auf dem Siegerpodest. Vermutlich war das auch eine Reaktion darauf, daß die Mecklenburgerin nach den Hallen-WM in Paris im März laut darüber nachgedacht hatte, ob es bei den Leistungen der Kontrahentin immer mit rechten Dinge zugeht. „Wenn eine wochenlang abtaucht, auch bei den nationalen Meisterschaften nicht startet, dann macht das schon nachdenklich."

Wita Pawlitsch begann die Saison beim Grand Prix Anfang Mai in Rio de Janeiro und meldete sich erst vier Wochen später wieder. Zwischen dem 5. und 10. Juni startete sie dreimal, doch das Europapokal-Finale am 22. Juni in München ließ sie aus. Weil die Ukrainerin bis zu den WM wieder wochenlang verschwand, befürchtete Dieter Kollark, daß in dieser Zeit mit der „Chemie-Keule" nachgeholfen wurde, ohne das beweisen zu können. Allerdings gibt es auch kein Gesetz, mit dem man eine Athletin zwingen könnte, an einem bestimmten Wettkampf teilzunehmen. Auf das Problem angesprochen, meinte in einem Interview mit der „Frankfurter Allgemeinen" der ukrainische Sportminister Waleri Borsow: „Ich könnte umgekehrt auch zu Astrid Kumbernuss sagen, daß sie nur so gut ist, weil sie dopt."

Das Klima von Athen war überhitzt. Astrid Kumbernuss ärgerte sich darüber, daß das Image ihrer Disziplin wieder einmal Schaden

Spieglein, Spieglein an der Wand, bin ich die beste Kugelstoßerin im Leichtathletik-Land? Astrid Kumbernuss ist es!

genommen hat. „Ich bin sauber, und ich will auch sauber gewinnen." 16 Kontrollen seit dem 1. Januar, darunter drei durch den Weltverband IAAF und ein Bluttest, hat sie über sich ergehen lassen. „Jeder kann meinen Doping-Paß einsehen. Ich verstehe nicht, warum man nicht alle Kontrollen transparent macht." Sie ist sogar bereit, einen Teil ihrer WM-Prämie zur Finanzierung von Dopingkontrollen im Frauen-Kugelstoßen zur Verfügung zu stellen, denn sie steht zu ihrer Vorbildfunktion. „Ich weiß nicht, was ich jetzt noch tun kann, um meine Disziplin hoffähig zu machen." ■

Astrid Kumbernuss' 1997er Wettkämpfe

8.3.	Paris	HWM	(2)	19,92	(hinter Pawlitsch)
4.5.	Rio de Janeiro	GP	(2)	20,34	(hinter Pawlitsch)
11.5.	Arnsberg		(1)	19,73	
17.5.	Halle		(1)	20,74	
19.5.	Rehlingen		(1)	21,03	
23.5.	Chemnitz		(1)	20,41	
29.5.	Sevilla		(1)	19,90	
31.5.	Hengelo		(1)	20,86	
5.6.	Rom	GP	(1)	20,34	
10.6.	Bratislava		(1)	20,51	
11.6.	Cottbus		(1)	20,68	
13.6.	Nürnberg		(1)	20,53	
22.6.	München	EP	(1)	20,64	
28.6.	Frankfurt		(1)	20,56	
29.6.	Sheffield		(1)	20,12	
30.6.	Iffezheim		(1)	20,90	
9.7.	Linz		(1)	19,54	
16.7.	Nizza		(1)	20,51	
20.7.	Ingolstadt		(1)	20,87	
23.7.	Hamburg		(1)	21,22	
5.7.	Athen	WM (Q)	(1)	20,69	
7.8.	Athen	WM	(1)	20,71	

GP - Grand Prix, EP - Europapokal, Q - Qualifikation

Neuseelands erstes WM-Gold

Bringt Spannweite Weite? Die 22jährige Neuseeländerin Beatrice Faumuina nutzt jedenfalls all ihre körperlichen Vorteile und gewinnt die Goldmedaille.

Neuseeland - das war immer das Land der exzellenten Mittel- und Langstreckenläufer, für die Namen wie John Lovelock, Murray Halberg, Peter Snell, John Walker und Dick Quax stehen. Mit Yvette Williams (1952) hat die Insel auch schon eine Weitsprung-Olympiasiegerin hervorgebracht. Aber Werfer?

Seit Athen besitzt Neuseeland eine Weltmeisterin im Diskuswerfen: Beatrice Faumuina. Die 22jährige etwas rustikale Dame aus Auckland ist 1,80 m groß und bringt 98 Kilo auf die Waage. Zwar hatte sie bereits an den WM 1995 in Göteborg und 1996 an den Olympischen Spielen in Atlanta teilgenommen, aber dort war die dunkelhäutige Athletin, die durch ihre Lebhaftigkeit auffällt, jeweils bereits im Vorkampf hängengeblieben.

Nun aber kam sie als Jahresweltbeste und Favoritin zur WM, nachdem sie beim Grand Prix in Oslo 68,52 m erzielt hatte. Die Gelegenheit war günstig, da die verletzte Olympiasiegerin Ilke Wyludda aus Halle ihren Titel nicht verteidigen konnte; aber eine Rolle, mit der Beatrice Faumuina ihre Probleme hatte. Die vielen Fehlversuche belegten, wie ihre Nerven flatterten. Aber dann reichte es doch: Im dritten Durchgang langte sie einmal richtig zu und gewann mit 66,82 m das erste WM-Gold und die erste Medaille für ihr Land überhaupt. Bestleistungen waren bis dahin ein vierter und zwei sechste Ränge gewesen.

Die selbstbewußte Sportlerin vom fünften Kontinent, deren Eltern aus Samoa kommen, stand noch 1996 mit 64,04 m in der Statistik. „Ich trainiere erst seit zwei Jahren richtig hart, lasse derzeit mein Marketing-Studium ruhen und widme mich vier Stunden pro Tag dem Diskuswerfen", erzählte sie. „Das hat sich ausgezahlt, ebenso wie der Vergleich mit den Besten in Europa, wo ich zwei Jahre lang nicht gestartet war. Am meisten aber verdanke ich meinem Trainer Les Mills."

Beatrice Faumuina, deren größtes Plus ihre urwüchsige Kraft ist, sieht sich noch lange nicht am Ende ihrer Möglichkeiten. „In der Technik kann ich noch viel besser werden. Mal sehen, was dann für Weiten für mich gemessen werden." Zunächst einmal mußte sie ihren Triumph begreifen. „Ich muß immer wieder meine Medaille ansehen und mir selber sagen: It's mine!"

Pech hatte die einzige deutsche Vertreterin, Franka Dietzsch. Die Neubrandenburger Olympia-Vierte reiste fußverletzt an und brachte in der Qualifikation nur drei ungültige Würfe zustande. Die Chance auf eine Medaille, die für die 29jährige bei diesen Weltmeisterschaften so groß wie nie gewesen war, war dahin.

Neuseeländische Leichtathletik-Erfolge bei Olympischen Spielen

Männer		Gold	Silber	Bronze
100 m	1924			Arthur Porritt
800 m	1960	Peter Snell		
	1964	Peter Snell		
1500 m	1936	John Lovelock		
	1964	Peter Snell		John Davies
	1972		Rodney Dixon	
	1976	John Walker		
5000 m	1960	Murray Halberg		
	1976		Dick Quax	
Marathonlauf	1960			Barry Magee
	1968			Michael Ryan
400 m Hürden	1952			John Holland
50 km Gehen	1956	Norman Read		
Frauen				
800 m	1964			Marise Chamberlain
Marathon	1992			Lorraine Moller
Weitsprung	1952	Yvette Williams		

Eine zweifache Mutter ist Nummer eins

Was für ein feierlicher Augenblick: Siegerehrung im Speerwerfen mit Tanja Damaske, Trine Hattestad und Joanna Stone in den Hauptrollen (von links).

Alle Würfe über 70 m

80,00 m	Petra Felke (GDR)	Potsdam	9.9.1988
77,44 m	Fatima Whitbread (GBR)	Stuttgart	28.8.1986
74,76 m	Tiina Lillak (FIN)	Tampere	13.6.1983
74,20 m	Sofia Sakorafa (GRE)	Chania	26.9.1982
73,58 m	Tessa Sanderson (GBR)	Edinburgh	26.61983
72,70 m	Anna Verouli (GRE)	Chania	20.5.1984
72,16 m	Antje Kempe-Zöllkau (GDR)	Celje	5.5.1984
72,12 m	Trine Hattestad (NOR)	Oslo	10.7.1993
71,88 m	Antoaneta Todorowa (BUL)	Zagreb	15.8.1981
71,82 m	Ivonne Leal (CUB)	Kobe	30.8.1985
71,40 m	Natalja Schikolenko (BLR)	Sevilla	5.6.1994
71,00 m	Silke Renk (GDR)	Rostock	25.6.1988
70,76 m	Beate Koch (GDR)	Rostock	22.6.1989
70,42	Zhang Li	Tianjin	6.8.1990
70,20 m	Karen Forkel (GER)	Halle	9.5.1991
70,14 m	Mayra Vila (CUB)	Madrid	14.6.1985
70,14 m	Maria Caridad Colón (CUB)	Havana	15.6.1986
70,08 m	Tatjana Birjulina (URS)	Podolsk	12.7.1980

Der Speerwurf-Wettbewerb der WM in Athen hatte eine haushohe Favoritin - und dahinter ein Medaillen-Roulette mit vielen Möglichkeiten. Die Norwegerin Trine Hattestad, die daheim den Status einer Nationalheldin genießt, was angesichts ihrer herzlichen Art niemanden verwundern muß, gewann am Ende das von allen erwartete Gold. Ihre 68,78 m aus dem ersten Durchgang reichten der 33jährigen Blondine zum Sieg, auch wenn sie noch einmal zittern mußte. Denn die sechs Jahre jüngere australische Außenseiterin Joanna Stone brachte ebenfalls drei Würfe über 68 Meter zustande, und der letzte bohrte sich nur 18 cm von der Marke der Norwegerin entfernt ins Gras.

Die Leistung von Trine Hattestad verdient umso mehr Hochachtung, weil die Weltmeisterin von 1993 die Behauptung „They never come back", die sogenannte Experten immer wieder zu Star-Karrieren aufstellen, gleich mehrfach widerlegt hat.

1990 wurde ihr Sohn Joachim geboren, 1995 folgte Robin. Und stets kam Trine Hattestad glanzvoll und stärker denn je zum Leistungssport zurück. „Meine Familie gibt mir die Kraft große Leistungen zu vollbringen und das alles so durchzustehen. Ohne ihre Hilfe hätte ich wohl längst aufgehört", sagt die in Svartskog lebende Athletin, die mit dem Sieg in Athen ihren zehnten Erfolg im zehnten Wettkampf der Saison 1997 feierte. Ihr schlechtestes Resultat waren dabei 65,20 m, das beste 69,36 m. Siebenmal hat die Norwegerin 67 Meter übertroffen, in ihrer gesamten Karriere nunmehr bereits 35mal.

„Sie ist eine absolut verdiente Weltmeisterin", sagte auch Tanja Damaske vom OSC Berlin, der mit einer persönlichen Bestleistung von 67,12 m eine Überraschung gelang, und die damit Bronze gewann. Die 25jährige Psychologiestudentin war im Vorjahr nach einer umstrittenen Entscheidung bei den Deutschen Meisterschaften - ein zunächst ungültig gegebener Wurf der 92er Olympiasiegerin Silke Renk war nachträglich ins Protokoll gerutscht - nicht für die Olympischen Spiele nominiert worden. „Das ärgert mich immer noch", sagte sie in Athen. „Ich wollte mir hier unbedingt die Medaille holen, die ich gerne schon 1996 gewonnen hätte, aber nicht durfte. In gewisser Weise war es eine Rache für 1996, weil der Verband mir Atlanta verbaut hatte."

Tanja Damaske rettete mit ihrer Bronzemedaille die Ehre der deutschen Speerwerferinnen. Silke Renk und Karen Forkel hatten, im Vorfeld allerdings auch verletzungsgeplagt, nicht viel mehr zu bieten als ihre Meriten aus der Vergangenheit, und sie schieden bereits im Vorkampf aus.

Die nächsten WM, 1999 in Sevilla, finden im übrigen nach dem Beschluß der IAAF mit einem neuen Speer mit weniger guten Flugeigenschaften statt. Der 80-m-Wurf der Jenenserin Petra Felke vom 9. September 1988 dürfte damit zum „ewigen" Weltrekord werden. Das neue Gerät soll vor allem den Streit über die Gültigkeit von Würfen beenden. „Das kann ich aus eigener Erfahrung nur begrüßen", sagt Tanja Damaske.

Goldenes Dakapo für Sabine Braun

■ Das Jubiläum wurde für die 32jährige Sabine Braun vom TV Wattenscheid ein goldenes. Ihren 50. Siebenkampf bestritt die erfahrene Athletin bei den WM in Athen - und wurde ihrer Favoritenrolle dabei mit scheinbar stoischer Gelassenheit und immensem Selbstvertrauen gerecht. 6739 Punkte bedeuteten ihr zweitbestes Resultat bei großen Championaten (nach 6797 als WM-Zweite 1993) und satte 85 Zähler Vorsprung auf die Britin Denise Lewis, der, weitere 84 Punkte zurück, die Litauerin Remegija Nazarovienė folgte. Ihre ersten Siebenkampf hatte Sabine Braun am 19. Juni 1982 bestritten und damals 4986 Punkte erreicht. 1982 war sie bei den Junioren-EM Zweite, 1990 und 1994 Europameisterin, 1991 Weltmeisterin und 1993 WM-Zweite sowie 1992 Olympia-Dritte geworden. Diese Erfolge machen die von Gertrud Schäfer trainierte ehrgeizige Sportlerin neben Jackie Joyner-Kersee zur besten Mehrkämpferin der 90er Jahre. Bei den WM 1995 in Göteborg hatte Sabine Braun verletzt aufgeben müssen, hatte danach Mühe, wieder zur alten Form zurückzufinden und mußte sich in Atlanta mit Platz 7 begnügen. Bei ihrer fünften Weltmeisterschaft - 1987 in Rom war sie als 18. mit 5621 Punkten fast sang- und klanglos untergegangen - stieg sie auf den Thron, der in Abwesenheit von Olympiasiegerin Ghada Shouaa vakant geworden war. Sie nahm den Platz mit der für sie typischen Unaufgeregtheit und eher stiller Freude ein. Nach einem Wettbewerb mit nie erlebter Zeitplanung fühlte sie sich matt, aber belohnt mit dem „schönsten Erfolg, den ich bisher hatte". Zwei Tage lang waren den Athletinnen mehr als sportliche Top-Leistungen abverlangt worden. Der frühe Wettkampfbeginn - 8 Uhr im Olympiastadion - bedeutete nächtliches Aufstehen um vier Uhr. Der Pause in den Nachmittagsstunden folgten Abend-Wettbewerbe, die bis 22 Uhr und länger andauerten. Das hieß zwischen den beiden Tagen gerade mal drei Stunden Schlaf!

Sabine Braun zeigte einen Siebenkampf, wie er sein mußte: ausgeglichen. Den eigentlichen Höhepunkt, das Kugelstoßen, empfand wohl vor allem die Trainerin als solchen, weil sie selbst einmal die Disziplin betrieben hatte. Keiner wußte besser, was es heißt, mit 61 kg Körpergewicht die Kugel 15,08 m weit zu stoßen, die eine neue Bestleistung für Sabine Braun darstellten. Gertrud Schäfer hatte dazu in den 60er Jahren achtzig Kilo wiegen müssen. An allen anderen Resultaten gab es für Trainerin und Athletin immer etwas zu mäkeln. Sabine Braun wäre gern ein bißchen weiter gesprungen, "aber mit drei Versuchen ist das nicht immer so einfach". Mit den Resultaten über 100 m Hürden und im 200-m-Lauf war sie sehr zufrieden, und die letzte Motivation holte sie sich über 800 m, als sie die härteste Konkurrentin, die farbige Britin Denise Lewis, noch auf der Zielgeraden überspurtete.

Der WM-Titel war das Sahnehäubchen auf eine durch und durch erfolgreiche Saison, die Sabine Braun mit dem Preisgeld von 110 000 Dollar - 50 000 für den Hallentitel in Paris und 60 000 für Athen - versüßt wurde. Keine Kleinigkeit für eine Mehrkämpferin, die bei den Meetings, wo das große Geld verdient wird, nicht gefragt ist. Privat hingegen war das Jahr traurig: Drei Monate vor den Weltmeisterschaften starb ihre Schwester 34jährig an Brustkrebs, nachdem sie auf die gleiche Weise 1986 schon ihre Mutter verloren hatte.

Die Goldmedaille war der Erfolg zweier Individualistinnen. Gertrud Schäfer, die als Diplomsportlehrerin am Albert-Schweitzer-Gymnasium in Mahr angestellt ist, war schon in November 1996 nach Athen gereist und hatte ein Hotel in unmittelbarer Nähe

Medaillen-Siebenkämpfe von Sabine Braun

		100 m H.	Hoch	Kugel	200 m	Weit	Speer	800 m	Punkte
EM 1990	(1.)	13,55	1,91	14,46	24,61	6,38	53,06	2:15,20	6688
WM 1991	(1.)	13,32	1,91	13,62	24,49	6,67	48,66	2:16,09	6672
Olympia 1992	(3.)	13,25	1,94	14,23	24,27	6,02	51,12	2:14,35	6649
WM 1993	(2.)	13,25	1,98	14,62	24,12	6,54	53,44	2:17,82	6797
EM 1994	(1.)	13,33	1,84	14,02	24,60	6,32	48,54	2:20,66	6419
WM 1997	(1.)	13,16	1,90	15,08	24,46	6,42	51,48	2:17,32	6739

des Stadions gebucht. Dadurch konnte Sabine Braun morgens eine Stunde länger schlafen. Die Kosten trugen die Sponsoren. Einen großen Anteil an dem WM-Titel hatte auch der Heppenheimer Trainer Hansjörg Holzamer, der Florian Schwarthoff, den Olympiadritten über 110 m Hürden, betreut und mit dem Gertrud Schäfer seit Jahren kooperiert.

Während die Trainerin schon nach Sydney schaut, ist sich Sabine Braun in dieser Hinsicht noch nicht so sicher. Sie will von Jahr zu Jahr entscheiden. Schon entschieden indes ist, daß sie niemals einen Zehnkampf bestreiten wird, obwohl sie die Pläne der IAAF, diesen nach 2000 einzuführen, durchaus billigt, denn für die Öffentlichkeit ist der Siebenkampf bisher immer so etwas wie das fünfte Rad am Wagen, während die Zehnkämpfer mit Königen verglichen werden. ■

Nicht nur ihr Selbstbewußtsein, sondern auch ihre sportlichen Leistungen im Athener WM-Siebenkampf waren bewundernswert: Sabine Braun verfolgt gelassen den Wettkampf ihrer Konkurrentinnen.

Sabine Brauns Resultate von Athen und ihre Bestleistungen

	Athen	Punkte	Bestleistung	Punkte
100 m Hürden	13,16	1100	13,05	1117
Hochsprung	1,90	1106	1,94	1171
Kugelstoßen	15,08	866	15,08	866
200 m	24,46	937	23,60	1019
Weitsprung	6,42	981	6,73	1082
Speerwerfen	51,48	889	54,10	940
800 m	2:17,32	860	2:09,41	973
		6739		7168

Auch bei ihnen reiften die Medaillenträume: Stephanie Storp, Bronze im Kugelstoßen (ganz unten links), Anja Rücker, Anke Feller, Grit Breuer und Uta Rohländer, Staffel-Gold (unten) und Jürgen Schult, sechsmal WM-Teilnehmer, Bronze im Diskuswerfen.

Er bewies in der Hitze des Tages olympischen Geist: Marathonläufer Stéphane Franke (rechte Seite)

Reife-prüfungen

Auf die Nase hatte sich Stéphane Franke ein Pflaster mit der Aufschrift „Power" geklebt. Er saß im Glutofen im Panathenäischen Stadion, wo sich das Ziel des Marathonlaufs befand. In den Beinen, die er weit von sich streckte, hatte er 42,195 Kilometer. Er hatte die Hölle durchlebt und ab dem zehnten Kilometer das Rennen nur noch als Überlebungskampf empfunden. Bei über 30 Grad war er wie durch einen Tunnel gelaufen und hatte sich von Trinkstation zu Trinkstation gerettet. Am Ende wurde er 31., mit einem Rückstand von mehr als zehn Minuten zum Sieger. Bei allen Qualen, einen Gedanken hatte Stéphane Franke nicht: Aussteigen! Bei einer Weltmeisterschaft, und dann noch einer an jenem Ort, wo der Sport seinen Anfang genommen hatte, kannst du nicht einfach rausgehen.

Die 6. Weltmeisterschaften brachten keinen Weltrekord hervor, obwohl diejenigen, die solche aufgestellt hätten, um 100 000 Dollar reicher geworden wären. Daß die Sponsoren ihr Geld behalten konnten, war für den Sport kein Verlust. Im Athener Olympiastadion waren auch so genug spannende Wettkämpfe mitzuerleben, und die meisten Siegerresultate waren von den bestehenden Bestmarken auch gar nicht so weit entfernt. Lieber etwas weniger Spektakel, dafür umso mehr Athleten, hinter deren Leistungen kein Fragezeichen zu setzen ist.

Zu den Gewinnern zählten aber auch die Griechen, die sich mit Athen um die Olympischen Spiele von 2004 bewerben und die sich diese WM deshalb viel Geld kosten ließen, um ihr Renommee beim IOC zu erhöhen. Wenn Stéphane Franke dennoch hofft, daß das IOC die Spiele möglichst nach Kapstadt vergibt, dann denkt er dabei rein sportlich. Manche mögen's eben nicht heiß. Und seine Reifeprüfung als Marathonläufer hat er seit Athen doch nun wirklich hinter sich.

WELT-REKORDE

(STAND 10. AUGUST 1997)

MÄNNER

100 m	9,84	Donovan Bailey	(CAN)	Atlanta	27.7.1996
200 m	19,32	Michael Johnson	(USA)	Atlanta	1.8.1996
400 m	43,29	Harry Reynolds	(USA)	Zürich	17.8.1988
800 m	1:41,73	Sebastian Coe	(GBR)	Florenz	10.6.1981
	1:41,73	Wilson Kipketer	(DEN)	Stockholm	7.7.1997
1000 m	2:12,18	Sebastian Coe	(GBR)	Oslo	11.7.1981
1500 m	3:27,37	Noureddine Morceli	(ALG)	Nizza	12.7.1995
Meile	3:44,39	Noureddine Morceli	(ALG)	Rieti	5.9.1993
2000 m	4:47,88	Noureddine Morceli	(ALG)	Paris	3.7.1995
3000 m	7:20,67	Daniel Komen	(KEN)	Rieti	1.9.1996
5000 m	12:44,39	Haile Gebrselassie	(ETH)	Z ürich	16.8.1995
10 000 m	26:31,32	Haile Gebrselassie	(ETH)	Oslo	4.7.1997
20 000 m	56:55,6	Arturo Barrios	(MEX)	La Flèche	30.3.1991
1 Stunde	21101 m	Arturo Barrios	(MEX)	La Flèche	30.3.1991
25 000 m	1:13:55,8	Toshihiko Seko	(JPN)	Christchurch	22.3.1981
30 000 m	1:29:18,8	Toshihiko Seko	(JPN)	Christchurch	22.3.1981
Marathon	2:06:50	Belayneh Dinsamo	(ETH)	Rotterdam	17.4.1988
110 m Hürden	12,91	Colin Jackson	(GBR)	Stuttgart	20.8.1993
400 m Hürden	46,78	Kevin Young	(USA)	Barcelona	6.8.1992
3000 m Hindernis	7:59,18	Moses Kiptanui	(KEN)	Zürich	16.8.1995
Hochsprung	2,45	Javier Sotomayor	(CUB)	Salamanca	27.7.1993
Stabhochsprung	6,14	Sergej Bubka	(UKR)	Sestriere	31.7.1994
Weitsprung	8,95	Mike Powell	(USA)	Tokio	30.8.1991
Dreisprung	18,29	Jonathan Edwards	(GBR)	Göteborg	7.8.1995
Kugelstoßen	23,12	Randy Barnes	(USA)	Los Angeles	20.5.1990
Diskuswerfen	74,08	Jürgen Schult	(GDR)	Neubrandenburg	6.6.1986
Hammerwerfen	86,74	Juri Sedych	(URS)	Stuttgart	30.8.1986
Speerwerfen	98,48	Ján Zelezny	(CZE)	Jena	25.5.1996
Zehnkampf	8891	Dan O'Brien	(USA)	Talence	4./5.9.1992
20 000 m Gehen	1:17:25,6	Bernardo Segura	(MEX)	Bergen	7.5.1994
2 Stunden Gehen	29 572 m	Maurizio Damilano	(ITA)	Cuneo	3.10.1992
30 000 m Gehen	2:01:44,1	Maurizio Damilano	(ITA)	Cuneo	3.10.1992
50 000 m Gehen	3:40:57,9	Thierry Toutain	(FRA)	Héricourt	29.9.1996

FRAUEN

100 m	10,49	Florence Griffith Joyner	(USA)	Indianapolis	16.7.1988
200 m	21,34	Florence Griffith Joyner	(USA)	Seoul	29.9.1988
400 m	47,60	Marita Koch	(GDR)	Canberra	6.10.1985
800 m	1:53,28	Jarmila Kratochvilová	(CZE)	München	26.7.1983
1000 m	2:28,98	Swetlana Masterkowa	(RUS)	Brüssel	23.8.1996
1500 m	3:50,46	Qu Yunxia	(CHN)	Peking	11.9.1993
Meile	4:12,56	Swetlana Masterkowa	(RUS)	Zürich	14.8.1996
2000 m	5:25,36	Sonia O'Sullivan	(IRL)	Edinburgh	8.7.1994
3000 m	8:06,11	Wang Junxia	(CHN)	Peking	13.9.1993
5000 m	14:36,45	Fernanda Ribeiro	(POR)	Hechtel	22.7.1995
10 000 m	29:31,78	Wang Junxia	(CHN)	Peking	8.9.1993
20 000 m	1:06:48,8	Izumi Maki	(JPN)	Amagasaki	19.9.1993
1 Stunde	18 084 m	Silvana Cruciata	(ITA)	Rom	4.5.1981
25 000 m	1:29:29,2	Karolina Szabó	(HUN)	Budapest	22.4.1988
30 000 m	1:47:05,6	Karolina Szabó	(HUN)	Budapest	22.4.1988
Marathon	2:21:06	Ingrid Kristiansen	(NOR)	London	21.4.1985
100 m Hürden	12,21	Jordanka Donkowa	(BUL)	Stara Zagora	20.8.1988
400 m Hürden	52,61	Kim Batten	(USA)	Göteborg	11.8.1995
Hochsprung	2,09	Stefka Kostadinowa	(BUL)	Rom	30.8.1987
Stabhochsprung	4,55	Emma George	(AUS)	Melbourne	20.2.1997
Weitsprung	7,52	Galina Tschistjakowa	(URS)	Leningrad	11.6.1988
Dreisprung	15,50	Inessa Krawez	(UKR)	Göteborg	10.8.1995
Kugelstoßen	22,63	Natalja Lissowskaja	(URS)	Moskau	7.6.1987
Diskuswerfen	76,80	Gabriele Reinsch	(GDR)	Neubrandenburg	9.7.1988
Hammerwerfen	73,10	Olga Kusenkowa	(RUS)	München	22.6.1997
Speerwerfen	80,00	Petra Felke	(GDR)	Potsdam	9.9.1988
Siebenkampf	7291	Jackie Joyner-Kersee	(USA)	Seoul	23./24.9.1988
5000 m Gehen	20:13,26	Kerry Saxby-Junna	(AUS)	Hobart	25.2.1996
10 000 m Gehen	41:56,23	Nadeshda Rjaschkina	(URS)	Seattle	24.7.1990

4x100 m	37,40	USA (Michael Marsh, Leroy Burrell, Dennis Mitchell, Carl Lewis)	Barcelona	8.8.1992
	37,40	USA (Jon Drummond, Andre Cason, Dennis Mitchell, Leroy Burrell)	Stuttgart	21.8.1993
4x200 m	1:18,68	Santa Monica Track Club (Michael Marsh, Leroy Burrell, Floyd Heard, Carl Lewis)	Walnut	17.4.1994
4x400 m	2:54,29	USA (Andrew Valmon, Quincy Watts, Harry Reynolds, Michael Johnson)	Stuttgart	22.8.1993
4x800 m	7:03,89	GBR (Peter Elliott, Garry Cook, Steve Cram, Sebastian Coe)	London	30.8.1982
4x1500 m	14:38,8	FRG (Thomas Wessinghage, Harald Hudak, Michael Lederer, Karl Fleschen)	Köln	17.8.1977

4x100 m	41,37	GDR (Silke Gladisch, Sabine Rieger, Ingrid Auerswald, Marlies Göhr)	Canberra	6.10.1985
4x200 m	1:28,15	GDR (Marlies Göhr, Romy Müller, Bärbel Wöckel, Marita Koch)	Jena	9.8.1980
4x400 m	3:15,17	URS (Tatjana Ledowskaja, Irina Nassarowa, Marija Pinigina, Olga Brysgina)	Seoul	1.10.1988
4x800 m	7:50,17	URS (Nadeshda Olisarenko, Ljubow Gurina, Ludmilla Borissowa, Irina Podjalowskaja)	Moskau	5.8.1984

Der 61. Weltrekord im Osloer Bislett-Stadion: Mit 26:31,32 holte sich Haile Gebrselassie (ETH) den 10 000-m-Weltrekord von Salah Hissou (MAR) zurück. Für das Züricher „Internationale" plante Haile nach den WM eine Verbesserung seines 5000-m-Weltrekordes.

DEUTSCHE REKORDE

(STAND 10. AUGUST 1997)

MÄNNER

100 m	10,06	Frank Emmelmann (Magdeburg)	Berlin	22.9.1985
200 m	20,23	Frank Emmelmann (Magdeburg)	Moskau	18.8.1985
400 m	44,33	Thomas Schönlebe (K.-Marx-Stadt)	Rom	3.9.1987
800 m	1:43,65	Willi Wülbeck (Wattenscheid)	Helsinki	9.8.1983
1000 m	2:14,53	Willi Wülbeck (Wattenscheid)	Oslo	1.7.1980
1500 m	3:31,58	Thomas Wessinghage (Mainz)	Koblenz	27.8.1980
Meile	3:49,22	Jens-Peter Herold (Potsdam)	Oslo	2.7.1988
2000 m	4:52,20	Thomas Wessinghage (Köln)	Ingelheim	31.8.1982
3000 m	7:31,81	Dieter Baumann (Leverkusen)	Oslo	4.7.1997
5000 m	13:01,72	Dieter Baumann (Leverkusen)	Zürich	16.8.1995
10 000 m	27:21,53	Dieter Baumann (Leverkusen)	Barakaldo	5.4.1997
20 000 m	58:30,2	Werner Schildhauer (Halle)	Cottbus	29.4.1983
1 Stunde	20 536 m	Werner Schildhauer (Halle)	Cottbus	29.4.1983
25 000	1:15:31,8	Lutz Philipp (Darmstadt)	Berlin	20.5.1973
30 000	1:34:53,6	Karl Mann (Darmstadt)	Raunheim	5.10.1976
Marathon	2:08:47	Jörg Peter (Dresden)	Tokio	14.2.1988
110 m Hürden	13,05	Florian Schwarthoff (Heppenheim)	Bremen	2.7.1995
400 m Hürden	47,48	Harald Schmid (Gelnhausen)	Athen	8.9.1982
3000 m Hindern.	8:10,32	Hagen Melzer (Dresden)	Rom	5.9.1987
Hochsprung	2,37	Carlo Thränhardt (Köln)	Rieti	2.9.1984
Stabhochsprung	5,96	Tim Lobinger (Leverkusen)	Ingolstadt	20.7.1997
Weitsprung	8,54	Lutz Dombrowski (Karl-Marx-Stadt)	Moskau	28.7.1980
Dreisprung	17,66	Ralf Jaros (Wattenscheid)	Frankfurt/M.	30.6.1991
Kugelstoßen	23,06	Ulf Timmermann (Berlin)	Chania	22.5.1988
Diskuswerfen	74,08	Jürgen Schult (Schwerin)	Neubrandenbg.	6.6.1986
Hammerwerfen	83,40	Ralf Haber (Karl-Marx-Stadt)	Athen	16.5.1988
Speerwerfen	92,60	Raymond Hecht (Wattenscheid)	Oslo	21.7.1995
Zehnkampf	8832	Jürgen Hingsen (Uerdingen/Dormagen)	Mannheim	8./9.6.1984
10000 m Gehen	38:12,13	Ronald Weigel (Potsdam)	Potsdam	11.5.19986
20 000 m Gehen	1:19:18,3	Ronald Weigel (Potsdam)	Bergen	26.5.1990
2 Stunden Gehen	28 358 m	Ralf Kowalsky (Berlin)	Berlin	28.3.1982
30 000 m Gehen	2:11:52,8	Robert Ihly (Offenburg)	Biesheim	4.9.1992
50 000 m Gehen	3:52:46,6	Robert Ihly (Offenburg)	Héricourt	29.9.1996

FRAUEN

100 m	10,81	Marlies Göhr (Jena)	Berlin	8.6.1983
200 m	21,71	Marita Koch (Rostock)	K.-Marx-Stadt	10.6.1979
	21,71	Heike Drechsler (Jena)	Jena	29.6.1986
400 m	47,60	Marita Koch (Rostock)	Canberra	6.10.1985
800 m	1:55,26	Sigrun Wodars (Neubrandenburg)	Rom	31.8.1987
1000 m	2:30,67	Christine Wachtel (Neubrandenburg)	Berlin	17.8.1990
1500 m	3:57,71	Christiane Wartenberg (Halle)	Moskau	1.8.1980
Meile	4:21,59	Ulrike Bruns (Potsdam)	Zürich	21.8.1985
3000 m	8:35,11	Brigitte Kraus (Köln)	Helsinki	10.8.1983
5000 m	14:58,71	Kathrin Ullrich (Berlin)	Berlin	10.9.1991
10 000 m	31:03,62	Kathrin Ullrich (Berlin)	Frankfurt/M.	30.6.1991
Marathon	2:21:45	Uta Pippig (Berlin)	Boston	18.4.1994
100 m Hürden	12,42	Bettine Jahn (Karl-Marx-Stadt)	Berlin	8.6.1983
400 m Hürden	53,24	Sabine Busch (Erfurt)	Potsdam	21.8.1987
Hochsprung	2,05	Heike Henkel (Leverkusen)	Tokio	31.8.1991
Stabhochsprung	4,30	Andrea Müller (Zweibrücken)	Worms	31.5.1997
Weitsprung	7,48	Heike Drechsler (Jena)	Neubrandenbg.	9.7.1988
Dreisprung	14,46	Helga Radtke (Fürth)	Erfurt	3.7.1994
Kugelstoßen	22,45	Ilona Slupianek (Berlin)	Potsdam	11.5.1980
Diskuswerfen	76,80	Gabriele Reinsch (Cottbus)	Neubrandenbg.	9.7.1988
Hammerwerfen	64,58	Simone Matthes (Fürth)	Chemnitz	22.5.1995
Speerwerfen	80,00	Petra Felke (Jena)	Potsdam	9.9.1988
Siebenkampf	6985	Sabine Braun (Wattenscheid)	Götzis	30./31.5.1992
5000 m Gehen	20:31,58	Beate Gummelt (Berlin)	Köln	21.6.1996
10 000 m Gehen	42:11,5	Beate Anders (Berlin)	Bergen	15.5.1992

4x100 m	38,29	DVfL (Thomas Schröder, Detlef Kübeck, Olaf Prenzler, Frank Emmelmann)	K.-M.-Stadt	9.7.1982
4x200 m	1:22,4	SV Bayer 04 Leverkusen (Thomas Jordan, Benno Knobloch, Manfred Ommer, Joachim Eigenherr)	Berlin	4.7.1970
4x400 m	2:59,86	DVfL (Frank Möller, Mathias Schersing, Jens Carlowitz, Thomas Schönlebe)	Erfurt	23.6.1985
4x800 m	7:08,6	DLV (Manfred Kinder, Walter Adams, Dieter Bogatzki, Franz-Josef Kemper)	Wiesbaden	13.8.1966
4x1500 m	14:38,8	DLV (Thomas Wessinghage, Harald Hudak, Michael Lederer, Karl Fleschen)	Köln	17.8.1977

4x100 m	41,37	DVfL (Silke Gladisch, Sabine Rieger, Ingrid Auerswald, Marlies Göhr)	Canberra	6.10.1985
4x200 m	1:28,15	DVfL (Marlies Göhr, Romy Müller, Bärbel Wöckel, Marita Koch)	Jena	9.8.1980
4x400 m	3:15,92	DVfL (Gesine Walther, Sabine Busch, Dagmar Rübsam, Marita Koch)	Erfurt	3.6.1984
4x800 m	7:54,10	DVfL (Elfi Zinn, Gunhild Hoffmeister, Anita Weiß, Ulrike Bruns)	K.-Marx-Stadt	5.8.1976

Für zwei deutsche Rekorde sorgte 1997 Dieter Baumann: Nach den 27:21,53 min von Barakaldo über 10 000 m erreichte er in Oslo über 3000 m 7:31,81 min. Er träumt davon, nach den Weltmeisterschaften die 5000 m unter 13 Minuten zu laufen.

Impressum

Die Deutsche Bibliothek - CIP-Einheitsaufnahme
World Championships in Athletics <6, 1997, Athēnai>:
Athen '97 : das Leichtathletik-WM-Buch/ Volker Kluge. - Berlin : SVB Sportverl., 1997
ISBN 3-328-00726-1

Die Beiträge zu den Frauendisziplinen wurden von den Co-Autoren Jochen Mayer und Klaus Weise verfaßt.

Projektleitung: Raymund Stolze
Mitarbeit: Julia Niehaus, Michael Horn (Lektorat), Gabriele Kluge (Produktion)
Layout: Irene Fischer
Satz: creAtiv Werbeagentur GmbH, Berlin
Umschlaggestaltung: Volkmar Schwengle/Buch und Werbung, Berlin
Titelfotos: Bongarts Sportfotografie/ Alexander Hassenstein (Titel), Camera 4/Eberhard Thonfeld, Deutsche Presse-Agentur, Laci Perényi, Sven Simon (alle Rücktitel)
Fotos: Archiv Kluge, W. Behrendt, Bongarts, Camera 4, Cierpinski, Deutsche Presse-Agentur, Frenkel, Hensel, IAAF, Kluge, Perényi, Stadtmuseum Berlin-Sportmuseum, Sven Simon.
Redaktionsschluß: 11. August 1997
Repro: City Repro, Berlin
Druck und Bindung: Neue Stalling, Oldenburg

Printed in Germany
ISBN 3-328-00726-1
Gedruckt auf alterungsbeständigem Papier
mit chlorfrei gebleichtem Zellstoff

6B
5B

mita
197
mita
660
UKR
adidas